LEARNING LANGUA[illegible] BROADENS YOUR WORLD

THIS COURSE BOOK

This course book provides the basic structures of the Dutch language for those who have a fair knowledge of English. Practice understanding of the spoken language and pronunciation with the accompanying audio downloads. Learn basic grammar with the exercises. Expand your vocabulary with the wordlists.

Prisma dictionaries - books, online, apps - are available for reference. See **www.prisma.nl** for more information or send an email to info@prisma.nl.

Dutch for Self-study is also translated into Spanish, German and French:

- *Neerlandés para autoestudio.* (ISBN 978 90 00 30364 9)
- *Le néerlandais en autodidacte.* (ISBN 978 90 00 30365 6)
- *Niederländisch fürs Selbststudium.* (ISBN 978 90 00 30366 3).

For people with knowledge of other languages than English, French, German or Spanish, *Dutch for Self-study* is available in a language neutral version, *Nederlands voor zelfstudie* (ISBN 978 90 00 30601 5). This course book is in Dutch only, with downloadable wordlists and instructions in several languages. See www.prisma.nl.

EXERCISE BOOK

Also available is an accompanying exercise book: *Nederlands voor zelfstudie - Werkboek* (ISBN 978 90 00 30293 2) with downloadable wordlists, for improving your Dutch language skills.
This *Nederlands voor zelfstudie - Werkboek* can be used with: *Dutch for Self-study, Neerlandés para autoestudio, Le néerlandais en autodidacte, Niederländisch fürs Selbststudium* and *Nederlands voor zelfstudie.*

LISTENING AND REPETITION

For absolute beginners who would like to learn Dutch through listening and repetition, Prisma offers audio courses Dutch. The *Audio Course Dutch* is a basic course with instruction, explanation and translation spoken in the student's own language. In 12 lessons with practical dialogues, short phrases, words and simple exercises, the student learns Dutch through listening and repetition. The course contains 3 audio-cd's, 80 minutes each, and an exercise book (read along and fill out).
The course provides an excellent preparation for the Dutch Civic Integration Examination.

The following titles are available:

- Audio Course Dutch for English Speakers. *Luistercursus Nederlands voor Engelstaligen* (ISBN 978 90 491 0667 6)
- Dinleme kursu Türkler icin Hollandaca. *Luistercursus Nederlands voor Turken* (ISBN 978 90 491 0666 9)
- Curso de audio neerlandés para hispanoparlantes. *Luistercursus Nederlands voor Spaanssprekenden* (ISBN 978 90 00 30507 0)
- Kurs Audio - Język holenderski dla Polaków. *Luistercursus Nederlands voor Polen* (ISBN 978 90 00 30505 6)
- برنامج دراسي شفوي
اللغة الهولندية للناطقين باللغة العربية
Luistercursus Nederlands voor Arabischsprekenden (ISBN 978 90 00 30557 5)

Prisma **Taaltraining**

Dutch for Self-study

Nederlands voor zelfstudie

Hinke van Kampen en Ruud Stumpel

prisma

Auteurs: drs. H.H. van Kampen en drs. R.J.T. Stumpel, afd. Nederlands Tweede taal,
Faculteit der Letteren van de Vrije Universiteit Amsterdam
Geluidsproductie en -regie: N.A. Rademaker, NRM Produkties B.V.
Stemmen: Paula Majoor, Maria Lindes, Donald de Marcas, Reinier Heydemann
Studio Van Schuppen Digital Audio Recording, Veenendaal; Ivo van Groningen, RCS, Wilnis
Ontwerp en opmaak: Jaap Lunenburg (www.blauwzuur.nl) i.s.m. Jac Schalk grafisch ontwerp
Illustraties: Monica Knaapen (www.moonillustraties.nl)

ISBN 978 90 00 35131 2
NUR 630

Achtentwintigste druk 2024

www.prisma.nl
www.prismawoordenboeken.be
www.unieboekspectrum.nl

Prisma maakt deel uit van Uitgeverij Unieboek | Het Spectrum bv
Postbus 23202
1100 DS Amsterdam

INHOUD / CONTENTS

INLEIDING / INTRODUCTION

LEARNING DUTCH WITHOUT A TEACHER

If you can't find the time to attend a teacher's course, or if such a course isn't available to you, you can learn the basics of Dutch with *Dutch for Self-study*. Dutch for Self-study is a course for beginners. The only prerequisite is some reading knowledge of English. English instructions and translations guide you to at least level A1 of the CEFR (Common European Framework of Reference for Languages).*

BRIEF CHARACTERISATION

Dutch for Self-study is an elementary Dutch course consisting of a **book** and **audio downloads** developed for individual self-study. Download the audio from **www.prisma.nl/downloads**. Its method follows the so-called communicative approach to language learning. *Dutch for Self-study* covers nine different themes spread over 18 lessons. Each lesson provides examples of everyday language use, mainly in the form of dialogues (on audio and in print), notes on language use, vocabulary lists and brief grammar notes.

Dutch for Self-study will help you communicate in Dutch in practical, everyday situations. If you want to interact with somebody, it's crucial that you're able to **understand** what he or she is saying to you. That's why *Dutch for Self-study* includes **extensive audio files** containing all the texts from the book and exercises to train your listening comprehension and pronunciation. The dialogues will provide you with examples of how to accept an invitation, how to ask about the price of something, how to apologize and so on.
In *Dutch for Self-study* you'll find the **1000 most useful words in the Dutch language**.

1. All words are presented in context and in translation. There is plenty of opportunity for practice. In addition, you'll find all the **language functions** you need for a basic level of Dutch.
2. This means you'll learn what to say when somebody says 'bedankt' ('thanks') to you, or how to say you like somebody - or not, if you don't!

You'll find information on grammar separated from the lessons. This way you can consult the **grammar section** easily for revision. The **word list** in the back of the book includes the 1000 most useful Dutch words, the page number where they are presented for the first time and a translation into English.

HOW TO USE THIS COURSE

Dutch for self-study consists of 18 lessons. Each lesson has the following structure:

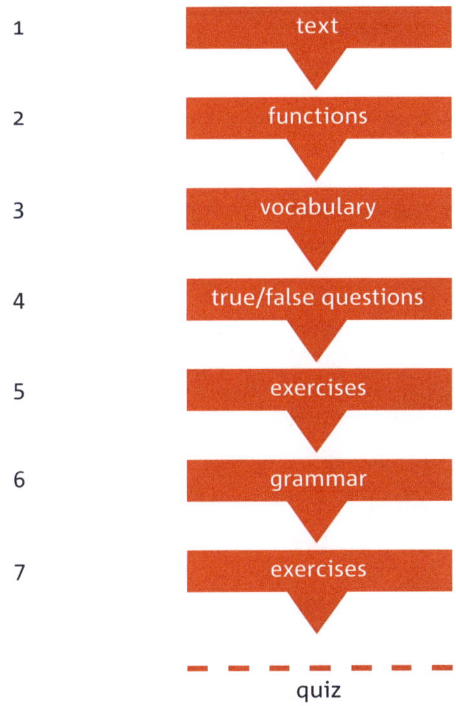

Each lesson contains about three exercises having this structure (1-7), followed by a quiz. You simply start each lesson with nr. 1 and work your way down to the last number of the lesson. While doing so you should follow the instructions and references. Don't skip any part of the lesson! The symbol indicates when you need to listen to an audio track.

Texts

The beginning of each unit is a text (**1**) which presents new words, new expressions and/or grammatical structures. You'll find conversations and a few texts, mainly for reading purposes. Some texts show you how the Dutch express themselves in different situations; others also give you more explicit information about Holland. The first thing you do is to familiarize yourself with both the meaning of the text and the way it sounds. This means that you have to be able to recognize all the words and understand the meaning of the entire text while listening to the audio track. There are several ways to reach this goal. Here we will describe the way preferred by most learners.

step 1: First read the text and try to understand the meaning of the language. Consult the information about language functions and vocabulary. (Numbers 2 and 3 of the schedule on page 7) Lessons 1 - 3 contain fairly close translations of the texts. You could use a dictionary, if necessary.
step 2: Listen to the audio track and compare what you hear with the written text in the book. You will discover great differences between the way the Dutch language is spoken and written. You may also attempt to repeat the lines aloud for yourself. For your convenience you could use the pause-button on your media player. We recommend strongly that you listen and read along many times before proceeding to step 3.
step 3: Cover up the text in the book with a piece of paper and listen to the audio, line by line. After each line, stop the track and repeat for yourself (or write down) all the words you recognized, then remove the piece of paper and check whether you correctly recognized and understood all the words in the line you just heard.

Language functions
Under most texts you'll see 'the Dutch way of saying it' (language functions) followed by the English equivalent and examples from the texts. It's important that you carefully study and memorize these functions. All language functions are indicated with the symbol *function* (**2**).

Vocabulary
The Vocabulary (**3**) contains all the new words you encounter in the texts and their translation into English. You're informed about the plural form of nouns, whether you should use the article het or de with a particular noun, and the forms a verb takes in the past tense. You should study all new words. Some Dutch phrases are impossible to understand in a simple word-by-word translation. A translation of these phrases has been included in the Vocabulary.

True or false?
The texts are followed by 'true-or-false' questions (**4**). Follow the instructions in your book and listen to the audio. Each text in your book is given two numberings: the first is for the order in the book, the second (C-numbers) for the order of the audio tracks. '17 / C06' therefore refers to number 17 **in the book**, which corresponds with audio track C06 of the same chapter. The audio tracks are named `Lesson 01 C01' [et cetera], as listed on page 310. You may listen as many times as you like - without looking at the text - until you have found the answer. The answers to the questions are in the Answer Keys on pages 258-270. If you missed the correct answer, listen again or try to find out why you missed it by reading the text in your book.

Grammar
While working through the different units in a lesson you'll find references to numbers in the Grammar Section in the back of your book (**6**). Read the information in the Grammar Section carefully and try to understand the rules. Sometimes it helps to try to state a rule in your own words. Other sections, like the ones on numbers or pronouns, you should simply memorize.

Exercises and other tasks
Exercises and other tasks (**5,7**) are to consolidate your newly acquired information. You'll practise what you would say in certain situations (functions), new words, reading, understanding spoken language, pronunciation and grammar. Follow the instructions and check your answers with the answer keys to the exercises on pages 290-301.

Quiz
The quiz gives you feedback on whether you are ready to move on to the next lesson or not. You should be able to answer the questions easily. Check your answers with the Key to the quiz on pages 290-301. If you don't feel confident about proceeding, go through the lesson again.

Hinke van Kampen and Ruud Stumpel

* Council of Europe (2001), Common European Framework of Reference for Languages: learning, teaching, assessment. Cambridge: Cambridge University Press.)

Audio download Download the audio free of charge from **www.prisma.nl/downloads**.

If you have any questions or remarks, please mail them to the Prisma editorial staff: info@prisma.nl.

LES 1 - LESSON 1

C01 Hoe gaat het met je?

Hans Visser, his wife Hanneke and his mother are walking in Amsterdam. He spots Michel Lecomte, a friend.

1 Text - Hoe gaat het met je?

Hans Visser	Hé, dat is Michel! Hallo Michel!
Michel Lecomte	Hans! Wat leuk.
Hans Visser	Hoe gaat het met je?
Michel Lecomte	Goed! En met jou?
Hans Visser	Ook goed.
	Mag ik je even voorstellen?
	Dit is Hanneke, mijn vrouw.
Michel Lecomte	Michel.
Hanneke Stroop	Hanneke.
Hans Visser	En dit is mijn moeder.
Mevrouw Visser	Mevrouw Visser.
	Hoe maakt u het?
Michel Lecomte	Goed, dank u.
Hans Visser	Leuk je te zien, Michel.
	Ga je mee wat drinken?
Mevrouw Visser	Ik ga nu naar huis.
	Veel plezier en tot ziens.
Michel Lecomte	Dag mevrouw.
Hans / Hanneke	Dag moeder.

2 Translation • How are you?

Hans Visser	Hey, that is Michel! Hello Michel!
Michel Lecomte	Hans! How nice.
Hans Visser	How are you?
Michel Lecomte	Fine. And you?
Hans Visser	Fine as well.
	May I introduce you?
	This is Hanneke, my wife.
Michel Lecomte	Michel.

Hanneke Stroop	Hanneke.
Hans Visser	And this is my mother.
Mrs. Visser	Mrs. Visser.
	How do you do?
Michel Lecomte	Fine, thank you.
Hans Visser	Nice to see you, Michel.
	Are you coming for a drink?
Mrs. Visser	I'm going home now.
	Have fun. Goodbye.
Michel Lecomte	Goodbye, Mrs. Visser.
Hans / Hanneke	Bye, mother.

3 Greeting people *function*

Goedemorgen.	**Good morning.**	– Goedemorgen Hans. – Dag Michel. *(Hello Michel.)*
Goedemiddag.	**Good afternoon.**	– Goedemiddag meneer De Vries. – Dag mevrouw Visser.
Goedenavond.	**Good evening.**	– Goedenavond. – Dag meneer.
Dag.	**Hello.**	– Dag meneer Stroop. – Goedemorgen Joop.
Hallo.	**Hello, Hi.**	– Hallo Michel. – Dag Hans.

4 Addressing somebody *function*

Voornaam	**First name**
Meneer/Mevrouw (+ achternaam)	**Mr./Mrs. and Ms. + last name**

– Hallo Michel.
– Dag mevrouw.

5 Taking leave *function*

Dag.	**Bye.**
Tot ziens.	**Goodbye, see you later.**
Tot morgen.	**See you tomorrow.**

6 Vocabulary

dat	that
is	*from* 'zijn'
zijn	to be
wat leuk!	how nice!
leuk	nice
en	and
ook	too, also
mijn vrouw	my wife

de moeder [-s]	mother
dit	this
dank u	thank you
leuk je te zien	nice to see you
zien	to see
ga je mee?	are you coming (along)?
wat	something
drinken	to drink
ik ga	I am going
nu	now
naar huis	(to) home
veel plezier	have fun

7 True or false?

Text C01 'Hoe gaat het met je?'
First read the statements. Then listen.

1 Hanneke is Hans Visser's wife true/false
2 Michel Lecomte has met Hanneke Stroop before. true/false
3 All of them are having a drink. true/false

8 Text / C02 • Een feestje *(A party)*

Johan	Hoe gaat het met u, meneer Dikkers? *(How do you do, Mr. Dikkers?)*
Meneer Dikkers	Uitstekend, en met jou, Johan? *(Fine, and how are you, Johan?)*
Mevrouw Baas	Goedenavond Kees, hoe is het? *(Good evening Kees, how are you?)*
Kees	Goed, en met jou? *(Fine, and how are you?)*
Teun	Dag mevrouw Kortrijk, hoe maakt u het? *(Hello Mrs. Kortrijk, how do you do?)*
Mevrouw Kortrijk	Prima, Teun, en hoe is het met jou? *(Fine, Teun, and how are you?)*
Victor	Victor.
Eva	Eva.

9 When meeting people *function*

question

– **Hoe gaat/is het met je/jou/u?**	**How are you?**
– **Hoe gaat/is het (ermee)?**	**How are you?**
– **Hoe maakt u het?**	**How do you do?** [formal]

– Hoe gaat het met u, meneer Dikkers?

answer

– **Goed.**	**Fine.**
– **Goed, dank je/dank u.**	**Fine, thank you.**
– **Prima, en met jou/u?**	**Fine, and how are you?**
– **Uitstekend.**	**Fine.** [formal]

– Uitstekend, en met jou, Johan?

10 Introducing oneself *function*

First and last name

– Hanneke Stroop.
– Michel Lecomte.

First name [informal]

– Victor.
– Eva.

Last name [men, formal] **mevrouw + last name** [women, formal]

– Dikkers.
– Mevrouw Visser.

11 Introducing someone else *function*

Mag ik je/u (even) voorstellen? (Dit is) .... — **May I introduce ... to you.**

– Mag ik je even voorstellen? Dit is Hanneke, mijn vrouw.
– Michel

Dit is ... . — **This is ... .** [informal]

– En dit is mijn moeder.
– Mevrouw Visser. Hoe maakt u het?

12 Vocabulary

een	a(n)
het feestje [-s]	party

13 Who is meeting who?

Listen to C02 and fill in the names.

1 Johan is meeting ____________.

2 Mevrouw Kortrijk is talking to ____________.

3 Victor wants to know ____________ name.

14 Matching

Sometimes more than one answer is correct.

1 Mag ik je even voorstellen? Dit is Henk, mijn man.	a Goed, en u?	1 = d, b
2 Hoe maakt u het?	b Liesbeth.	2 =
3 Hoe gaat het met je?	c Goed, en met u?	3 =
4 Hoe gaat het met u?	d Karel Smit.	4 =
5 Hans.	e Goed, en met jou?	5 =

15 Fill in:

huis / leuk / moeder / ook / plezier

1 He, hallo! Wat ____________!

2 Dit is mijn ____________.

3 Ik ga naar ____________.

4 Ik ____________.

5 Veel ____________ en tot ziens.

16 Fill in:

dag / dank u / drinken / feestje / tot ziens / vrouw

1 Dit is mijn ____________.

2 – Hoe gaat het met je?

– Goed, ____________.

3 Ik ga naar huis. ____________, Hans.

4 Ga je mee wat ____________?

5 Hé, Hanneke! Hallo!

– ________ Michel.

6 Ga je naar een ________?

17 Grammar

See for the conjugation of a verb Grammar Section 1.
Personal pronouns subject: see Grammar Section 1.
Personal pronouns object: see Grammar Section 2.

– Hoe gaat het met *je*?	How are *you*?
– Goed. En met *jou*?	Fine. And *you*?

See Grammar Section 3.

FORMAL/INFORMAL
In Dutch **u** is used for older people, superiors and people you don't know. If you use **u**, say 'mevrouw' or 'meneer'. Use **je** in all other situations.

18 Study and memorize Grammar Section 1, 2 and 3.

19 Which of the parts in *bold* type indicate *plural*?

1 **Dit is** Hanneke.
2 **Zij gaat** naar huis
3 **Wij drinken** wat.
4 **Hij heet** Hans
5 **Ik ga** naar mijn moeder.
6 **Zien jullie** dat?
7 **Zij drinken ook** wat.
8 **Zie je** dat?
9 **Zij zien** Michel.

20 Fill in:

het / ik / jij / jou / u

1 Mag ______ je even voorstellen? Dit is Johan.

2 – Hoe gaat ______ met je?

– Goed, en met ______?

3 – Dag, meneer Van Dam, hoe maakt ______ het?

4 – Goed, Johan, en ______?

21 C03 • Look at the text and listen

Underline the sentences you hear.

Example:

Hans Visser	Hé, dat is Michel! Hallo Michel!
Michel Lecomte	Hans! Wat leuk.
Hans Visser	Hoe gaat het met je?
Michel Lecomte	Goed! En met jou?
Hans Visser	Ook goed.
	Mag ik je even voorstellen?
	Dit is Hanneke, mijn vrouw.
Michel Lecomte	Michel.
Hanneke Stroop	Hanneke.
Hans Visser	En dit is mijn moeder.
Mevrouw Visser	Mevrouw Visser.
	Hoe maakt u het?
Michel Lecomte	Goed, dank u.
Hans Visser	Leuk je te zien, Michel.
	Ga je mee wat drinken?
Mevrouw Visser	Ik ga nu naar huis.
	Veel plezier en tot ziens.
Michel Lecomte	Dag mevrouw.
Hans / Hanneke	Dag moeder.

22 C04 • How many words do you hear?

Example:
Hoe gaat het met je? The answer is 5.

23 C05 • *a* as in *dat* or *aa* as in *gaat*

When you hear **a** as in *dat*, write a 'x'. When you hear **aa** as in *gaat* don't write anything.

Example: dag **x**

1 2 3 4 5 6 7 8

24 C06 • Listen to C01 'Hoe gaat het met je'

Listen again to C01 and repeat each sentence.
You may use the pause–button if you like.

25 Text / C07 • Drie jaar geleden

Hans Visser met Michel Lecomte three years ago. They meet again and strike up a conversation.

Hans Visser	Dat is lang geleden, zeg.
Michel Lecomte	Ja, drie jaar, denk ik.
	Waar woon je?
Hans Visser	Hier, in Amsterdam.
Michel Lecomte	Waar precies?
Hans Visser	In de Beethovenstraat.
Michel Lecomte	Welk nummer?
Hans Visser	Achttien.
Michel Lecomte	O, daar woon ik vlakbij!
	Ik woon op de Mozartkade.

Hans Visser	Werk je ook in Amsterdam?
Michel Lecomte	Ja, ik werk hier bij een bank.
Hanneke Visser	Jij komt niet uit Nederland, hè?
	Waar kom jij vandaan?
Michel Lecomte	Nee, ik kom uit Frankrijk.
	Maar ik woon al vijf jaar in Nederland.
Hanneke Visser	Je spreekt goed Nederlands!
Michel Lecomte	Dank je wel.

26 Translation • Three years ago

Hans Visser	Say, it's been a long time!
Michel Lecomte	Yes, three years, I think.
	Where do you live?
Hans Visser	Here, in Amsterdam.
Michel Lecomte	Where exactly?
Hans Visser	In the Beethovenstraat.
Michel Lecomte	What number?
Hans Visser	Eighteen.
Michel Lecomte	Oh, that's close to where I live!
	I live in the Mozartkade.
Hans Visser	Do you work in Amsterdam as well?
Michel Lecomte	Yes, I work here at a bank.
Hanneke Visser	You aren't from the Netherlands, are you?
	Where are you from?
Michel Lecomte	I am from France.
	But I have been living in the Netherlands for five years.
Hanneke Visser	You speak Dutch very well!
Michel Lecomte	Thank you.

27 Inquiring about where someone lives *function*

Waar woon je? / Waar woont u?	**Where do you live?**
Woon je / Woont u in ...?	**Do you live in ...?**

– Waar woon je?
– Hier in Amsterdam.

28 Inquiring about origin *function*

Waar kom je / komt u vandaan?	**Where do you come from?**
Kom je / Komt u uit ....?	**Are you from ....?**

– Waar kom jij vandaan?
– Ik kom uit Nederland.

29 Vocabulary

drie jaar	three years
het jaar [jaren]	year
geleden	ago
zeg	say
lang	long
ja	yes
denken	to think
waar	where
wonen	to live
hier	here
in	in
precies	exactly
de	the
de (Beethoven–)straat [straten]	street
welk	which
het nummer [–s]	number
achttien	eighteen
o	oh
daar	there
vlakbij	close by
werken	to work
bij een bank	at a bank
de bank [–en]	bank
komen	to come
niet	not
..., hè?	..., right?/..., are you?/ ..., do you? etc.
nee	no
Frankrijk	France
maar	but
al	already
vijf	five
Nederland	the Netherlands, Holland
spreken	to speak
goed	good, well
Nederlands	Dutch

30 True or false?

Text C07 'Drie jaar geleden'
First read the statements. Then listen.

1 Hans and Michel haven't seen each other for three years. true/false
2 Both Hans and Michel live in Amsterdam. true/false
3 Michel works in a factory. true/false
4 Michel has been living in the Netherlands for five years. true/false

31 Matching

Sometimes more than one answer is correct.

1 Waar woon je?	a Nee, in Rotterdam.	1 =
2 Woon je in Amsterdam?	b Ik kom uit Engeland. En u?	2 =
3 Op welk nummer woont u?	c Nee, ik kom uit Amerika.	3 =
4 Waar komt u vandaan?	d In Amsterdam.	4 =
5 Kom je uit Nederland?	e Op nummer 20.	5 =

32 Matching

opposites:

1 ja	a dat	1 = d
2 hier	b ik ga	2 =
3 ik kom	c tot ziens	3 =
4 dit	d nee	4 =
5 hallo	e daar	5 =

33 Fill in:

gaat / straat / werkt / woont

1 Dit is Nico Hofstra. Hij ____________ bij een bank in Rotterdam.

2 Maar hij ____________ in Amsterdam.

3 Hij woont in een leuke ____________.

4 Het ____________ goed met Nico.

34 Fill in:

ja / jaar / lang / Nederland / Nederlands / niet

1 Michel woont al vijf ____________ in Nederland.

2 Hij spreekt goed ____________.

3 Hoe lang woon jij in ____________?

4 Een jaar is niet __________.

5 Nee, dat is het ook __________.

6 – En, komt u ook uit Nederland?

– __________.

35 Fill in:

daar / denk / goed / maar / spreekt / vlakbij

1 __________ u Nederlands?

2 Hij woont in Utrecht, __________ ik.

3 Michel woont __________ de Beethovenstraat.

4 Nummer 5 is niet hier __________ daar.

5 Het gaat __________ met mijn moeder.

6 Hij woont __________ al vijf jaar.

36 C08 How many words do you hear? (Use the pause button)

37 Grammar

Word order: see Grammar Section 4 part A.

38 Underline *subject* and *verb* in the following sentences

Example: Ik woon op de Mozartkade.

1 Waar woon je?
2 Ik woon daar vlakbij
3 Werk je ook in Amsterdam?
4 Ja, ik werk hier bij een bank.
5 Jij komt niet uit Nederland, hè?
6 Waar kom je vandaan?
7 Nu ga ik naar huis.
8 Ja, drie jaar, denk ik.

39 Text / C09 Tellen *(Counting)*

First read the text. Then listen.

Ik tel tot 20. Luister goed.
1 een 2 twee 3 drie 4 vier 5 vijf 6 zes 7 zeven 8 acht 9 negen 10 tien
11 elf 12 twaalf 13 dertien 14 veertien 15 vijftien 16 zestien 17 zeventien
18 achttien 19 negentien 20 twintig

Ik tel tot 25.
21 eenentwintig 22 tweeëntwintig 23 drieëntwintig 24 vierentwintig
25 vijfentwintig

Ik tel tot honderd.
10 tien 20 twintig 30 dertig 40 veertig 50 vijftig 60 zestig 70 zeventig
80 tachtig 90 negentig 100 honderd

40 Vocabulary

tellen	to count
tot	(up) to
luisteren	to listen
goed	[here:] carefully

41 Fill in:

luistert / tot / tellen

A Ik tel __________ vijf:

Een twee, drie, vier, vijf.

Nu jij.

B Een, twee, vier, vijf.

A Nee, je __________ niet goed.

B Een, twee, drie, vier, vijf.

A Ja, dat is goed.

Nu __________ we tot tien.

42 Grammar

Ik woon al *vijf* jaar in Nederland.
For numbers, see also Grammar Section 5.

43 Finish the following sequences. Say them out loud.

1 een, twee, drie, __________ twintig.

2 eenenveertig, tweeënveertig __________ vijftig.

2 tien, twintig, __________ honderd.

3 twintig, negentien, __________ een.

4 zeventig, eenenzeventig, __________ tachtig.

5 een, drie, vijf, __________ eenendertig.

44 C10 • *ie* as in *drie*

When you hear **ie** as in *drie*, write a 'x'.

1 2 3 4 5 6 7 8 9 10

QUIZ

PART 1 WHAT WOULD YOU SAY?

1 Hoe gaat het met je?
- a Goed, dank je.
- b Goedemiddag.
- c Hanneke Stroop.

2 Woon je hier in Amsterdam?
- a Ja, in de Chopinstraat.
- b Ja, op nummer 78.
- c Nee, uit Engeland.

3 Waar komt u vandaan?
- a En jij?
- b Uit Frankrijk.
- c U komt uit Nederland.

4 Hé Michel!
- a Goed, en met u?
- b Hanneke! Wat leuk!
- c Prima, dank je.

5 Ik ga nu naar huis. Tot morgen.
- a Dag.
- b Goedemorgen.
- c Hallo.

PART 2 FILL IN:

bank / het / jou / leuk / voorstellen / wat / welk

1 A Wat ___________ je te zien, Hans.

2 B Ja! Ga je mee ___________ drinken?

3 A Mag ik je even ___________? Dit is Henk, mijn man.

B Johan Smit.

4 A Ik werk al acht jaar bij de ___________, in de Bachstraat.

5 B Op ___________ nummer precies?

6 A Hoe gaat ___________ met je?

7 B Goed, en met ___________?

PART 3 COMPLETE THE SENTENCES.

Example: Zij komt .....
Zij komt *uit Nederland.*

1 Dit ______ Victor.

2 ______ komt uit Frankrijk.

3 ______ nu in Amsterdam.

4 Hij gaat ______ een feestje.

5 En dat ______ lang geleden!

PART 4 LISTEN TO TEXT C07 'DRIE JAAR GELEDEN'.

Complete the sentences.

Hans Visser	Dat is lang geleden, zeg.
Michel Lecomte	Ja, drie ______, denk ik.
	Waar woon je?
Hans Visser	Hier ______ Amsterdam.
Michel Lecomte	Waar precies?
Hans Visser	In de Beethovenstraat.
Michel Lecomte	______ nummer?
Hans Visser	Achttien.
Michel Lecomte	O, daar woon ik ______!
	Ik woon op de Mozartkade.
Hans Visser	Werk ______ ook in Amsterdam?
Michel Lecomte	Ja, ik werk ______ bij een bank.
Hanneke Visser	Jij komt niet ______ Nederland, hè?
	Waar kom jij vandaan?
Michel Lecomte	______, ik kom uit Frankrijk.
	Maar ik ______ al vijf jaar in Nederland.
Hanneke Visser	Je ______ goed Nederlands!
Michel Lecomte	Dank je wel.

LES 2 - LESSON 2

2 / C01 • Mailen en bellen

Tom Kalf and his sister Rianne are looking for an Internet cafe.
Tom Kalf stops a lady who is passing by.

1 Text • Mailen en bellen

Tom Kalf	Kunt u me helpen, mevrouw? Waar kan ik internetten?
Mevrouw	Precies achter u is een internetcafé.
Rianne Kalf	O, wat dom van ons. Dank u wel.
Mevrouw	Geen dank.
Rianne Kalf	Weet jij het e-mailadres van Iris?
Tom Kalf	Ja, dat staat in mijn agenda. O jee, en die ligt thuis.
Rianne Kalf	We kunnen haar moeder bellen. Zij weet het e-mailadres van Iris.
Tom Kalf	Ja, maar dat telefoonnummer staat óók in mijn agenda.
Rianne Kalf	Je kunt Inlichtingen bellen. Dat is 0900 – 8008.
Tom Kalf	Goed.
Telefoniste	KPN Inlichtingen, goedemiddag.
Tom Kalf	Kunt u mij een telefoonnummer in Arnhem geven? Van mevrouw de Cruif, Kruisstraat 7.
Telefoniste	Kunt u de naam spellen?
Tom Kalf	C, R, U, I, F.
Telefoniste	Ogenblikje. Dat is 026 – 562 60 96.
Tom Kalf	Dank u wel.
Tom Kalf	Nou, die is in gesprek.
Rianne Kalf	Dan bel je haar straks maar. Of je stuurt een sms'je.

2 Translation • Sending an e-mail and making a call

Tom Kalf	Could you help me, please? Where can I access the Internet?
Lady	There's an Internet cafe right behind you.
Rianne Kalf	Oh, how silly of us. Thank you.
Lady	You're welcome.
Rianne. Kalf	Do you know Iris' e-mail address?
Tom Kalf	It's in my diary. Oh no! I left it at home.
Rianne Kalf	We could call her mother. She knows Iris' e-mail address.
Tom Kalf	Yes, but her number is in my diary as well.
Rianne Kalf	You could call the Directory Enquiries number. That 's 0900 - 8008.
Tom Kalf	Allright.
Operator	Good afternoon. Director Enquiries.
Tom Kalf	Could you give me a phone number in Arnhem, please? Mrs. de Cruif, Kruisstraat number 7.
Operator	Could you spell that name, please?
Tom Kalf	C, R, U, I, F.
Operator	Just a moment. It's 026 – 562 60 96.
Tom Kalf	Thank you.
Tom Kalf	Oh, it's engaged.
Rianne Kalf	You can call her later, then. Or send her a SMS message.

3 Expressing gratitude and reaction

Dank je / u (wel). — **Thank you (very much).**
Bedankt. — **Thanks.**

- Precies achter u is een internetcafé.
- O, wat dom van ons. Dank u wel.
- Geen dank.

Graag gedaan. — **You're welcome.**
Geen dank. — **You're welcome.**

4 Spelling *function*

Kun je / kunt u (...) spellen? — **Can you spell (...), please?**
Hoe spel je dat? — **How do you spell that?**

- Kunt u die naam spellen?
- C, R, U, I, F.

5 Vocabulary

mailen	to send an e-mail
bellen	to make a call
kunnen	can (see Grammar Section 8)
helpen	to help
kan	*from* 'kunnen'
internetten	to access the Internet
precies	right
achter	behind
het internetcafé [-'s]	Internet cafe
dom	silly, stupid
van	of
weet	*from* 'weten'
weten	to know
het e-mailadres [-sen]	e-mail address
staan	to stand (here: is)
de agenda [–'s]	diary, calendar
o jee!	oh no! oh dear!
die	it (see Grammar Section 11)
liggen	to lie, to be situated (here: is)
thuis	at home
Inlichtingen	information (here: Directory Enquiries)
de telefoniste [–s]	operator (female)
KPN	a Dutch telephone company
geven	to give
het telefoonnummer [-s]	phone number
die	that
de naam [namen]	name
spellen	to spell
(een) ogenblikje	just a moment
nou	well
in gesprek	engaged
het gesprek [–ken]	talk, conversation
dan	then

straks	later
of	or
stuurt	from 'sturen'
sturen	to send
het sms'je [–s]	SMS message

6 True or false?

Text C01 'Mailen en bellen'.
First read the statements. Then listen.

1 Tom Kalf is using his laptop. true/false
2 Rianne Kalf knows Mrs. de Cruif's telephone number by heart. true/false
3 The operator isn't sure how to spell Cruif. true/false
4 Mrs. de Cruif is probably at home. true/false

7 Fill in:

bellen / helpen / naam / straks / internetcafé

1 Kan ik hier Internetten? Ja, het ________________ is vlakbij.

2 De Cruif? Hoe spel je die ________________?

3 Ik ga nu niet naar huis, maar ________________.

4 Kunt u me ________________? Wat is het nummer van KPN Inlichtingen?

5 Ik kan Kees niet ________________: hij is nu niet thuis.

8 Fill in:

agenda / dank je wel / geven / graag gedaan / stuurt / thuis

1 De naam van Iris de Cruif staat in de ________________ van Tom Kalf.

2 Kunt u me het e-mailadres van Hans Visser ________________?

3 – Hier is een agenda. Is die van jou?

– Ja, ________________.

4 Hans is niet hier: hij is ________________.

5 Tom Kalf ________________ een sms'je naar mevrouw de Cruif.

6 – Dit is het nummer van Sonja.

– Dank je wel.

– ________________.

9 Fill in:

achter / dom / ogenblikje / spel / weet

1 Mijn agenda ligt ____________ de telefoon.

2 ____________ je het nummer van Inlichtingen?

3 – Kun je mij het nummer van Rianne Kalf geven?

– Een ____________ Dat is 6192857.

4 O, wat ____________ van mij: mijn agenda ligt thuis.

5 – Ik woon in de Van Woustraat.

– Van eh, Woestraat? Hoe ____________ je dat?

10 C02 Look at the text and listen

Underline the sentences you hear.

Tom Kalf	Kunt u me helpen, mevrouw? Waar kan ik internetten?
Mevrouw	Precies achter u is een internetcafé.
Rianne Kalf	O, wat dom van ons. Dank u wel.
Mevrouw	Geen dank.
Rianne Kalf	Weet je het e-mailadres van Kees?
Tom Kalf	Ja, dat staat in mijn agenda. O jee, en die ligt thuis.
Rianne Kalf	We kunnen haar moeder bellen. Zij weet het e-mailadres van Iris.
Tom Kalf	Ja, maar dat telefoonnummer staat óók in mijn agenda.
Rianne Kalf	Je kunt Inlichtingen bellen. Dat is 0900 – 8008.
Tom Kalf	Goed.
Telefoniste	KPN Inlichtingen, goedemiddag.
Tom Kalf	Kunt u mij een telefoonnummer in Arnhem geven? Van mevrouw de Cruif, Kruisstraat 7.
Telefoniste	Kunt u die naam spellen?
Tom Kalf	C, R, U, I, F.
Telefoniste	Ogenblikje. Dat is 026 – 562 60 96.
Tom Kalf	Dank u wel.
Tom Kalf	Nou, die is in gesprek.
Rianne Kalf	Dan bel je haar straks maar. Of je stuurt een sms'je.

11 C03 *o* as in *dom* or *oo* as in *woon*?

When you hear **o** as in *dom* write a 'x'. When you hear **oo** as in *woon*, don't write anything.

1 **x**	2	3	4	5	6	7	8	9	10

12 C04 Listen to C01 'Mailen en bellen' and repeat each sentence

13 Text / C05 Letters en klanken

Het woord 'spel' bestaat uit vier klanken: *s p e l* en vier letters: s p e l . Het Nederlandse alfabet heeft 26 letters: a, b, c, d, e, f, g, h, i, j, k, l, m, n, o, p, q, r, s, t, u, v, w, x, ij, z.
Op de letter **ij** staan twee punten. Je zegt: *ij*.

14 Translation • Letters and sounds

The word 'spel' consists of four sounds: *s p e l* and four letters: s p e l.
There are 26 letters in the Dutch alphabet:
a, b, c, d, e, f, g, h, i, j, k, l, m, n, o, p, q, r, s, t, u, v, w, x, ij, z.
There are two dots on the letter **ij**. You say: *ij*.

15 Vocabulary

de letter [–s]	letter
de klank [–en]	sound
het woord [–en]	word
bestaat uit	consists of
het alfabet	alphabet
heeft	*from* 'hebben'
hebben	have (*see Grammar Section 8*)
op	on
de punt [–en]	full stop, point (*here*: dot)
zeggen	to say

16 Fill in:

alfabet / letters / punt (2x) / woord / zeg

1 . Dit is een ____________.

2 dom Het ____________ 'dom' bestaat uit drie ____________.

3 ABC Dit is het ____________.

4 j Op de letter 'j' staat ook een ____________.

5 c Dit is de letter C. In het woord 'cent' ____________ je 's'.

17 C06 Spelling

Listen and spell each word (Use the pause button). After that word, you'll hear the correct spelling. *Example*: 'dom', spell d o m

1 dit 2 is 3 wat 4 ook 5 de 6 drinken 7 waar 8 woon 9 kom 10 mijn

18 Grammar

Notice that sometimes the same sound can be spelled differently:

de naam	*(the name)*	namen	*(names)*
ik weet	*(I know)*	weten	*(to know)*

For some spelling rules, see Grammar Section 6.

19 How would you find the words in bold type in a dictionary?

Example: Dan **bel** je hem straks maar. See **bellen**

1 Hij **spreekt** goed Nederlands. ____________

2 Zij **weet** het niet. ____________

3 Hoe **spel** je dat? ____________

4 Ik **stuur** Michel een sms'je. ____________

5 Mijn agenda **ligt** thuis. ____________

6 Ik **geef** jou het telefoonnummer. ____________

20 Text / C07 Naar huis

Mrs. Moritz, a German tourist, is helping a Dutch child who seems to have lost his way.

Mevrouw Moritz	Hallo, hoe heet je?
Paul van Riel	Paul.
Mevrouw Moritz	En hoe oud ben je?
Paul van Riel	Vijf. Bijna zes.
Mevrouw Moritz	En waar woon je?
Paul van Riel	Bij mijn vader en moeder. Mijn zus woont daar ook.
Mevrouw Moritz	Zo, gezellig. Maar ik bedoel eigenlijk: wat is je adres? In welke straat woon je?
Paul van Riel	Venenlaan.
Mevrouw Moritz	Welk nummer?
Paul van Riel	88.
Mevrouw Moritz	Welk nummer? Wil je wat langzamer praten, alsjeblieft?
Paul van Riel	88.
Mevrouw Moritz	Kom, ik zal je even – hoe zeg je dat? – naar thuis brengen.

Paul van Riel	Naar huis brengen. Graag mevrouw.

21 Translation • Home

Mrs. Moritz	Hello, what's your name?
Paul van Riel	Paul.
Mrs. Moritz	And how old are you?
Paul van Riel	Five. Nearly six.
Mrs. Moritz	And where do you live?
Paul van Riel	At my father's and mother's. My sister lives there as well.
Mrs. Moritz	Well, that's nice. But what I really mean is: what is your address? In which street do you live?
Paul van Riel	Venenlaan.
Mrs. Moritz	Which number?
Paul van Riel	88.
Mrs. Moritz	Which number? Could you speak more slowly, please?
Paul van Riel	88.
Mrs. Moritz	Come, I will take you – how do you say that? – to house.
Paul van Riel	Take me home. Yes please.

22 Expressing difficulties in understanding / speaking Dutch

Wil je / Wilt u wat langzamer praten, alsjeblieft / alstublieft?	**Could you speak more slowly, please?**
Kun je / Kunt u wat langzamer praten, alsjeblieft / alstublieft?	**Could you speak more slowly, please?**
Hoe zeg je dat?	**How do you say that?**

– Wil je wat langzamer praten alsjeblieft?
– 88.

– Kom, ik zal je even – hoe zeg je dat? – naar thuis brengen.

23 Vocabulary

hoe	how
oud	old
bijna	nearly, almost
de vader [–s]	father
de zus [–sen]	sister
zo	well
gezellig	nice, enjoyable
bedoelen	to mean
eigenlijk	really
wat	what

je	your
het adres [–sen]	address
wil	*from* 'willen'
willen	to want (see Grammar Section 8)
wil je/wilt u?	could you?
wat	a bit
langzaam	slow(ly)
praten	to talk, here: to speak
alsjeblieft/alstublieft	please
zal	*from* 'zullen'
zullen	will, shall
even	just
brengen	to bring
graag	yes, please

24 True or false?

Text C07 'Naar huis'.
First read the statements. Then listen.

1	Paul is six years old.	true/false
2	Paul has two sisters.	true/false
3	Mrs. Moritz will take Paul home.	true/false

25 Matching

Sometimes more than one answer is correct.

1 Ga je mee iets drinken?	a R I E L.	1 =
2 Ik zal je even helpen.	b Ja, gezellig.	2 =
3 Ik ga naar een feestje.	c Graag gedaan	3 =
4 Hier is het adres van Paul.	d Dank je wel.	4 =
5 Kunt u dat spellen?	e Veel plezier!	5 =
6 Waar kom je vandaan?	f Graag.	6 =
7 Dank u wel.	g Uit Canada.	7 =

26 Matching

Sometimes more than one answer is correct.

1 Hoe heet je?	a 080 – 48 45 723.	1 =
2 Waar woon je?	b Nee, dan ben ik niet thuis.	2 =
3 Hoe oud bent u?	c Op 37.	3 =
4 Op welk nummer woont u?	d In de Gravenstraat.	4 =

5	Wat is je telefoonnummer?	e	30 jaar.	5 =
6	Kan ik je straks bellen?	f	Leo.	6 =

27 Fill in:

adres / langzamer / spreekt / uitstekend / woon / woont

1 – Hoe gaat het met je?

– ___________.

2 Ik ___________ in Rotterdam, maar ik werk in Amsterdam.

3 – Ik heb het telefoonnummer, maar wat is het ___________ van Hans?

– Scheldestraat 66.

4 Kees ___________ al vijf jaar in Utrecht.

5 Mevrouw Van Oudshoorn woont al drie jaar in Frankrijk en ze ___________ goed Frans.

6 Ik kom niet uit Nederland, wilt u wat ___________ praten?

28 Fill in:

bedoel / bijna / oud / vader / zus

1 – Hoe ___________ ben je?

– Ik ben ___________ 12.

2 – Hoe oud is je ___________?

– Maaike? Die is 16.

En mijn ___________ is 48.

3 – Woon je ook in de Speustraat?

– ___________ je de Spuistraat?

29 C08 How many words do you hear? (Use the pause button)

30 C09 *e* as in *ben* or 'ə' as in *je*?

When you hear **e** as in *ben* write a 'x.' When you hear 'ə' as in *je*, don't write anything.

1	2 **x**	3	4	5	6	7	8	9	10

31 C10 Listen to C07 'Naar huis' and repeat

32 Grammar

The Dutch articles are: **de**, **het**, **een**.

See Grammar Section number 7.
Always memorize the article *het* or *de* together with every new noun you learn.

33 Fill in:

de / het / een / ø (nothing)

Dit is Johanna Boekstra.

1 Ze werkt in ________ Gouda.

2 Ze woont daar in ________ gezellige straat.

3 Dat is ________ Venenstraat.

4 Ze werkt in Haarlem bij ________ bank.

5 ________ adres van de bank weet ik niet.

6 Maar ________ telefoonnummer van de bank staat in mijn agenda.

7 'Boekstra' is ________ Nederlandse naam. Maar Johanna komt uit Canada.

34 Text / Een formulier (A form)

Achternaam	Holmes	
Voornamen (voluit)	Jonathan William	
Adres	**Straat**	**Huisnummer**
	Gravenstraat	326
Postcode en woonplaats	3583 BA Utrecht	
Telefoonnummer	030 25 17 242	
E-mailadres	*jonathanh@hotmail.com*	
Geboortedatum	25–6–1980	
Geboorteplaats	Londen	
Geboorteland	Engeland	
Nationaliteit	Engels	
Geslacht	m/v*	
	(doorhalen wat niet van toepassing is)*	

35 Vocabulary

het formulier [–en]	form
de achternaam [–namen]	surname, last name
de voornaam [–namen]	first name
voluit	in full
het huisnummer [–s]	house number
het huis [huizen]	house
de postcode [–s]	postal code, zip code
de (woon)plaats [–en]	place (of residence)

de geboortedatum [–s]	date of birth: day / month / year
de geboorteplaats [–en]	place of birth
het geboorteland	country of origin
het land [–en]	country
de nationaliteit [–en]	nationality
het geslacht	sex
m/v = man/vrouw	male/female
de man [–nen]	man
de vrouw [–en]	woman
doorhalen wat niet van toepassing is	strike out whichever is not applicable

36 Now fill in your own form

Achternaam ______________________

Voornamen (voluit) ______________________

Adres ______________________ **Straat** __________ **Huisnummer**

Postcode en woonplaats ______________________

Telefoonnummer ______________________

E-mailadres ______________________

Geboortedatum ______________________

Geboorteplaats ______________________

Geboorteland ______________________

Nationaliteit ______________________

Geslacht *m/v**

(doorhalen wat niet van toepassing is)*

QUIZ

PART 1 WHAT WOULD YOU SAY?

1 Kunt u dat even spellen?
- a A, B, C, D, E .....
- b Ik heet Visser.
- c Ja, K A L F.

2 Weet jij het nummer van Maaike?
- a Geen dank.
- b Hij is in gesprek.
- c Ogenblikje.

3 Ga je mee iets drinken?
- a Dank u wel.
- b Graag.
- c Veel plezier.

4 Op welk nummer woont je zus?
- a Die is 25.
- b Op 28.
- c Precies achter je.

5 Zal ik je even naar huis brengen?
- a Ja graag.
- b Leuk je te zien.
- c Tot ziens.

PART 2 FILL IN:

agenda / bedoelt / bijna / gezellig / kun / stuur / telefoonnummer / woonplaats / zus

1 A Zeg, ik ____________ je een e-mail, goed?

B Uitstekend.

2 A Wat ____________ u precies met 'postcode'?

3 B Die nummers en letters die bij de ____________ staan.

4 A Ik woon nu ____________ tien jaar in Frankrijk.

5 B En je ____________ werkt daar ook?

6 A O jee! Waar heb ik het ____________ van Michel?

7 B Staat dat niet in je ____________?

8 A Een feestje bij jou thuis? Wat ____________!

____________ je mij je adres dan even geven?

PART 3 MATCHING

1 Zal ik je straks even bellen?	a Nee, uit Nederland.	1 =
2 Mag ik je even voorstellen?	b Johan Visser.	2 =
Dit is Hans, mijn man.	c 27.	3 =

3	Nou, tot morgen, hè?	d	Nee, in Amsterdam.	4 =
4	Komt u uit Frankrijk?	e	Nee, dan ben ik niet thuis.	5 =
5	Hoe oud ben je?	f	Ja, dag!	6 =
6	Woont u in Rotterdam?			

PART 4 LISTEN TO TEXT C01 ' MAILEN EN BELLEN'. COMPLETE THE SENTENCES.

Tom Kalf	Kunt u me helpen, mevrouw? Waar ________ ik internetten?
Mevrouw	Precies achter u is een ________.
Rianne Kalf	O, wat dom van ons. Dank u wel.
Mevrouw	Geen dank.
Rianne Kalf	Weet ________ het e-mailadres van Kees?
Tom Kalf	Ja, dat staat ________ mijn agenda.
	O jee, en die ligt ________.
Rianne Kalf	We kunnen haar moeder bellen.
	Zij ________ het e-mailadres van Iris.
Tom Kalf	Ja, maar dat telefoonnummer ________ óók in mijn agenda.
Rianne Kalf	Je kunt Inlichtingen ________. Dat is 0900 – 8008.
Tom Kalf	Goed.
Telefoniste	KPN ________, goedemiddag.
Tom Kalf	Kunt u mij een telefoonnummer in Arnhem ________?
	Van mevrouw de Cruif, Kruisstraat 7.
Telefoniste	Kunt ________ die naam spellen?
Tom Kalf	C, R, U, I, F.
Telefoniste	Ogenblikje.
	Dat is ________.
Tom Kalf	Dank u wel.
Tom Kalf	Nou, die is in ________.
Rianne Kalf	Dan bel je haar straks maar.
	Of ________ stuurt een sms'je.

LES 3 - LESSON 3

3 / C01 Welke tram?

Louis asks a woman how to get to the railway station. She tells him to take tram number 16 or 25

1 Text • Welke tram?

Louis	Pardon mevrouw, mag ik u iets vragen?
	Waar is het centraalstation?
Mevrouw	Dat is nogal ver.
Louis	Hoe kom ik daar?
Mevrouw	U kunt het beste de tram nemen.
	Of een taxi.
Louis	Weet u ook welke tram?
Mevrouw	Zestien of vijfentwintig.
Louis	Wat zegt u, lijn tien?
Mevrouw	Nee, zestien.
Louis	Waar is de tramhalte?
Mevrouw	Daar, aan de overkant van de straat.
Louis	Dank u wel.
Mevrouw	Graag gedaan, hoor.

2 Translation • Which tram?

Louis	Excuse me! May I ask you something?
	Where is the Central Station?
Lady	That's quite a long way.
Louis	How do I get there?
Lady	You'd better take a tram.
	Or a taxi.
Louis	Do you know which tram?
Lady	16 or 25.
Louis	Excuse me, number ten?
Lady	No, sixteen.
Louis	Where is the stop?

Lady	There, across the street.
Louis	Thank you.
Lady	You're welcome.

3 Attracting attention *function*

(Pardon) Mevrouw / Meneer! **Excuse me!**

- Pardon mevrouw, mag ik u iets vragen?
- Waar is het centraalstation?

4 Vocabulary

de tram [–s]	tram, streetcar
mag	*from* 'mogen (see Grammar Section 8)
mogen	may, to be allowed to
iets	something
vragen	to ask
waar	where
het centraalstation	central station
nogal	rather, quite
ver	far
het beste	the best thing
nemen	to take
de taxi [–'s]	taxi
of	or
zegt	from 'zeggen'
zeggen	to say
lijn 10	number 10
de lijn [–en]	line
de (tram)halte [–s]	(tram) stop
aan de overkant	at the other side, across

5 True or false?

Text C01 'Welke tram?'
First read the statements. Then listen.

1 Louis knows where the station is. true/false
2 You can only take a bus to the station. true/false
3 Louis asks where the stop is. true/false

6 Rearrange the sentences in order to make a dialogue

a	Daar aan de overkant.	1 = d
b	Dank u wel.	2 =
c	Wat zegt u? Lijn 24?	3 =
d	Meneer, mag ik u iets vragen?	4 =
e	Waar is de halte van lijn 25?	5 =
f	Nee 25.	6 =
g	Geen dank.	7 =

7 Fill in:

aan de overkant / dank u wel / ver / vragen / weet / zegt

1 A Pardon meneer, mag ik u iets ____________?

2 ____________ u waar de halte van lijn drie is?

3 B Ja, daar ____________ in de Van Baerlestraat.

4 A O, dat is niet ____________.

5 B Wat ____________ u?

6 A Dat is niet ver. ____________.

8 Fill in:

halte / iets / neem / nogal / of / pardon

1 Het station is ____________ ver.

2 Ik ____________ een taxi ____________ ik neem de tram.

3 ____________ meneer, mag ik u ____________ vragen.

4 Waar is de ____________ van lijn 9?

9 Grammar

The Dutch language has many irregular verbs. Some are irregular in the present tense:

Ik *ben* vijf.
Zij *is* veertig.

Both *ben* and *is* are from the verb *zijn* (to be). For the conjugation of *zijn*, *hebben*, *gaan*, *zullen*, *kunnen*, *willen*, *mogen* see Grammar Section 8.

10 From which *verbs* are the *(finite) verbs* in bold type?

Example: Ik ben mevrouw Moritz. From 'zijn'

1 Ik **wil** Paul helpen.
2 Paul **wil** naar huis maar dat kan niet.
3 Paul **is** vijf jaar.
4 Hij **heeft** een zus.
5 **Mag** ik u iets vragen?
6 **Kun** je wat langzamer praten?
7 **Wilt** u me naar huis brengen?
8 Ik **zal** je even naar huis brengen.
9 Mevrouw **gaat** met Paul naar Venenlaan 88.

11 Fill in:

bent / gaat / is (3x) / kunt / kan

1 A Pardon, ________ dit lijn 16?

2 B Nee, mevrouw. ________ u naar het centraalstation?

A Ja.

3 B Dan ________ u het beste lijn 25 nemen.

4 A Hoe ver ________ het?

5 B O, het ________ niet ver.

6 A Ik ________ ook een taxi nemen.

7 B Maar u ________ vlakbij het station!

12 C02 *a* as in *mag* or *o* as in *kom*?

When you hear **a** as in *mag* write a 'x.' When you hear **o** as in *kom*, don't write anything.

1	2 **x**	3	4	5	6	7	8	9	10

13 Text / C03 Op het centraalstation

Kathy inquires at the central station information desk about the price of a ticket to London.

Kathy Best	Hoeveel kost een kaartje naar Londen?
Lokettist	Met de trein of met boot én de trein?
Kathy Best	Met de trein.
Lokettist	Een enkele reis of een retourtje?
Kathy Best	Het spijt me, ik versta u niet. Kunt u dat nog een keer zeggen?
Lokettist	Een enkele reis of een retourtje?
Kathy Best	O, een retourtje.
Lokettist	Gaat u via Brussel?
Kathy Best	Ja.

Lokettist	Een ogenblikje... Dat kost eh... 129 euro.
Kathy Best	Hoeveel zegt u?
Lokettist	129 euro.
Kathy Best	En voor een kind van zes?
Lokettist	Met een kind van zes: 217 euro.
Kathy Best	Dank u.

14 Translation • At the Central Station

Kathy Best	How much is a ticket to London?
Employee	By train or by boat ánd by train?
Kathy Best	By train.
Employee	A one way or a return ticket?
Kathy Best	Sorry, I didn't understand that. Could you say that again?
Employee	A one-way or a return ticket?
Kathy Best	Oh, a return ticket.
Employee	Are you travelling through Brussels ?
Kathy Best	Yes.
Employee	Just a moment, please... That's 129 euro.
Kathy Best	How much?
Employee	129 euro.
Kathy Best	And for a six year old?
Employee	With a six year old: 217 euro.
Kathy Best	Thank you.

15 Non–understanding *function*

Wat zegt u, ...?	**Sorry?**
Kun je / Kunt u dat nog een keer / eens zeggen?	**Could you say that again?**
Ik versta u niet.	**I don't understand**
... zegt u?	**... did you say?**

– Wat zegt u, lijn tien? (text 1)
– Nee, zestien.

– Kunt u dat nog een keer zeggen?
– Een enkele reis of een retourtje?
– Een enkele reis of een retourtje?
– Het spijt me, ik versta u niet.

– ... Dat kost eh ... 129 euro.
– Hoeveel zegt u?
– 129 euro.

16 Vocabulary

de lokettist [-en]	employee, counter clerk
hoeveel	how much / many
kosten	to cost
de trein [-en]	train

met de trein	by train
de boot [boten]	boat, here: ferry
het kaartje [–s]	ticket
Londen	London
de enkele reis	single/one–way ticket
het retourtje [–s]	return/round–trip ticket
het spijt me	I am sorry
verstaan	to understand
nog een keer	again
gaan	to go
via	through
de euro [-'s]	euro
voor	for, beforeeen
een kind van zes	a six year old
het kind [–eren]	child

17 True or false?

Text C03 'Op het centraalstation'
First read the statements. Then listen.

1 The employee doesn't understand Kathy's first question. true/false
2 A one-way ticket to London costs 179 euro. true/false
3 Kathy is taking the boat to England. true/false

18 Put the following sentences in logical order

a	Enkele reis?	1 =
b	Pardon, mag ik u iets vragen?	2 =
c	Hoeveel kost een kaartje naar Rome?	3 =
d	Nee, retour.	4 =
e	Hoeveel kost een kaartje naar Rome?	5 =
f	Wat zegt u?	6 =

19 Fill in:

en / kost / nog een keer / of / pardon / trein

1 Ik ga met de ____________ naar Berlijn.

2 Kunt u dat ____________ zeggen?

3 ____________, mag ik u iets vragen?

4 Hoeveel ____________ een retour Madrid?

5 – Gaat u met de trein ______ met de bus?

– Met de bus ______ met een taxi.

20 Fill in:

enkele reis / hoe / kind / nog eens / versta

1 A Hoeveel kost een ______ naar Praag?

2 B Het spijt me, ik ______ u niet.

3 Kunt u dat ______ zeggen?

A Een enkele reis Praag. Hoeveel kost dat?

B Voor u?

4 A Nee, voor een ______ van veertien.

5 B Sorry, ______ oud zegt u?

A Veertien jaar.

21 Fill in:

boot / euro / hoeveel / retour / trein

1 ______ kost een kaartje naar Oslo?

2 Ga je met de ______ naar Engeland?

3 Een enkele reis kost 224 euro en een ______ 129 euro.

4 Neem je de ______ naar Utrecht?

5 Een retour kost dertig ______.

22 C04 Listen to C03 'Op het Centraal Station'

*Pay special attention to the parts in **bold** type.*

Kathy Best	Hoeveel kost een **kaar**tje naar Londen?
Lokettist	Met de trein of met boot **én** de trein?
Kathy Best	Met de **trein**.
Lokettist	Een enkele **reis** of een retourtje?
Kathy Best	Het **spijt** me, ik versta u niet.
	Kunt u dat **nog** een keer zeggen?
Lokettist	Een **enkele reis** of een retourtje?
Kathy Best	O, een re**tour**tje.
Lokettist	Gaat u via Brussel?
Kathy Best	Ja.
Lokettist	Een **o**genblikje... Dat **kost** eh... 129 euro.
Kathy Best	**Hoe**veel zegt u?
Lokettist	129 euro.

Kathy Best	En voor een kind van **zes**?
Lokettist	Met een kind van **zes**: 217 euro.
Kathy Best	**Dank** u.

23 C05 • *g* as in *goed*

Sometimes **ch** is pronounced as **g**: ga, goed, geven, mag, zeg, acht, ogenblik, gehuwd, gezellig, graag.

24 C06 *g* as in *ga* or *h* as in *heet?*

Fill in the appropriate letter. Do you hear **g** as in *ga* or **h** as in *heet*?
Example: da... [g]

1 ..oeveel 2 ..oed 3 no.. 4 ze..en 5 ..ier 6 ..esprek 7 ne..en 8 ..eleden 9 ...eb 10 o..enblikje

25 C07 Listen to the following words and repeat

26 Text / C08 Nog een vraag

Kathy Best is still at central station.

Kathy Best	Sorry, ik heb nog een vraag. Hoe laat vertrekt de trein?
Lokettist	Zes of zeven keer per dag. De eerste om half acht 's ochtends.
Kathy Best	Wanneer ben ik dan in Londen?
Lokettist	Om half één 's middags. U kunt ook om half vijf 's middags vertrekken. Dan bent u om negen uur 's avonds in Londen.
Kathy Best	Kunt u dat voor me opschrijven?
Lokettist	Ja zeker. Alstublieft.
Kathy Best	Dank u voor uw informatie.

27 Translation • One more question

Kathy Best	Sorry, one more question. What time does the train leave?
Employee	Six or seven times a day. The first one at 7.30 a.m. .
Kathy Best	So when do I get to London?
Employee	At 12.30 p.m. In the afternoon you can leave at 4.30. Then you'll be in London at 9 p.m.
Kathy Best	Could you write that down for me, please?
Employee	Of course. Here you are.
Kathy Best	Thank you for your information.

28 Asking about time and reaction *function*

Q Hoe laat .....?	**What time .....?**	**A Om .....**	**At .....**
Q Wanneer .....?	**When .....?**	**A Om .....**	**At .....**
Q Hoe laat is het?	**What time is it?**	**A Het is .....**	**It is .....**

– Hoe laat vertrekt de trein?
– Zes of zeven keer per dag.
De eerste om half acht 's ochtends.

– Wanneer ben ik dan in Londen?
– Om half één 's middags.

29 Vocabulary

nog een vraag	one more question
de vraag [vragen]	question
laat	late
vertrekken	to leave
de trein [-en]	train
x keer	x times
per dag	a day
de dag [dagen]	day
om ...	at ... (o'clock)
half één	half past 12
's ochtends	in the morning
wanneer	when
de ochtend [-en]	morning
's morgens	in the morning
de morgen [-s]	morning
's middags	in the afternoon
de middag [–en]	afternoon
's avonds	in the evening
de avond [–en]	evening
's nachts	at night
de nacht [-en]	night
om negen uur	at 9
opschrijven	to write down
schrijven	to write
ja zeker	of course, sure
alstublieft	here: here you are
uw	your (*formal*: see Grammar Section 14)
de informatie	information

30 True or false?

Text C08 'Nog een vraag'
First read the statements. Then listen.

1	The train to London leaves four times a day.	true/false
2	Kathy has three questions.	true/false
3	Kathy forgot to bring a pen and paper	true/false

31 Matching

1	Hoe laat vertrekt de trein naar Parijs?	a	Het is elf uur.	1 = c
2	Wanneer ben ik dan in Parijs?	b	Om vijf uur 's middags.	2 =
3	Kunt u dat voor me opschrijven?	c	Om twaalf uur.	3 =
4	Hoe laat is het nu?	d	Het is elf uur.	4 =
5	Wat zegt u?	e	Ja zeker, alstublieft.	5 =

32 What would you say?

Sometimes more than one reaction is correct.

1 Hoeveel kost een enkele reis naar Parijs?
- a Het spijt me.
- b Kunt u dat nog een keer zeggen?
- c Ik versta u niet.

2 Pardon meneer, waar is de halte van lijn 2?
- a Wat zegt u?
- b Ik weet het.
- c Daar, in de Spuistraat.

3 Hoe laat vertrekt de trein?
- a Om zeven uur.
- b 's Avonds.
- c Ja zeker, alstublieft.

33 Fill in:

hoe / informatie / keer / 's avonds / vraag / wanneer / uur

1 A Ik heb een ________. ________ vertrekt de boot?

2 B Drie ________ per dag: 's morgens, 's middags en ________.

3 A Ja, maar ________ laat 's middags?

4 B Om drie ________.

5 A Dank u voor uw ________.

34 Fill in:

het / om / opschrijven / uur / vertrekt

1 – De trein ______ om 11.10, 12.16 en 12.37.

– Kunt u die informatie voor me ______?

2 – Hoe laat is ______?

– Het is negen ______.

3 – Hoe laat ben je thuis?

– ______ acht uur.

35 P.m. or a.m.?

's morgens / 's ochtends	after	6 a.m.
's middags	after	12.00
's avonds	after	6 p.m.
's nachts	after	00.00

1 zeven uur 's avonds p.m.
2 vier uur 's middags
3 negen uur 's ochtends
4 twee uur 's nachts
5 elf uur 's morgens
6 tien uur 's avonds
7 zeven uur 's ochtends.

36 Grammar

Hoeveel kost een kaartje naar Londen?
Wat zegt u?

For some question words, see Grammar Section 9.

37 Fill in:

hoe / hoeveel / waar / wanneer / wat / welke / wie

Question	*Answer*
1 ______ laat is het?	Vier uur.
2 ______ ga je naar huis?	Om vijf uur.
3 ______ zeg je?	Om vijf uur.
4 ______ kom je vandaan?	Uit Rotterdam.

5 __________ trein neem je? Dat weet ik niet.

6 __________ kost dat? Vijf euro.

7 __________ is dat? Mijn moeder.

38 C09 How many words do you hear?

39 C10 *ij* as in *reis* or *lijn* function

'ei' is pronounced as 'ij' is.

When you hear **ij** as in *reis* or *lijn*, write a 'x.'

1 x 2 3 4 5 6 7 8 9 10

40 C11 Listen to the following words and repeat

41 C12 Listen to C08 'Nog een vraag'

Pay special attention to the parts in **bold** type.

Kathy Best	Sorry, ik heb **nog** een vraag.
	Hoe laat ver**trek**t de trein?
Lokettist	**Zes** of zeven keer per dag. De **eer**ste om half acht 's ochtends.
Kathy Best	**Wan**neer ben ik dan in **Lon**den?
Lokettist	Om half **één** 's middags
Lokettist	U kunt **ook** om half vijf **'s mi**ddags vertrekken.
	Dan bent u om **ne**gen uur 's avonds in Londen
Kathy Best	Kunt u dat voor me **op**schrijven?
Lokettist	Ja **ze**ker.
	Alstu**blief**t.
Kathy Best	**Dank** u voor uw informatie.

42 Text / C13 • De tijd

Het is drie uur.

Het is kwart over drie.

Het is vijf minuten voor half vier.

Het is half vier.

Het is tien over half vier.

Het is kwart voor vier.

43 Vocabulary

de tijd	time
het is	it's
het uur [uren]	hour
kwart	quarter
over	over, *here*: past
half	half
voor	before; *here*: to
de minuut [minuten]	minute

44 C14 Write in numbers the times corresponding to the times read out

Example: 'zes uur': 6:00

45 Write in Dutch

1 9.30 half tien

2 7.45 ....

3 1.25 ....

4 11.55 ....

5 5.35 ....

6 3.11 ....

7 8.39 ....

46 C15 *uu* as in *minuut*

When you hear ***uu*** as in *minuut*, write a 'x.'

1 **x** 2 3 4 5 6 7 8

47 C16 Listen to the following words and repeat

48 You are taking a train to London

You need answers to the following questions.
Find the answers in the timetable.

1 Hoe laat vertrekt de trein uit Rotterdam?
2 Wanneer is de trein in Brussel Zuid?
3 Hoe laat vertrekt de Eurostar uit Brussel?
4 Hoeveel uur is het van Rotterdam naar Londen?
5 Hoe laat ben je in Londen?

Internationale Treinplanner

Van Rotterdam Centraal naar LONDON
Vertrek: woensdag 15 06 2011 16:00
Deze dienstregeling is geldig van 12.12.10 t/m 10.12.2011

Datum	*Tijd*	*Station*
15.06.2011	**15:25**	**Rotterdam Centraal**
	17:21	Bruxelles Midi/Brussel Zuid
	17:21	Bruxelles Midi/Brussel Zuid
	17:45	Bruxelles-Midi Eurostar
	17:59	Bruxelles-Midi Eurostar
	19:28	**London Waterloo Int.**

49 Grammar

een trein twee trein**en**
een kaartje twee kaartje**s**

Nouns end in –**en** or –**s** in plural.

See Grammar Section 10 for some rules and some exceptions.

50 Underline the words which indicate *plural* ('more than one')

treinen – boot – stations – nummers – kaartje – nachten – uur – dag – kinderen – vaders – retour – man – agenda's – huizen – vrouw – straten – zus

QUIZ

PART 1 WHAT WOULD YOU SAY?

1 Enkele reis of retour?
 a Naar Berlijn.
 b Om drie uur.
 c Wat zegt u?

2 De halte van lijn tien is aan de overkant van de straat.
- a Dank u wel.
- b Geen dank.
- c Hoeveel zegt u?

3 Pardon, mag ik u iets vragen?
- a Goed, dank u.
- b Het spijt me.
- c Wat zegt u?

4 Hoeveel is een retour Londen?
- a 129 euro.
- b Om kwart voor vier.
- c Twee keer per dag.

5 Hoe laat vertrekt de trein naar Brussel?
- a Het is kwart voor drie.
- b 's Morgens.
- c Tien over half elf.

PART 2 FILL IN:

's avonds / hoe laat / nemen / opschrijven / versta / vraag

Louis en Kathy bij de tramhalte

1 L Zeg, gaan we met de tram of __________ we een taxi?

2 K __________ is het nu? O, daar is de tram! We nemen de tram.

In de tram

3 L Ik heb nog een __________.

Hoe ga jij naar het feestje van Michel?

4 K Het is __________ hè? Ik denk met een taxi.

5 L Sorry, ik __________ je niet.

6 K Met een taxi. Hé, kun je zijn adres even voor me __________?

Ik denk dat ik het niet heb.

PART 3 CHOOSE THE RIGHT WORD

Example: A **Hoeveel** / **Waar** zegt u? Answer: **Hoeveel**
B 145 euro.

1 A **Mag** / **Heb** ik uw kaartje even zien?
B Alstublieft.

2 A **Waar** / **Wanneer** ga je naar toe?
B Naar Rotterdam.

3 A **Ben** / **Kun** je 's ochtends naar de bank komen?
B Nee.

4 A **Wat** / **Welke** tram kan ik nemen naar het station?
B Lijn 10 en 16.

5 A En **wie** / **hoe** is dat?
B Dat is Hanneke, mijn zus.

6 A Hoe laat **ga** / **zul** je naar de boot?
B Om zeven uur.

PART 4 LISTEN TO TEXT C03 'OP HET CENTRAALSTATION'. COMPLETE THE SENTENCES.

Kathy Best	Hoeveel kost een kaartje naar Londen?
Lokettist	Met de ____________ of met boot én de trein?
Kathy Best	Met de trein.
Lokettist	Een enkele ____________ of een retourtje?
Kathy Best	Het spijt me, ik ____________ u niet.
	Kunt u dat nog een ____________ zeggen?
Lokettist	Een enkele reis of een retourtje?
Kathy Best	O, ____________ retourtje.
Lokettist	Gaat u via Brussel?
Kathy Best	Ja.
Lokettist	Een ____________ Dat kost eh... 129 euro.
Kathy Best	Hoeveel zegt u?
Lokettist	129 ____________.
Kathy Best	En ____________ een kind van zes?
Lokettist	Met een kind van zes: 217 euro.
Kathy Best	Dank ____________.

LES 4 - LESSON 4

4 / C01 In de trein

Steven Crooke enters the train from the station at Schiphol airport. He spots a free seat next to Joep Joldersma.

1 Text • In de trein

Steven Crooke	Is deze plaats vrij?
Joep Joldersma	Ja hoor, ga gerust zitten. Je mag hier alleen niet roken.
Steven Crooke	O, sorry.
Joep Joldersma	Waar kom je vandaan?
Steven Crooke	Uit Canada. Ik kom net uit het vliegtuig. Ik heb twaalf uur gevlogen.
Joep Joldersma	Zei je twaalf uur?
Steven Crooke	Ja.
Joep Joldersma	Tjonge, dat is een lange reis. En wat ga je doen in Nederland?
Steven Crooke	Nou, familie bezoeken, naar museums, oude kerken bekijken, je kent dat wel. Weet jij nog een leuk museum?
Joep Joldersma	Ik ken alleen het Rijksmuseum en het Van Goghmuseum.
Steven Crooke	Die zijn in Amsterdam, hè?
Joep Joldersma	Mm.
Steven Crooke	Waar ga jij naar toe?
Joep Joldersma	Naar Den Haag, naar mijn broer.
Steven Crooke	Hoe heet dit station?
Joep Joldersma	Leiden.
Steven Crooke	O, dan moet ik hier uitstappen. Goede reis.
Joep Joldersma	Hé, je koffer!
Steven Crooke	Bedankt!

2 Inquiring whether one knows or doesn't know something / someone. *function*

Weet je/weet u ...? — **Do you know ...?**
Ken je/kent u ...? — **Do you know ...?**

Weten — **to have the knowledge of something**
Weet jij iets van vliegtuigen? — Do you know anything about planes?

Kennen — **to be acquainted with someone / something**
Ken je Joep? — Do you know Joep?
Ik ken die plaats goed. — I know that place well.

– Weet jij een leuk museum?
– Ik ken alleen het Rijksmuseum en het Van Goghmuseum.

3 Vocabulary

deze plaats [–en]	this seat
vrij	free
ja hoor	sure
ga gerust zitten	do sit down
zitten	to sit
gaan zitten	to sit down
je mag hier alleen niet roken	only, you're not allowed to smoke here
roken	to smoke
net	just
het vliegtuig [–en]	plane
twaalf uur	twelve hours
gevlogen	*from* 'vliegen'
vliegen	to fly
zei je ...?	did you say ...?
tjonge	my word! wow!
de reis [reizen]	trip, here: flight
doen	to do
de familie	relatives
bezoeken	to visit
het museum [musea/museums]	museum, art gallery
de kerk [–en]	church
bekijken	to look at
je kent dat wel	you know
weten	to know, to have the knowledge of

kennen	to know, to be acquainted with
waar ga jij naar toe?	where are you going?
de broer [–s]	brother
moeten	to have to
uitstappen	to get off
goede reis!	have a nice trip!
hé!	hey! hello!
je	your
de koffer [–s]	suitcase
bedankt	thanks

4 True or false?

Text C01 'In de trein'
First read the statements. Then listen.

1 Joep is going to Leiden. true/false
2 Steven has some relatives in Holland. true/false
3 Steven forgets to get out. true/false

5 Matching

1 Ken jij mevrouw Visser?	a Zei je Dan of Daan?	1 =
2 Zei je het Rijksmuseum?	b Ja. Je mag hier niet roken.	2 =
3 Kent u Leiden?	c Ja, die ken ik. Ze woont vlak bij mij.	3 =
4 Ken je Daan?	d Nee, niet goed. Ik kom uit Canada.	4 =
5 Hé, zei je iets?	e Nee, het Van Goghmuseum.	5 =
6 Goede reis!	f Bedankt!	6 =

6 Fill in:

broer / familie / plaats / reis / trein / uit / ver / zitten

1 A Is deze ________ vrij?

2 B Gaat u gerust ________.

Waar gaat u naar toe?

A Naar Groningen.

3 B Dat is een lange ________.

4 A Nou, ik kom ________ Canada.

Twee uur met de __________ is voor ons niet __________.

5 B Ik heb nog __________ in Canada, een __________.

A Waar precies?

B In Vancouver.

7 Fill in:

bekijken / bezoekt / roken / vliegt / uitstappen / zitten

1 Deze plaats is niet vrij: je mag hier niet __________.

2 Dit vliegtuig __________ van Amsterdam naar Sydney.

3 Kun je de Westerkerk __________?

4 Steven __________ zijn familie in Hoorn.

5 In een museum mag je niet __________.

6 A Moet ik hier __________?

B Nee, hier niet. Dit is Utrecht.

8 Fill in:

bekijken / doen / kent / koffer / vrij

1 A Is deze plaats __________?

2 B Ja, dit is mijn __________ Ga gerust zitten.

A Gaat deze trein naar Maastricht?

3 B Ja. __________ u Maastricht?

A Nee.

4 B Dan moet u zeker de St. Servaeskerk __________.

5 A Dat zal ik __________.

9 Fill in:

lange / naar toe / net / vandaan / ver

1 A En waar komt u __________?

2 B Ik kom __________ van de boot uit Zweden.

3 Zweden is niet __________ maar met de boot is het een __________ reis.

4 A Waar gaat u __________?

B Naar Rotterdam.

10 Grammar

Is *deze* plaats vrij?
Hoe heet *dit* station?

For *demonstratives* see Grammar Section 11.

11 Underline the words which are neutral ('het' words)

dat station / die plaats / die koffer / dat vliegtuig / dit museum / deze tram / die kerk / dit kaartje / deze koffer / dat kind

12 Fill in:

deze / die / dit / dat

There are two possibilities in each gap.

1 Is __________ plaats vrij?

2 Nee, maar __________ plaats wel.

3 Gaat __________ trein naar het centraalstation?

4 Ken je __________ museum?

5 Hoe oud is __________ kerk?

6 Hoe heet __________ kind?

7 __________ telefoonnummer is van Joep en __________ is van Ria.

13 C02 • *ee as in twee*

When you hear **ee** as in *twee* write a 'x'.

1	2	3	4	5	6	7	8	9	10

14 C03 Listen to the following words and repeat

15 C04 Repeat the questions and listen to the answers

16 Text / C05 Met de fiets

Anna calls her friend Sandra to invite her along on a bicycle trip.

Sandra	Met Sandra Rowland.
Anna	Met Anna. Hoe is het?
Sandra	Goed. En met jullie?

	Hebben jullie een leuke vakantie gehad?
Anna	Ja, we hebben veel gedaan: gefietst, gewandeld.
	We hebben lekker gegeten.
	En veel gezien.
	Maar dat is een lang verhaal.
	Dat vertel ik je later weleens.
	Zeg, wij gaan vrijdag fietsen.
	Ga je mee?
Sandra	Waar gaan jullie heen?
Anna	We gaan naar Monnickendam.
Sandra	O, leuk! Daar ben ik nog nooit geweest.
Anna	Ken je de zus van Jan?
Sandra	Annelies? Natuurlijk.
Anna	Die gaat ook mee.
Sandra	O, ik kan niet mee!
	Ik heb geen fiets.
Anna	Dan huur je een fiets op het station.
Sandra	Ik weet het nog niet.
	Ik bel je morgen nog wel.

17 Asking (about destination) *function*

Waar ga je /gaat u heen / naartoe? — **Where are you going?**

– Waar gaan jullie heen?
– We gaan naar Monnickendam.

– Waar ga jij naar toe?
– Naar Den Haag, naar mijn broer. (Text 1)

18 Stating whether one knows or doesn't know something *function*

Ik weet het. — **I know.**
Ik weet het niet. — **I don't know.**

– Dan huur je een fiets op het station.
– Ik weet het nog niet.

19 Vocabulary

de fiets [–en]	bike
de vakantie [–s]	vacation, holiday
gehad	*from* 'hebben'
veel	a lot
gedaan	*from* 'doen'
gefietst	*from* 'fietsen'
fietsen [fietste, gefietst]	to cycle, to bike
gewandeld	*from* 'wandelen'
wandelen [wandelde, gewandeld]	to walk; here: to hike

lekker	nice(ly), well
gegeten	*from* 'eten'
eten [at, gegeten]	to eat
gezien	*from* 'zien'
het verhaal [verhalen]	story
vertellen [vertelde, verteld]	to tell
later	later
weleens	sometimes
vrijdag	on Friday
ga je mee?	would you like to come?
(nog) nooit	never (before)
geweest	*from* 'zijn'
natuurlijk	of course
mee(gaan)	to join, to come along
geen	no, not a
huren [huurde, gehuurd]	to rent
nog niet	not yet
morgen	tomorrow
Ik bel je morgen nog wel	I'll let you know tomorrow

20 True or false?

Text C05 'Met de fiets'
First read the statements. Then listen.

1 Anna enjoyed her holiday. true/false
2 Annelies is Anna's sister. true/false
3 Sandra's bike was stolen at the railway station. true/false

21 What would you say?

Sometimes more than one reaction is correct.

Example: 1 Hoe laat vertrekt de trein naar Parijs?	c Ik weet het niet.	1 = c
1 Je moet hier uitstappen	a Ik weet het.	1 =
2 Ga je met ons mee?	b Ik weet het nog niet.	2 =
3 Waar gaan jullie heen?	c Ik weet het niet.	3 =
4 Is deze plaats vrij?		4 =
5 Hé, je koffer.		5 =
6 Gaat deze trein naar Utrecht?		6 =

22 Which one of the following reactions means

'yes', 'no' or 'I don't know yet'.

	ja	*nee*	*weet ik nog niet*
1 Natuurlijk	X		
2 Nou, dat weet ik nog niet.			
3 Zeker.			
4 Dat kun je gerust doen.			
5 Ik bel je nog wel.			
6 Het was geen leuke vakantie.			
7 Goed.			
8 We hebben niet lekker gegeten.			

23 Matching

Sometimes more than one answer is correct.

1 Ken je Anna?	a Om negen uur.	1 =
2 Wie is dat?	b Dat is Steven Crooke.	2 =
3 Hoe laat is het?	c Naar Dublin.	3 =
4 Waar ga je heen?	d Het is tien over half zes.	4 =
5 Hoe laat kom je?	e Nee, ik ken haar niet.	5 =

24 Fill in:

fiets / fietsen / mee / morgen / natuurlijk / nooit / wandelen

1 A We gaan met de __________ naar Texel.

B Wanneer?

2 A __________ Ga je __________

3 B __________!

Ik ben nog __________ op Texel geweest.

4 A Je kunt er goed __________ en __________.

25 Fill in:

eten / later / morgen / nog niet / veel

1 A Hoe laat kom je __________?

2 B Dat weet ik __________.

Om zeven uur?

3 A Nee, ik kom wat __________.

Ik ga 's middags fietsen.

4 B Om half acht dan. Maar niet ________ later.

Dan ________ we om acht uur.

26 Fill in:

doen / gedaan / gefietst / gehad / vakantie

1 A Waar ben jij naar toe geweest in de ________?

2 B Ik heb in Nederland ________.

3 A Wat leuk. Dat heb ik nog nooit ________.

4 B Nou, dat moet je ook eens ________.

Wij hebben een leuke vakantie________.

27 Fill in and change the form of the verb when required:

doen / eten / gaan / hebben / huren / vertellen / zien

Example: Anna gaa**t** naar Monnickendam.

1 Joep ________ met het vliegtuig naar Minneapolis.

2 Anna ________ een lang verhaal.

3 Jan ________ lekker en veel.

4 Ik ________ een fiets op het station.

5 Hij ________ veel: fietsen, wandelen, museums bekijken.

6 Sandra kan niet mee: ze ________ geen fiets.

28 C06 *o* as in *kost*

When you hear **o** as in *kost* write a 'x'.

1	2	3	4	5	6	7	8	9	10

29 C07 Listen to the following words and repeat

30 Grammar

O, ik kan *niet* mee! Ik heb *geen* fiets.

For *negation* see Grammar Section 13.

31 'Niet' of 'geen'?

1	Rookt u?	Nee, ik rook ______.
2	Heb je een fiets?	Nee, ik heb ______ fiets.
3	Is deze plaats vrij	Nee, deze plaats is ______ vrij.
4	Ken je het Rijksmuseum?	Nee, ik ken het ______.
5	Ga je mee?	Nee, ik ga ______ mee.
6	Heb je familie in Nederland?	Nee, ik heb ______ familie in Nederland.
7	Heeft u kinderen?	Nee, ik heb ______ kinderen.

32 Grammar

– *Hebben* jullie een leuke vakantie *gehad*?
– Ja, we *hebben* veel *gezien* en *gedaan*: *gefietst*, *gewandeld*.

We use the perfect tense if we want to talk about something that happened in the past.
For the perfect tense see Grammmar Section 18 part A.
Up to this section you have learned the meaning of 45 Dutch verbs and how to use them in the present tense. From now on each new verb in the Vocabulary section will be presented with the forms it takes in the perfect tense and in the imperfect:

I see him.	(present)
I **saw** him.	(imperfect)
I have **seen** him.	(perfect)

Compare the English forms of the verb to see with the Dutch in the Vocabulary:

zien **[zag, gezien]** to see

You should learn the forms of the imperfect and the perfect tense together with each new verb. However, don't worry about how to use the imperfect forms. These will be explained in Lesson 8.

33 Find the infinitive of each past participle you find in 'Met de fiets'

See also the list with irregular verbs, page 278.

past participle	*infinitive*
gehad	hebben
______	______

Now look at the previous lessons and write down all the verbs in the Vocabulary sections. Then look at the List of irregular verbs on page 278.

– Which verbs are irregular?
– What forms do they take in the perfect tense?

zijn	–	geweest
zien	–	gezien
______	–	______

- Which verbs are regular?
- What forms do they take in the perfect tense?

wonen	–	gewoond
werken	–	gewerkt
....	–	....

34 Put in the right order

You just met someone whose name sounds like 'Case'. You want to write his name and address in your addressbook. In which order would you ask the following questions? There are several possible solutions.

a	Wat is je adres?	1 =
b	Wat is je postcode?	2 =
c	Is 'Case' met een C of een K?	3 =
d	En je telefoonnummer?	4 =
e	Hoe spel je die straat?	5 =
f	In Amsterdam, hè?	6 =
g	Wat is je achternaam?	7 =

35 C08 Listen and write

Now listen to the dialogue and try to write down all the information you need for your address book.

Naam:	Naam:
Adres:	Adres:
Telefoon:	Telefoon:

36 Text / C09 Een fiets huren

First read the text. Then read and listen.

U kunt een fiets huren bij bijna 100 stations in Nederland. U moet daarvoor het volgende doen. Op het station gaat u naar het loket. Daar betaalt u. U krijgt dan een dagkaart. In de stalling krijgt u voor deze dagkaart een fiets, die u de hele dag mag gebruiken.
U moet aan het loket wel een paspoort of een rijbewijs laten zien.

37 Vocabulary

daarvoor	before that, *here*: for that (purpose)
het volgende	the following
het loket [–ten]	window, ticket office
betalen [betaalde, betaald]	to pay
krijgen [kreeg, gekregen]	to get
de dagkaart [–en]	day ticket
de stalling [–en]	storage
de hele dag	all day
gebruiken [gebruikte, gebruikt]	to use
u moet ... wel	you've got to

het paspoort [–en]	passport
het rijbewijs [rijbewijzen]	driving licence / driver's license
laten zien	to show
laten (liet, gelaten)	to let

38 Fill in:

hele dag / huren / laten zien / loket / stalling

1 Een fiets gaat naar de ____________.

2 Daar kun je ook een fiets ____________.

3 Een kaartje betaal je aan het ____________.

4 Met een dagkaart/dagkaartje kun je een ____________ fietsen.

5 Je moet je paspoort ____________.

39 Fill in:

betalen / gebruiken / krijgt / paspoort / volgende

1 U moet aan het loket ____________.

2 Nee, niet aan dit loket maar aan het ____________.

3 Hebt u geen ____________ of een rijbewijs?

4 Nee? Dan ____________ u geen fiets.

5 Je mag mijn fiets wel ____________.

40 Put in the right order

You are going to rent a bike. In which order do you take the following steps?

a	Je gaat naar de stalling.	1 =
b	Je krijgt een dagkaart/dagkaartje.	2 =
c	Je gaat naar het loket.	3 =
d	Je krijgt een fiets.	4 =
e	Je laat je paspoort zien.	5 =
f	Je betaalt.	6 =
g	Je kunt fietsen.	7 =

41 Answer the questions

1 U gaat met de trein naar Zutphen. U huurt een fiets (met 3 versnellingen) voor een dag. Hoeveel betaalt u voor die fiets? ________.

2 U bent met de auto naar Amsterdam gegaan. U huurt twee fietsen zonder versnelling voor een week.

Hoeveel moet u betalen? ______________.

Fietsverhuur

Merk	Omschrijving	Aantal	Prijs per dag	Prijs per week
Batavus	zonder versnelling	40	€ 6,00	€ 26,20
Batavus	met 3 versnellingen	40	€ 7,30	€ 31,40
Batavus	tandem	3	€ 14,50	€ 60,00

42 Vocabulary

de prijs [prijzen]	price
met 3 versnellingen	a 3-speed (bike)
zonder	without
de week [weken]	week
de auto [–'s]	car
gegaan	*from* 'gaan'

43 Fill in:

1 Een dag heeft 24 .....
2 Een week heeft 7 .....
3 Een jaar heeft 52 .....

44 Fill in:

betalen / euro / kost / loket / zonder

De treintaxi

A Goedemiddag, ik wil graag naar Enkhuizen.
B Hebt u een treintaxikaartje, mevrouw?
A Nee. Moet dat?
B Ja, dit is een treintaxi.

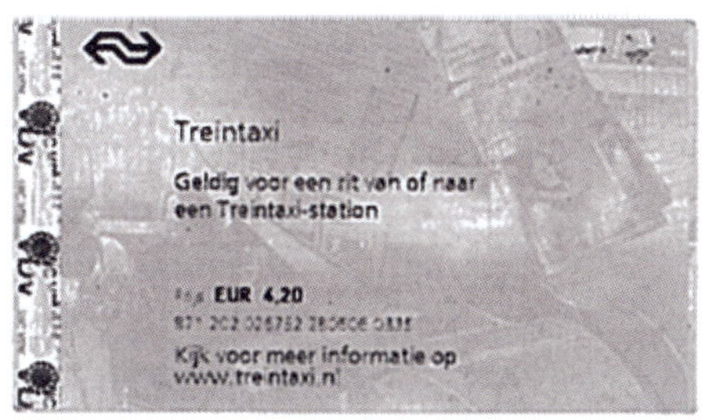

1 ______________ treintaxikaartje kunt u niet in een treintaxi.

2 A Maar kan ik u dan niet ______________?

3 B Nee, mevrouw. U betaalt aan het ______________.

4 A Hoeveel ______________ een treintaxi eigenlijk?

5 B Vier ______________ twintig, mevrouw.

A Dank u wel.

45 C10 Listen and repeat

Then memorize the days of the week.

De dagen van de week zijn:

maandag – dinsdag – woensdag – donderdag – vrijdag – zaterdag – zondag

46 Fill in:

		before	*after*
	woensdag	dinsdag	donderdag
1	zondag	______	______
2	donderdag	______	______
3	dinsdag	______	______
4	zaterdag	______	______
5	maandag	______	______
6	vrijdag	______	______

47 C11 ui as in gebruiken

Listen to the following words. When you hear **ui** as in *gebruiken*, write a 'x'.

1	2	3	4	5	6	7	8	9	10

QUIZ

PART 1 WHAT WOULD YOU SAY?

1 Weet jij een leuk huis voor mij?
- a Nee, ik ken hem niet.
- b Nou, niet vlakbij het station.
- c Uit Den Haag.

2 Waar ga jij eigenlijk naar toe?
- a Hoe kom ik daar?
- b Met de trein.
- c Naar het Van Goghmuseum.

3 Ik heb één zus en negen broers.
- a Dat is lang geleden, zeg.
- b Die ken ik niet.
- c Zei je negen broers?

4 Daphne en Lidewij gaan zondag fietsen.
- a Goede reis.
- b Ik weet het niet.
- c Waar gaan ze heen?

5 Ken je Anna Haagsma?
- a Dat weet ik.
- b Die ken ik, ja.
- c Hoe heet hij?

PART 2 FILL IN:

bedankt / dag / deze / fietsen / hele / huren / kerk / later / natuurlijk / rijbewijs

Steven en Joep bij de fietsenstalling

1 S Wij willen graag twee fietsen ______________, kan dat?

2 A Ja, ______________ Gaat u maar even mee.

3 S Ja. Wat kost het eigenlijk voor één ______________?

4 A 12 euro. U krijgt dan een dagkaart/dagkaartje en u mag de fiets de ______________ dag gebruiken.

Even later

5 A Kijk, ______________ fietsen kunt u krijgen.

6 S Nou, uitstekend. Moeten we nu betalen of ______________?

7 A Nee, nu, en u moet ook even uw paspoort of ______________ laten zien.

8 S Eh, waar hebben we die? Ja, hier, alstublieft.

O, ik heb nog een vraag. We willen die oude ______________ hier bekijken. Is dat ver?

9 A Nou, ik denk tien minuten ______________.

10 S Goed, ______________. Dag!

PART 3 WHICH WORD IS CORRECT?

1 A Is *deze* / *dit* koffer van jou?
B Ja!
2 A O, ik heb nog *geen* / *niet* kaartjes!
B Die heb ik.
3 A Gaat *deze* / *dit* tram naar het centraalstation?
B Ja, en die ook.
4 A Heb je *dat* / *die* auto gehuurd?
B Ja, voor één dag.
5 A Nee, ik ga nu *niet* / *geen* mee.
B Morgen dan?

PART 4 LISTEN TO TEXT C01 'IN DE TREIN'. COMPLETE THE SENTENCES.

Steven Crooke	Is __________ plaats vrij?
Joep Joldersma	Ja hoor, ga gerust __________.
	Je mag hier alleen niet roken.
Steven Crooke	__________.
Joep Joldersma	Waar kom je vandaan?
Steven Crooke	Uit Canada.
	__________ kom net uit het vliegtuig.
	Ik __________ twaalf uur gevlogen.
Joep Joldersma	Zei je twaalf __________?
Steven Crooke	Ja.
Joep Joldersma	Tjonge, dat is een lange __________.
	En wat ga je doen in __________?
Steven Crooke	Nou, familie bezoeken, naar museums, oude __________ bekijken,
	je kent dat wel.
	Weet __________ een leuk museum?
Joep Joldersma	Ik ken alleen __________ Rijksmuseum en het Van Goghmuseum.
Steven Crooke	Die __________ in Amsterdam, hè?
Joep Joldersma	Mm.
Steven Crooke	Waar ga __________ naar toe?
Joep Joldersma	Naar Den Haag, naar mijn broer.
Steven Crooke	__________ heet dit station?
Joep Joldersma	Leiden.
Steven Crooke	O, dan moet ik hier __________.
	Goede reis.
Joep Joldersma	Hé, je koffer!
Steven Crooke	Bedankt!

LES 5 - LESSON 5

5 / C01 In het café

Annemarie and Sandra decide to have a drink after work.
They enter a bar and order a drink.

1 Text • In het café

Annemarie	Zullen we hier gaan zitten?
Sandra	Ok.
Annemarie	Wat wil je drinken?
Sandra	Ik wil graag een glas rode wijn.
Annemarie	Juffrouw, mag ik een glas rode wijn en een pilsje?
Sandra	Zeg, ik geef zaterdag een borrel.
	Kom je ook?
Annemarie	Ja leuk. Je bent jarig, hè?
Sandra	Wat denk je, zal ik Karel ook uitnodigen?
Annemarie	Hè nee, ik vind Karel niet aardig.
Sandra	Heb je een hekel aan hem?
Annemarie	Nou nee, maar ik vind hem niet zo sympathiek.
Sandra	Ik wel.
Sandra	Laten we gaan. Mijn bus komt zo.
Annemarie	Ja goed, ik moet nog boodschappen doen. Ik krijg vanavond bezoek.

2 Expressing dislike and inquiring about it *function*

Ik vind ... niet aardig / leuk / lekker / mooi.	**I don't like ...**
Ik hou(d) niet van ...	**I don't like ...**
Ik heb een hekel aan ...	**I hate ....**

– Wat denk je, zal ik Karel ook uitnodigen?
– Hè nee, ik vind Karel niet aardig.

Ik houd niet van vliegen.

Ik vind familie bezoeken niet leuk.

Vind je / Vindt u ... niet aardig / leuk / lekker / mooi enz.?	**Don't you like ...?**
Houd je / Houdt u niet van ...?	**Don't you like ...?**
Heb je / Hebt u een hekel aan ...?	**Do you hate ...?**

– Heb je een hekel aan hem?
– Nou nee, maar ik vind hem niet zo sympathiek.

Houdt u niet van borrels?

Vind je wandelen niet leuk?

3 Vocabulary

het café [–s]	pub, bar
zullen we ...?	shall we ...?
oké	OK
het glas [glazen]	glass
rode	*from* 'rood' red
de wijn	wine
juffrouw	waitress, miss
het pilsje [–s]	glass of beer
de pils	beer
de borrel [–s]	party
een borrel geven	to organize a get–together
ja leuk	yes, that's nice
je bent jarig	it 's your birthday
zal ik	should I
uitnodigen [nodigde uit, uitgenodigd]	to invite
aardig	nice(ly)
hè nee	oh no
nou nee	well, no
zo	so
sympathiek	pleasant
ik wel	but I do
wel	*here: used to contradict a negation*
laten we (gaan)	let's (go)

de bus [–sen]	bus
zo	in a minute
nog	still
boodschappen doen	to do the shopping
vanavond	tonight
het bezoek	visitor(s)

4 True or false?

Text C01 'In het café'
First read the statements in Dutch. Then listen.

1 Annemarie drinkt een pilsje.	true/false -	waar/niet waar
2 Annemarie is zaterdag jarig.		waar/niet waar
3 Sandra vindt Karel wel aardig.		waar/niet waar

5 Which word is correct?

1 – Zullen we Sandra en Jim uitnodigen?
– Nee, ik vind ze niet ________.

a aardig
b lekker
c mooi

2 – Wil je een pilsje?
– Nee, ik vind het niet ________.

a mooi
b lekker
c aardig

3 – Ga je mee naar het Rijksmuseum?
– Nee, ik vind het geen ________ museum.

a lekker
b leuk
c aardig

6 What would you say?

1 Vind je pils niet lekker?	a Nee, ik vind het hier niet leuk.	1 =
2 Hou je niet van fietsen?	b Nee, maar wel aan zijn zus.	2 =
3 Vind je Annemarie niet aardig?	c Nee, en ook niet van wandelen	3 =
4 Vindt u het Van Goghmuseum niet mooi?	d Nee, ik drink geen pils.	4 =
5 Heb je een hekel aan zijn vader?	e Ik ken het eigenlijk niet.	5 =
6 Vind je het hier niet gezellig?	f Nee, ik vind haar niet sympathiek.	6 =

7 Which reaction is correct?

Sometimes you have more than one option.

1 Waar ga je heen?	a Ja, leuk.	1 =
2 Komt u vrijdag ook?	b Hè nee.	2 =
3 Ben je morgen jarig?	c Naar een borrel.	3 =
4 Zullen we boodschappen doen?	d Nee, vrijdag.	4 =
5 Ik drink geen wijn.	e Ja, goed.	5 =
6 Laten we Sandra uitnodigen.	f Ik wel.	6 =

8 Fill in:

café / drinken / glas / hekel / laten / vind / wel

1 A ________ we daar in dat ________ gaan zitten.

2 B Goed. Wat wil je ________? Een pilsje?

3 A Nou nee, ik heb een ________ aan pils.

4 B Een ________ rode wijn dan?

5 A Nou, ik ________ rode wijn niet zo lekker.

6 B Ik ________.

9 Fill in:

borrel / jarig / nog / uitnodigen

> Ik wil je ________ voor vrijdag.
>
> Dan ben ik ________.
>
> Ik geef een ________ van 5 tot 8.
>
> Kom je ook?
>
> Sandra
>
> P.S. Bel je ________ even?

10 Fill in:

bezoek / boodschappen / nog / nu / zo / zullen

1 A ________ we iets drinken?

2 B Nou nee, ________ niet: ik krijg vanavond ________ en ik moet nog ________ doen.

3 A Woensdag dan?

4 B Dan kan ik ook niet. O, mijn bus komt ________.

5 A Ik bel je ________ wel.

11 C02 Listen to C01 'In het café'

Which sentences do you hear?

1 Zullen we hier gaan zitten?
2 Ga gerust zitten.
3 Zeg, ik geef zaterdag een borrel.
4 Hoe kom ik daar?
5 Je bent jarig, hè?
6 Ik versta je niet.
7 Ik vind Karel niet aardig.
8 Heb je een hekel aan hem?
9 Ik weet het nog niet.
10 Ik bel je morgen nog wel.

12 C03 Listen to C01 'In het café'

Pay special attention to how the letters in **bold** type are pronounced.

Annemarie	Zullen w**e** hier gaan zitten?
Sandra	Oké.
Annemarie	Wat wil **je** drinken?
Sandra	Ik wil graag een glas rod**e** wijn.
Annemarie	Juffrouw, mag ik **ee**n glas rod**e** wijn en **ee**n pilsj**e**? [pronounced: 'rooi**e**']
Sandra	Zeg, ik geef zaterdag **ee**n borrel.
	Kom **je** ook?
Annemarie	Ja leuk. **Je** bent jarig, hè?
Sandra	Wat denk **je**, zal ik Kar**e**l ook uitnodigen?
Annemarie	Hè nee, ik vind Kar**e**l niet aardig.
Sandra	Heb **je** **ee**n hek**e**l aan hem?
Annemarie	Nou nee, maar ik vind h**e**m niet zo sympathiek.
Sandra	Ik wel.
Sandra	Laten w**e** gaan. M**ij**n bus komt zo.
Annemarie	Ja goed, ik moet nog boodschapp**e**n doen. Ik krijg vanavond b**e**zoek.

13 C04 Listen to the following words and repeat

14 C05 *oe* as in *doen*

Listen to the following words and repeat.

15 Text / C06 In de supermarkt

Ron and Dick are shopping and discussing tonight's dinner.

Ron	Houd je van vis?
Dick	Nou nee, niet zo erg.
	Ik eet ook liever geen vlees, trouwens.
Ron	Zal ik dan iets met kaas maken?
Dick	Ja, dat vind ik wel lekker.
	Zullen we pasta eten?
Ron	O, dat is een goed idee.
	En de groente?
Dick	Sla.
Ron	Zo, sla, tomaten, uien, aardappels.
	Waar is het fruit?
Dick	Hier zijn appels en sinaasappels.
	O, en een citroen.
Ron	Frisdrank, boter, kaas, eieren, melk, koekjes, ... Dat is alles.
Dick	Ik zal het toetje wel maken.
	Lust je ijs?
Ron	Mmm lekker, ik ben dol op ijs.

16 Inquiring about liking and expressing it *function*

Houd je / Houdt u van ...? / Lust je / Lust u ...?	**Do you like ...?**
Ik vind ... aardig / leuk /lekker /mooi.	**I like ...**
Ik ben dol op ...	**I am very fond of ...**

- Hou(d) je van vis?
- Nou nee, niet zo erg.
- Zal ik dan iets met kaas maken?
- Ja, dat vind ik wel lekker.
- Lust je ijs?
- Mmm lekker, ik ben dol op ijs.

17 Expressing preference *function*

Ik ... liever ...	**I'd prefer ...**

- Houd je van vis?
- (...) Ik eet ook liever geen vlees, trouwens.

18 Vocabulary

de supermarkt [–en]	supermarket
houden van [hield, gehouden]	to like, to love
de vis	fish
niet zo erg	not really
erg	very
ook	moreover
ik eet liever geen vlees	I'd rather not eat meat

het vlees	meat
trouwens	actually
de kaas	cheese
maken [maakte, gemaakt]	to make
de pasta	pasta
het idee [ideeën]	idea
de groente	vegetables
de sla	salad, lettuce
de tomaat [tomaten]	tomato
de ui [–en]	onion
de aardappel [–s/–en]	potato
het fruit	fruit
de appel [–s]	appel
de sinaasappel [–s]	orange
de citroen [–en]	lemon
de frisdrank [–en]	fizzy drink, pop
de boter	butter
het ei [eieren]	egg
de melk	milk
het koekje [–s]	biscuit, cookie
alles	all
het toetje [–s]	dessert
het ijs	ice; *here*: ice cream
mmm	yummy
lekker	delicious

19 True or false?

Text C06 'In de supermarkt'
First read the statements. Then listen.

1 Dick vindt vis erg lekker. true/false - waar/niet waar
2 Ron houdt van pasta. waar/niet waar
3 Dick en Ron eten ook ijs. waar/niet waar

20 Matching

Wich sentences have a similar meaning?

1 Ik hou van vis.	a Lust je vis?	1 =
2 Ik lust geen vis.	b Ik vind vis erg lekker.	2 =
3 Vind je vis niet zo erg lekker?	c Ik hou niet van vis.	3 =
4 Ik ben dol op vis.	d Ik vind vis lekker.	4 =
5 Hou je van vis?	e Hou je niet zo erg van vis?	5 =

21 Fill in:

liever / toetje / lekker / gegeten / supermarkt

A Ik heb lekker ________________.

B Dank je.

A Waar komt die pasta vandaan?

B O, uit de ________________.

A Nou, die is erg ________________.

B Wat wil je voor ________________?

Ik heb ijs of fruit.

A Ik wil ________________ fruit.

22 What is it? Groente of fruit?

appels / uien / citroenen / tomaten / sla / aardappels / sinaasappels

Groente: Fruit: ?:

23 Underline the items that are drinks

Wat kan je drinken?

toetje / melk / pasta / groente / pils / wijn / frisdrank / borrel / kaas

24 Underline the items that are made of milk

Wat maak je van melk?

eieren / sla / kaas / ui / ijs / borrel / boter / vlees / wijn

25 Fill in:

alles / fruit / uien / boodschappen / idee / sla

A Mag ik een appel?

B Ik heb geen _______________.

Ik moet nog _______________ doen.

A Zal ik het doen?

B Dat is een goed _______________.

A Appels graag en ook _______________ en _______________.

B Is dat _______________?

A Ja hoor.

26 C07 Listen again to the dialogue C06 'In de supermarkt'

Now try to write down the items Ron and Dick will find on their receipt after they have paid.
Don't look at the text. Listen as often as you need to write down all items.

27 C08 *ij* as in *ijs* or *ui* as in *uit*?

Listen to the following words. In each pair you'll hear **ij–ui** or **ij–ij**. When you hear **ij–ui** write a 'x'.
Example: hij–uit: write a 'x'.

1 2 3 4 5 6 7 8 9

28 C09 Listen to the following words and repeat

29 Grammar

Dat is een lange reis.
Dit zijn mijn kinderen.

See Grammar Section 12.

30 *is of zijn?*

1 Dit __________ Sandra en Annemarie.

2 Dat __________ een vis.

3 Dat __________ een ui.

4 Dit __________ tomaten.

5 Dat __________ ijs.

6 Dat __________ lekkere appels.

31 Text / C10 • Op de borrel

Sandra is having a birthday party. Ron arrives.

Sandra	Hoi, kom binnen.
Ron	Van harte gefeliciteerd.
Sandra	Dank je.
	Pas op! Mijn bril.
Ron	O, sorry. Alsjeblieft.
Sandra	Dank je wel. Wat een mooie bloemen!
	Wil je iets drinken?
Ron	Ja graag. Wat heb je?
Sandra	Wijn, bier, iets fris ...
	Ik heb ook nog koffie en thee.
Ron	Heb je alcoholvrij bier?
Sandra	Ja hoor!
Ron	Doe dat maar.
Sandra	Kijk eens, je pils.
Ron	Dank je. Nou proost!
Sandra	Ja proost!

32 Inquiring about desire and expressing it

Question		*Answer*	
Wil je / Wilt u ...?	**Do you want ...? / Would you like ...?**	**(Ja,) graag / Nee, dank je / u**	**Yes, please/No, thank you.**
Wat wil je / Wat wilt u ...?	**What would you like ...?**	**Ik wil graag ...** **Ik wil ...**	**I'd like ...** **I'll have ...**
Mag ik ...?	**Can I have ...?**	**Natuurlijk.** **Ja hoor.** **Liever niet.**	**Of course.** **Yes / Sure.** **I'd rather not.**

– Wil je iets drinken?
– Ja graag. Wat heb je?
– Wat wil je drinken? (Text 1)

– Ik wil graag een glas rode wijn.
– Juffrouw, mag ik een glas rode wijn en een pilsje? (Text 1)

33 Congratulations *function*

(Van harte) gefeliciteerd! — **(My warmest) congratulations!**
Dank je / u. — **Thank you.**

34 Proposing a toast *function*

Proost! / Op je gezondheid! — **Cheers!**
Proost! — **Cheers!**

– Op je gezondheid!
– Proost!
– Nou proost!
– Ja proost!

35 Vocabulary

hoi!	hi!
binnenkomen [kwam binnen, binnengekomen]	to come in
pas op	be careful
de bril [–len]	glasses
sorry	I am sorry
alsjeblieft	here you are
wat een ...!	what ...!
mooi(e)	beautiful
de bloem [–en]	flower
het bier	beer
iets fris	a cold drink/a fizzy drink
fris	fresh, refreshing
de koffie	coffee
de thee	tea
alcohol	alcohol
alcoholvrij	non–alcoholic
doe dat maar	I'll have that
kijk eens	here you are

36 True or false?

Text C10 'Op de borrel'
First read the statements. Then listen.

1 Sandra heeft een bril op. waar/niet waar
2 Ron wil wel alcohol drinken. waar/niet waar
3 Sandra geeft Ron een glas bier. waar/niet waar

37 Finish the dialogue. Put in the right order

The dialogue is similar to 31 'Op de borrel'.

a Wijn graag.
b Gefeliciteerd!
c Wat wil je drinken?
d Hoi, kom binnen.
e Dank je.
f Alsjeblieft, je wijn.
g Nou, proost!

1 = d
2 =
3 =
4 =
5 =
6 =
7 =

38 Matching

Which is the best reaction? You should use each reaction only once.

1	Wil je nog iets eten?	a	Proost!	1 =
2	Wat wilt u drinken?	b	Ik drink liever geen alcohol.	2 =
3	Wil je een glas wijn?	c	Dank je.	3 =
4	Gefeliciteerd!	d	Wat fruit, alsjeblieft.	4 =
5	Proost!	e	Koffie, graag.	5 =

39 Geen alcohol

Your host is offering you something to drink. You don't want to drink alcohol.
Underline the items you could take.

koffie / thee / melk / wijn / iets fris / een borrel / alcoholvrij bier / een pilsje

40 Fill in:

binnen / bril / lekkere / leuk / liever / thee

A Hallo, kom ________________.

B Hoi. Wat een mooie ________________!

A Ja, ik vind hem ook ________________.

Wil je ________________?

B Graag.

A Ik heb ________________ koekjes.

B Nou nee, ik eet ________________ geen koekjes.

41 Put in the right order

a Dank je wel.
b Doe dat dan maar.
c Een pilsje dan?
d Kijk eens.
e Nee, dank je.
f Wil je wijn?

1 =
2 =
3 =
4 =
5 =
6 =

42 Grammar

Pas op, *mijn* bril!
Mijn bus komt zo.

For *possessive pronouns* see Grammar Section 14.

43 Look at the following words:

hun – zijn – haar – onze – jullie

1 Which ones indicate plural ('more than one')? ____________

2 Which one indicates a female person? ____________

3 Which one indicates a male person? ____________

44 Matching

Finish the following sentences. Make sure that the parts in bold type are matching.

1 **Meneer**!	a gaan op bezoek bij **hun** moeder.	1 =
2 **Ron**	b **Uw** koffer!	2 =
3 **Ik** eet	c vaak naar **jullie** familie?	3 =
4 **Annemarie en haar zus**	d vertelt **haar** verhaal.	4 =
5 **Annemarie**	e drinkt **zijn** koffie.	5 =
6 Gaan **jij en je man**	f **mijn** appel.	6 =

45 Draw up a family tree based upon the following text

Mijn familie
Ik heet Anna. Mijn zus en mijn moeder heten Ingrid. Mijn zus heeft twee kinderen. Hun namen zijn Eva en Thomas. De zus van mijn vader heet Miep. Zijn moeder heet Marie en zijn vader Chris. Ik heb ook nog een broer. Zijn naam is Erik. O ja, mijn vader heet Klaas en de man van mijn zus heet Dennis.

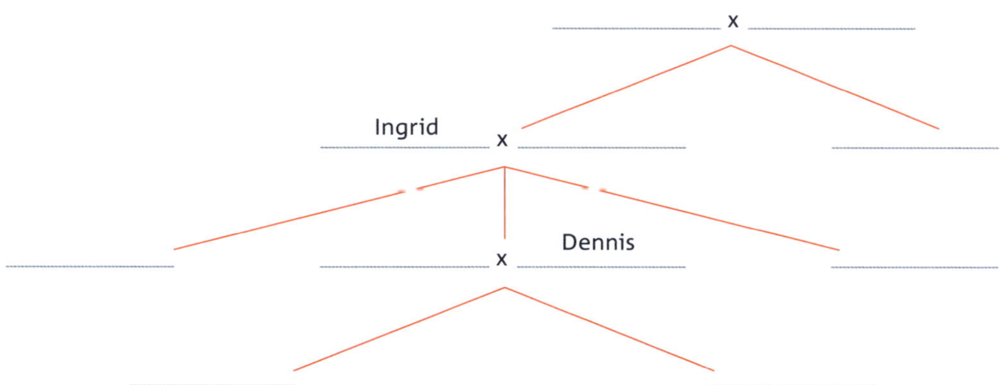

46 C11 Listen to C10 • 'Op de borrel'

Pay special attention to the parts in **bold** type.

Sandra	**Hoi**, kom **bi**nnen.
Ron	Van **har**te gefeliciteerd.
Sandra	**Dank** je.
	Pas **op**! Mijn **bril**.
Ron	O, **so**rry. Alsje**blieft**.
Sandra	Dank je **wel**. Wat een mooie **bloe**men!
	Wil je iets **drin**ken?
Ron	Ja **graag**. Wat **heb** je?
Sandra	Wijn, bier, iets fris ...
	Ik heb ook nog koffie en thee.
Ron	Heb je alcoholvrij bier?
Sandra	Ja hoor!
Ron	Doe dat maar.
Sandra	Kijk eens, je pils.
Ron	Dank je. Nou proost!
Sandra	Ja proost!

47 C12 *j* as in *ja*

Listen to the following words and repeat.

QUIZ

PART 1 WHAT WOULD YOU SAY?

1 Wat wil je drinken?
  a Een pilsje alsjeblieft.
  b Ok.
  c Prima, dank je.

2 Wil je nog een koekje?
  a Geen dank.
  b Ik vind ze ook lekker.
  c Lekker, ik ben dol op koekjes.

3 Mag ik die bloemen van u?
  a Ja, die.
  b Graag.
  c U bedoelt die rode?

4 Ik vind haar niet erg aardig. Jij?
  a Ja, ik ook.
  b Ja leuk.
  c Nee, ik ook niet.

5 Zeg, houd je van wijn?
  a Graag!
  b Lekker!
  c Leuk!

6 Gefeliciteerd met je rijbewijs trouwens!
  a Dank je.
  b Goed, hoor.
  c Ja, op je gezondheid

PART 2 FILL IN:
aardig / borrel / hekel / jarig / liever / wil / mijn / mooie / uitgenodigd

Bij Louis thuis: L = Louis, K = Karel

1 L Hé, ________________ je een pilsje?

2 K Nou, ________________ iets fris. Heb je dat?
3 L Ja hoor.

4 K Wat een ________________ bloemen heb je hier trouwens. Heb je die van Sandra gekregen?

5 L Nee, die heb ik aan Sandra gegeven. Ze is ________________.

6 K O jee, wat dom! Dat staat ook niet in ________________ agenda. Nou ja, gefeliciteerd hè?

7 L Zaterdagavond geven we een ________________ Kom je dan ook?

8 K Ja, leuk. Wie heb je precies ________________?

9 L Michel, Hanneke, Anna, Ron, Hans. Zeg, heb jij trouwens niet een ________________ aan Ron?

10 K Nou, dat niet, maar ik vind hem ook niet erg ________________ Maar nodig hem gerust uit hoor.

Dat vind ik prima.

PART 3 FILL IN:
mijn (2x) / je / jouw / zijn / haar

1 A Weet jij waar ________________ bril is?

2 B ________________ bril? Die ligt hier op tafel.

3 A Is dit het glas van Sandra?

B Nee, dat is ________________ glas niet. Dit is het.

4 A Waar doe jij ________________ boodschappen altijd?

B Bij de supermarkt. Die is vlak bij ________________ huis.

5 A Zeg, ik wil Michel uitnodigen voor ons feestje. Weet jij ________________ achternaam?

B Ja, dat is Lecomte. Michel Lecomte.

PART 4 LISTEN TO TEXT C 10: 'OP DE BORREL'. COMPLETE THE SENTENCES.

Sandra	Hoi, kom binnen.
Ron	Van ______________ gefeliciteerd.
Sandra	Dank je. Pas op!
	Mijn ______________.
Ron	O, sorry. Alsjeblieft.
Sandra	Dank je wel. ______________ een mooie bloemen!
	Wil je iets ______________?
Ron	Ja graag. Wat heb je?
Sandra	Wijn, bier, ______________ fris ______________.
	Ik heb ook nog koffie ______________ thee.
Ron	Heb je alcoholvrij bier?
Sandra	Ja ______________!
Ron	Doe dat maar.
Sandra	Kijk eens, je ______________.
Ron	Dank je. Nou, proost!
Sandra	Ja, proost!

LES 6 - LESSON 6

6 / C01 In de keuken

Erik has invited Trudie to have dinner at his place.

1 Text • In de keuken

Erik	Ga je mee naar de keuken?
	Ik ga koken.
Trudie	Wat eten we?
Erik	Ik ga nasi goreng maken.
Trudie	O, lekker. Hoe maak je dat eigenlijk?
Erik	Ik heb de rijst al gekookt en het vlees gebakken.
	Eerst bak ik groente zoals ui in de olie.
	En dan de kruiden.
	Daarna doe ik het vlees in de pan.
	En ten slotte bak ik de rijst.
Trudie	En dan is het klaar?
	Dat is snel en erg makkelijk.
	Ik zal de tafel vast dekken.
Erik	Snijd jij liever eerst de groente,
	dan zet ik de pan op het vuur.

2 Expressing intentions *function*

Ik ga ... / Ik zal ...	**I am going to ... / I will ...**

- Ik ga koken.
- Ik zal de tafel vast dekken.

3 Enumerating *function*

… en … en …
Eerst …, dan / daarna …, ten slotte …

… and … and …
First …, then / next …, finally…. .

Eerst bak ik …
En dan de kruiden.
Daarna doe ik …
En ten slotte bak ik de rijst.

4 Vocabulary

de keuken [–s]	kitchen
ga je mee?	would you like to join me?
koken [kookte, gekookt]	to cook, to boil
nasi goreng	*Indonesian fried rice*
eigenlijk	*here*: exactly
de rijst	rice
bakken [bakte, gebakken]	to fry, to bake
eerst	first
zoals	such as, as
de olie	oil
kruiden	herbs and spices
daarna	then, after that
de pan [–nen]	pan
ten slotte	finally
klaar	ready
snel	quick, fast
erg	very
makkelijk	easy
Ik zal vast	I will go ahead and
de tafel dekken	to lay the table
de tafel [–s]	table
dekken [dekte, gedekt]	to cover
snijden [sneed, gesneden]	to cut
zetten [zette, gezet]	to put, place
het vuur	fire; *here*: stove

5 True or false?

Text C01 'In de keuken'
First read the statements. Then listen.

1 Erik wil eten koken. waar/niet waar
2 Trudie houdt van nasi goreng. waar/niet waar
3 Trudie kookt de rijst. waar/niet waar
4 Erik gaat de tafel dekken. waar/niet waar

6 Matching

What could you say? Sometimes more than one reaction is correct.

1 Ik ga boodschappen doen.	a Gebakken vis.	1 =
2 Zal ik de rijst koken?	b En daarna?	2 =
3 Is het klaar?	c Ja, we kunnen eten.	3 =
4 Wat eten we?	d Dan ga ik mee.	4 =
5 Wat zal ik doen?	e Goed.	5 =
6 Eerst kook ik de rijst.	f Dek jij maar de tafel.	6 =

7 Put in the right order

Hoe maak je nasi goreng?

a Ten slotte doe je de rijst bij het vlees en de groente.	1 = c
b Je neemt een pan.	2 =
c 's Ochtends kook je de rijst en bak je het vlees.	3 =
d Dan doe je het vlees in de pan.	4 =
e De nasi is klaar.	5 =
f Eerst bak je ui en kruiden in die pan.	6 =

8 Matching

1 in olie	a koken of bakken	1 =
2 de pan	b snijden	2 =
3 rijst	c dekken	3 =
4 vlees	d op het vuur zetten	4 =
5 de tafel	e bakken	5 =

9 Fill in:

keuken / klaar / koken / kruiden / makkelijk / olie / snel / snijden / tafel / vuur / zal / zoals

1 A Hou jij van k______________?

2 B Nou nee, niet zo erg. Alleen als het s______________ en ______________ gaat, z______________ pasta.

3 A Ik ______________ eens voor je koken. Waar is de k______________? Zet maar een pan op het ______________.

Heb je uien?

4 B Ja. Alsjeblieft.

5 A Wil jij die ______________?

Waar staan de k______________ en de ______________?

Zijn de uien k______________?

6 B Dat kan ik niet zo snel. Ik zal de ______________ wel dekken.

10 C02 Listen again to C01 'In de keuken'

Mark the sentences you hear.

1 Ik ga koken.
2 Dat vind ik wel lekker.
3 Ik heb de rijst al gekookt.
4 Wil je iets drinken?
5 Een goed idee.
6 Dan de kruiden
7 En dan is het klaar?
8 Ik zal het toetje wel maken.

11 C03 Listen to C01 'In de keuken' and repeat.

12 Text / C04 • In een restaurant

Mr. Van Heel is having a business lunch with Mr. Kuiper.

Bas van Heel	Zullen we samen lunchen?
Anton Kuiper	Heel graag.
Bas van Heel	Om dertien uur (13.00) in de Blauwe Kip?
Anton Kuiper	Goed. Dan zien we elkaar daar om één uur.
Ober	Wilt u iets drinken?
Anton Kuiper	Een groot glas bier, graag.
Bas van Heel	Voor mij hetzelfde.
Bas van Heel	Ober! Mag ik iets bestellen?
Ober	Zegt u 't maar, heren.
Bas van Heel	Twee kippensoep, een broodje met rauwe ham, een broodje met

	oude kaas en twee nieuwe haringen, alstublieft.
Ober	Wilt u witbrood of bruinbrood bij de haring?
Anton Kuiper	Witbrood graag.
Bas van Heel	Hoe smaakt de haring?
Anton Kuiper	Erg lekker. Heel zacht. De soep was ook uitstekend. Ik vind dit trouwens een gezellig restaurant.
Bas van Heel	Dat vind ik ook.
Anton Kuiper	Kent u Neptunus. In de Waterstraat?
Bas van Heel	Daar ben ik nog nooit geweest.
Anton Kuiper	Dat is een visrestaurant. Je kunt er ook prima lunchen.
Bas van Heel	Zeg, zullen we nog een kop koffie drinken?
Anton Kuiper	Goed.
Bas van Heel	Ober! Twee koffie alstublieft en de rekening.
Ober	Wilt u espresso of cappuccino?
Anton Kuiper	Gewone koffie met melk en suiker, graag.
Bas van Heel	Voor mij een espresso, alstublieft.

13 Vocabulary

het restaurant [–s]	restaurant
samen	together
lunchen [lunchte, geluncht]	to have lunch
de lunch [–es]	lunch
heel graag	OK, thank you very much
blauw	blue
de kip [–pen]	chicken
elkaar	each other
de ober [–s]	waiter
hetzelfde	the same
heren	gentlemen
groot	large, big
bestellen [bestelde, besteld]	to order
de (kippen)soep [–en]	(chicken) soup
het broodje [–s]	roll, bun
rauw	raw; *here*: uncooked
de ham	ham
oud	old, *here*: fully mature
nieuw	new
de haring [–en]	herring
het witbrood	white bread

het bruinbrood	brown bread
wit	white
bruin	brown
het brood [broden]	loaf (of bread), bread
hoe smaakt ...?	what's your ... like?
smaken [smaakte, gesmaakt]	to taste
heel	very, completely
zacht	soft
vinden [vond, gevonden]	to think
het visrestaurant	seafood restaurant
er	there
prima	excellent
de kop [–pen]	cup
de rekening [–en]	bill
de cappuccino	cappuccino
de espresso	espresso
gewoon	regular, ordinary
de suiker	sugar

14 True or false?

Text C04 'In een restaurant'
First read the statements. Then listen.

1	Van Heel en Kuiper lunchen in een café.	waar/niet waar
2	De heren drinken eerst bier.	waar/niet waar
3	Van Heel en Kuiper eten hetzelfde.	waar/niet waar
4	Anton Kuiper vraagt bruinbrood bij de haring.	waar/niet waar

15 What would you say?

1 Wilt u iets drinken?
 a Heel graag.
 b Prima.
 c Uitstekend.
2 Hoe smaakt de kippensoep?
 a Erg leuk.
 b Niet aardig.
 c Uitstekend.
3 Wilt u nog koffie?
 a Nee, dank u.
 b Voor mij hetzelfde.
 c Wit graag.

16 Matching

1	nieuwe	a	kaas	1 =
2	rode	b	bier	2 =
3	oude	c	ham	3 =
4	alcoholvrij	d	haring	4 =
5	rauwe	e	wijn	5 =

17 Fill in:

brood / bruinbrood / ham / kaas / koffie / melk / suiker / vissoep

A Wil je witbrood of ____________?

B Ik wil liever witbrood.

A Met ____________ of ____________?

B Kaas graag.

A Ik heb ook nog ____________.

B Nee, dank je. Ik hou niet van vis. Alleen ____________, graag.

A Wat wil je drinken bij het brood?

____________ of ____________?

B Koffie met melk en ____________.

18 Fill in:

ui / haring / rauwe / zacht / vis / smaakt

A Lust je ____________?

B Wat is dat?

A Een ____________.

Eigenlijk ____________ vis.

B Hoe ____________ dat?

A Lekker. Heel ____________.

je eet het met ____________.

19 Answer the questions

1 What are the colours of the Dutch flag?

rood	–	geel	–	groen	–	blauw	–	oranje	–	zwart	–	wit?
red	–	*yellow*	–	*green*	–	*blue*	–	*orange*	–	*black*	–	*white?*

2 What are the colours of the Olympic flag?

20 Put in the right order

Summary of text 10 'In een restaurant.'
Arrange the sentences according to the order of events in the text.

a	Anton Kuiper wil gewone koffie.	1 =
b	De ober komt.	2 =
c	Bas van Heel en Anton Kuiper willen lunchen.	3 =
d	Dan bestellen ze soep, broodjes en haring.	4 =
e	Ze gaan naar een restaurant.	5 =
f	Bas van Heel wil liever espresso.	6 =
g	Eerst bestellen ze een pilsje.	7 =
h	Ten slotte bestellen ze koffie.	8 =

21 Grammar

Een broodje met *rauwe* ham.
Ik vind dit een *gezellig* restaurant.

The *adjective* sometimes ends on an extra –**e**.
For some rules and examples see Grammar Section 15 part A.

22 Follow the instructions

– Underline adjectives which end on an –e because the nouns are plural.
– Encircle adjectives which don't end on an –e because the noun is neutral (a 'het' word)?

Example: Zijn dat <u>nieuwe</u> koffers?

Dat is een (oud) huis.

1 In Italië zijn mooie, oude kerken.
2 Dat is een domme kip.
3 Ik lust geen rode en geen gele tomaten.
4 Zij vindt blauwe bloemen niet mooi.
5 Hij drinkt geen alcoholvrij bier.
6 Laura is een aardig kind.
7 Vind je het een gezellig feestje?
8 Dat zijn lekkere koekjes!
9 Anna vertelt een lang verhaal.
10 Ze hebben er uitstekende soep.

23 *e* or no *e*?

Adapt the spelling where necessary.

Ober Wat wilt u drinken?

A Een kop zwart______ koffie.

B Een glas wit______ wijn.

C Een glas alcoholvrij______ bier.

Ober Wat wilt u eten?

A Een nieuw______ haring met rauw______ ui.

B Twee bruin______ broodjes met oud______ kaas.

C Een groot______ kop tomatensoep.

24 C05 *au* as in *blauw* and *oud*

au is pronounced as *ou* is.
Listen to the following words and repeat

25 Find the answers. Look at the ads (on page 308).

1 In welke restaurants kunt u lunchen?
2 U wilt om half zes eten. Waar kan dat?
3 Het is dinsdag en u wilt om tien uur ’s avonds nog eten. Waar kan dat zeker?
4 U wilt vis eten. In welke restaurants kan dat?

26 Grammar

Dan zien we elkaar *daar* om één uur.
Dat is een nieuw visrestaurant. Je kunt *er* ook prima lunchen.
For the use of *er* and *daar* see Grammar Section 10 part A.

27 Follow the instructions

Underline *er* and *daar* and encircle the words they refer to.

Example: Je kunt wel lekker eten in (Neptunus), maar ik vind het er niet gezellig.

A Ga je mee eten in de Rode Vis.
B De Rode Vis? Daar ben ik nog nooit geweest.
A Je kunt er lekker vis eten, zeggen ze.
B Waar is het?
A In de Maasstraat.
B In de Maasstraat? Daar woon ik vlakbij. Maar ik heb er nog nooit een visrestaurant gezien. Daar is het zeker niet.

28 Text / C06 Aan tafel

Erik en Ilse have been invited to dinner at Ans and Herman's.

Ans	Zeg, komen jullie aan tafel? Ilse, waar wil je zitten? Daar bij het raam of naast Erik?
Ilse	Dat maakt me niets uit, hoor.
Ans	Herman, ga jij dan maar naast Ilse zitten. En o, vul jij de glazen nog eens.
Herman	Zo jongens, ga je gang. Smakelijk eten!
Erik	Ja, insgelijks.
Herman	Pas op, het is heet!
Erik	Even proeven. Mm, dit is heerlijk. Hoe heb je het gemaakt Ans?
Ans	Herman heeft gekookt. Ik hou niet zo van koken. Geef me het zout en de peper eens! ...
Herman	Neem nog wat, er is genoeg.
Ilse	Ik lust zo meteen nog wel wat. Erik niet: die wordt te dik.
Erik	Huh. Dat kan me niets schelen. Ik mag doen wat ik wil.

29 Expressing indifference *function*

Het maakt me niets uit.	**It doesn't matter.**
Dat kan me niets schelen.	**I don't care.**

- Ilse, waar wil je zitten?
  Daar bij het raam of naast Erik?
- Dat maakt me niets uit, hoor.
- Erik niet: die wordt te dik.
- Huh. Dat kan me niets schelen.

30 Vocabulary

aan tafel	to the table
het raam [ramen]	window
naast	next to
vullen [vulde, gevuld]	to fill
nog eens	again
zo jongens	right folks
ga je gang	go ahead
smakelijk eten!	'enjoy your meal'
insgelijks	'and the same to you'
heet	hot
proeven [proefde, geproefd]	to taste, try

heerlijk	delightful; *here*: delicious
het zout	salt
de peper	pepper
genoeg	enough
zo meteen	in a minute
nog wat	some more
dik worden	to grow fat
te	too
dik	thick, fat

31 True or false?

Text C06 'Aan tafel'
First read the statements. Then listen.

1 Er zitten vier mannen aan tafel. waar/niet waar
2 Ilse wil liever bij het raam zitten. waar/niet waar
3 Herman heeft lekker gekookt. waar/niet waar
4 Erik is erg dik. waar/niet waar

32 Which reactions are offensive or incorrect when you don't intend to be rude?

1 Vind je het lekker?
- a Graag.
- b Heerlijk.
- c Nou nee.

2 Ga jij maar naast Karel zitten.
- a Ja hoor.
- b Liever niet.
- c Goed.

3 Ik vind je heel aardig.
- a Dat kan me niets schelen.
- b Dank je wel.
- c Ik jou ook.

4 Wil je een haring?
- a Nee, dank je.
- b Ik lust geen vis.
- c Dat is heerlijk.

5 Smakelijk eten!
- a Dank u.
- b Voor mij hetzelfde.
- c Insgelijks.

33 Put in the right order

a Smakelijk eten.
b Neem dan nog wat.
c Komen jullie aan tafel?
d Insgelijks.
e Dit is heerlijk.
f Ga daar maar zitten.

1 =
2 =
3 =
4 =
5 =
6 =

34 Fill in:

heerlijk / heet / naast / peper / proef / raam / vul / zout

1 A ____________ de soep eens.

2 Pas op, het is ____________.

3 B Mmm, tomatensoep. Nog wat ____________ en ____________, denk ik. Waar staat dat?

4 A Daar bij het ____________.

5 B ____________, nu is het goed.

6 A ____________ jij de glazen nog eens.

7 B Waar zijn die? O, daar ____________ de wijn.

35 Fill in:

dik / geef / genoeg / nog wat / zo meteen / zo jongens

1 A ____________, wie wil nog soep?

2 B Ik niet. Ik heb ____________ gehad.

3 Maar mag ik ____________ wijn?

4 A Natuurlijk. ____________ je glas maar.

5 C Ik ook niet. Ik word veel te ____________.

6 A Wil je ____________ wel een toetje?

C Ja natuurlijk.

36 C07 Listen to the following sentences.

Mark the words you've heard.

1 willen, *tafel*, eten
2 wel, daar, raam, eten

3 maakt, eens, uit
4 jullie, naast, zitten
5 jongens, gaan
6 wacht, niet, heet
7 kip, smaakt, heerlijk
8 goed, hij, gemaakt

37 C08 *u* as in *lust*

When you hear **u** as in *lust*, write a 'x'.

1 **x** 2 3 4 5 6 7 8 9 10

38 Grammar

Pas op! Het is heet!
Herman, *ga* jij maar naast Ilse zitten.
Geef me het zout en de peper *eens*.
For the use of the *imperative* see Grammar section 17.

39 List all imperatives you can find in 'Aan tafel'.

QUIZ

PART 1 WHAT WOULD YOU SAY?

1 Ik ga eerst iets eten.
  a En daarna?
  b Neem nog wat.
  c Wil je iets eten?
2 Zeg Ger, ben ik te dik?
  a Eigenlijk wel.
  b Het kan me niets schelen.
  c Ja, er is genoeg.
3 Wilt u rode of witte wijn?
  a Ja hoor, alstublieft.
  b Lekker, dank u wel.
  c O, dat maakt me niets uit.
4 Ik zal vast koffie bestellen.
  a Even proeven.
  b Prima.
  c Zo meteen.
5 Eerst dit nummer bellen?
  a Ja, daarna.
  b Ja, en dan dat.
  c Nee, ten slotte.
6 Smakelijk eten!
  a Dank je wel!
  b Eerst proeven!
  c Graag gedaan!

PART 2 CHOOSE THE RIGHT WORD.

1 A Zal ik jouw glas nog maar eens proeven / vullen?
2 B Ja, heel graag. Het is heerlijke / makkelijke wijn!
3 A Heb je de rekening van de auto al gedekt / gevonden?

4 B Ja, die sturen ze wel erg snel / zacht, vind je niet?
5 A Heb je genoeg / nog eens frisdrank in huis, denk je?
6 B Nee, maar Bas en Erik brengen eigenlijk / nog wat mee. Dan is het wel goed zo.
7 A Eerst / Zo meteen had ik een hekel aan Ans, maar nu vind ik haar erg aardig.
8 B Ja, jullie zien alles / elkaar nu veel hè?

PART 3 CHOOSE THE RIGHT WORD.

1 A Geef mij maar een broodje oud / oude kaas en een koffie.
2 B Gewoon / Gewone koffie, espresso of cappuccino?
3 A Hé, wat hebben jullie een mooi / mooie huis gekocht!
4 B Ja, leuk hè? En hoe vind je die oud / oude kerk vlak bij ons?!
5 A Jullie hebben wel een lang / lange telefoonnummer gekregen, zeg!
6 B O, je weet ons nieuw / nieuwe nummer al?

PART 4 LISTEN TO TEXT C06 'AAN TAFEL'. COMPLETE THE SENTENCES.

Ans	Zeg, komen jullie aan tafel?
	Ilse, waar ________ je zitten?
	Daar bij het raam of ________ Erik?
Ilse	Dat maakt me niets uit, hoor.
Ans	Herman, ________ jij dan maar naast Ilse zitten.
	________ o, vul jij de glazen nog eens.
Herman	________ jongens, ga je gang. Smakelijk eten!
Erik	Ja, insgelijks.
Herman	Pas ________, het is heet!
Erik	Even proeven. Mm, dit is ________.
	Hoe heb je het gemaakt Ans?
Ans	Herman ________ gekookt. Ik hou niet zo van koken.
	________ me het zout en de peper eens!
Herman	________ nog wel wat, er is genoeg.
Ilse	Ik lust ..... nog wel wat.
	Erik niet: die wordt ________ dik.
Erik	Huh. Dat kan me niets schelen.
	________ mag doen wat ik wil.

LES 7 - LESSON 7

7 / C01 Een concert

Johan and Maria are at home. Johan is reading the newspaper and listening to the radio. Maria is busy doing something else. By the way, Candy Dulfer is a popular saxophone player.

1 Text • Een concert

Johan	Hé, stil eens, wat leuk!
Maria	Wat is er?
Johan	Candy Dulfer geeft morgen een concert. Hier, in Utrecht.
Maria	O ja? Hoe weet je dat?
Johan	Ik hoor het net op de radio. Er is een programma over muziek. Er zijn nog plaatsen voor het concert. Vind je het leuk om ernaar toe te gaan?
Maria	Nou, ik houd niet zo van haar muziek.
Johan	Maar ... haar concerten zijn wel altijd goed.
Maria	Nou, goed dan. Ik ga met je mee.
Johan	We moeten nu meteen bellen voor kaartjes. Wil jij dat even doen?
Maria	Nee zeg, doe dat zelf, alsjeblieft. Ik wil de krant nog lezen. En het is jouw idee.
Johan	Je hebt gelijk. Ik doe het straks wel, na het programma. Je kunt tot tien uur bellen, zeiden ze.

2 Inviting someone to do something *function*

Vind je het leuk om ...?	**Would you like to ...?**
Heb je zin om ...?	**What about ...?**

– Vind je het leuk om ernaar toe te gaan?
– Nou ik houd niet zo van haar muziek.
  Heb je zin om naar het feest van Wilma te gaan?

3 Asking others to do something *function*

..., alsjeblieft / alstublieft.	**..., please.**
Wil jij / Wilt u ...?	**Will you ...?**
Kun jij / Kunt u ...?	**Would you ...?**

– We moeten nu meteen bellen voor kaartjes.
– Wil jij dat even doen?
– Nee zeg, doe dat zelf, alsjeblieft.

4 Vocabulary

stil eens	sh! / be quiet, please
wat is er?	what's the matter?
het concert [–en]	concert
horen [hoorde, gehoord]	to hear
de radio [–'s]	radio
het programma [–'s]	programme
over muziek	about music
de muziek	music
de plaats [–en]	place; *here*: seats
om ... te	(in order) to
ernaar toe	'to it' (see Grammar Section 25)
niet zo	not very much
altijd	always
goed	allright, OK
ik ga met je mee	I will join you
meteen	immediately
nee zeg	come on
(je) zelf	yourself
lezen [las, gelezen]	to read
de krant [–en]	newspaper
je hebt gelijk	you are right
na	after
tot	until
zeiden	*from* 'zeggen'
zeiden ze	they said

5 True or false?

Text C01 'Een concert'
First read the statements. Then listen.

1 Johan leest de krant. waar/niet waar
2 Maria houdt van de muziek van Candy Dulfer. waar/niet waar
3 Er zijn nog kaartjes voor het concert. waar/niet waar

6 Matching

1 Vind je het leuk om 4 dagen naar Praag te gaan?	a Leuk. Maar je weet dat ik geen vlees eet, hè?	1 =
2 Wil jij even een e-mail naar Vermeulen sturen?	b Alsjeblieft.	2 =
3 Zullen we zaterdag naar het concert van Pink Floyd gaan?	c Ja natuurlijk. Wanneer gaan we?	3 =
4 Heb je zin om morgen met mij bij de Lorreinen te eten?	d Nee, ik hou niet zo van die muziek.	4 =
5 Kun je me alsjeblieft even het zout geven?	e Nee sorry, ik ga nu naar huis.	5 =

7 Does the answer indicate 'yes' or 'no'?

1 A Heb je zin om naar het concert van John Hiatt te gaan?
B Ik vind zijn muziek niet zo goed. yes/no

2 A Zijn cd's zijn trouwens wel erg goed.
B Je hebt gelijk. yes/no

3 A Wil jij bellen voor kaartjes?
B Doe dat zelf even, alsjeblieft. yes/no

4 A Vind je het leuk om naar het North Sea Jazzfestival te gaan?
B Ik hou niet van jazz. yes/no

5 A Kees is jarig. Kun jij hem even bellen?
B Zeker, maar eerst moet ik nog wat in de keuken doen. yes/no

8 Fill in:

altijd / hoor / muziek / stil eens / radio

1 A Hé, ______.
B Wat is er?

2 A Ik ______ iets.
B Wat dan?

3 A Ik hoor ______.

4 B Ik niet. Jij hoort ___________ iets.

5 A O, ik weet het: het is de ___________.

9 Fill in and change the form of the verb when required:

bellen / gaan / geven / horen / houden van / lezen

1 Candy Dulfer ___________ een concert.

2 Johan ___________ het op de radio.

3 Maria ___________ niet zo ___________ haar muziek.

4 Ze ___________ er toch naar toe.

5 Johan ___________ voor kaartjes.

6 Maria ___________ liever de krant.

10 Fill in:

concert / krant / meteen / nog / plaatsen / programma

1 A Meneer, hebt u ___________ kaartjes voor het concert van vrijdag?

2 B Alleen nog van 35 euro. Maar het zijn wel mooie ___________.

U moet ze wel ___________ betalen.

3 A Goed. Hebt u ook een ___________?

4 B Het spijt me mevrouw, van dit ___________ is er geen programma.

Het staat donderdagavond in de ___________, zeiden ze.

11 Fill in:

in / na / naar / op / over / tot / van

1 A Wat is er ___________ de radio?

2 B Nu is er een programma ___________.

verre reizen.

En ___________ dat programma is er ___________.

elf uur muziek ___________ Strauss.

3 A Heb je geen zin om even ___________ dat nieuwe café ___________ de Palmstraat te gaan?

B Nou, goed dan.

12 C02 How many words do you hear?

13 C03 Listen and repeat

14 Grammar

Er is een programma over muziek.
Er zijn nog plaatsen voor het concert.

For this use of *er* see Grammar Section 16 part B.

15 Fill in:

er is / er zijn

1 ______________ een goed programma op de tv.

2 ______________ een nieuw café bij ons in de straat.

3 ______________ nog plaatsen voor het concert van Candy Dulfer.

4 ______________ geen concert in Rotterdam.

5 ______________ geen kranten op zondag.

16 First read the questions and then find the answers.

U wilt naar een concert van Candy Dulfer op het North Sea Jazz Festival.

North Sea Jazz festival 2011

Data	8 t/m 10 juli 2011	Dagkaart	€	89,00
Locatie	Ahoy Rotterdam	3-dagenkaart	€	209,00
		All-in kaart	€	299,00
				(zonder servicekosten)

Aanvang vrijdag 16:30 uur
Aanvang zaterdag 16:30 uur
Aanvang zondag 15:00 uur

Je kunt telefonisch kaarten bestellen via Ticket Service Nederland: 0900-3001250 (45 ct. p.m.)
Kaarten via internet bestellen: ga naar www.ticketmaster.nl

1 Hoeveel kost een dagkaart?
2 Welk telefoonnummer kunt u bellen voor kaartjes?
3 Waar is het North Sea Jazz Festival?
4 Hoe laat is het eerste concert op zondag?

17 Text / C04 Een quiz

The interviewer asks Mr. Brakel some questions.

Interviewer	Meneer Brakel, heeft u hobby's?
De heer Brakel	Ik houd erg van zwemmen. Ik zwem twee keer per week. Dat doe ik al sinds mijn jeugd. Ik ben al 30 jaar lid van een zwemclub.
Interviewer	U zwemt twee keer per week! Dan heeft u vast een goede conditie. En doet u ook nog andere dingen in uw vrije tijd?
De heer Brakel	Ja, ik vind het leuk om naar muziek te luisteren.
Interviewer	Wat voor muziek? Klassiek, popmuziek, jazz?
De heer Brakel	Ik luister het liefst naar klassieke muziek. Beethoven, Bach, ...
Interviewer	Goed, dan ga ik nu de eerste vraag stellen. Wat was de eerste opera van Mozart?
De heer Brakel	'Cosi fan Tutte'.
Interviewer	Fout. Wat jammer! Dat was 'Bastien et Bastienne'. En dan nu de tweede vraag. Kent u deze stem?
De heer Brakel	Luciano Pavarotti.
Interviewer	Dat is goed. Gefeliciteerd.

18 Vocabulary

de quiz [–zen]	quiz
de interviewer [–s]	interviewer
de heer [heren]	Mr.
de hobby [–'s]	hobby
zwemmen [zwom, gezwommen]	to swim
x keer per ...	x times a ...
per	per, a
sinds	since
de jeugd	youth
het lid [leden]	member
de (zwem)club [–s]	(swimming) club
dan heeft u vast een goede conditie	I bet you're in (good) shape, then
ander(e)	other
het ding [–en]	thing
de vrije tijd	spare time
klassiek	classical
de popmuziek	rock / pop music
jazz	jazz
het liefst	rather, preferably
een vraag stellen [stelde, gesteld]	to ask a question

eerst	first
de opera [–'s]	opera
fout!	wrong!
wat jammer!	what a pity!, too bad!
tweede	second (see Grammar Section 5)
de stem [–men]	voice
goed	right

19 True or false?

Text C04 'Een quiz'
First read the statements. Then listen.

1	Meneer Brakel heeft twee hobby's.	waar/niet waar
2	Meneer Brakel houdt ook van popmuziek.	waar/niet waar
3	Meneer Brakel heeft twee vragen goed.	waar/niet waar

20 Is B's reaction correct?

1 A Ik houd veel van muziek.
B Wat jammer! yes/no

2 A Ik ga morgen niet mee naar dat concert.
B Wat jammer! yes/no

3 A Ik vind deze wijn niet zo lekker. yes/no
B Dat is erg jammer!

21 Matching

1 een vraag	a houden	1 =
2 een goede conditie	b lezen	2 =
3 naar muziek	c stellen	3 –
4 een concert	d luisteren	4 =
5 de krant	e geven	5 =
6 van muziek	f hebben	6 =

22 Fill in:

conditie / dingen / hou / keer / lid / sinds / stem / vrije tijd

1 A Heb jij hobby's?

B Ik ____________ van koken en lezen. En van fietsen.

Ik ben al 10 jaar ____________ van een fietsclub.

2 A Heb je veel ____________.

B Nee, niet genoeg.

A Wat jammer!

A En u, hebt u hobby's?

3 C Jazeker, ik hou van zwemmen.

Ik zwem drie ____________ per week.

Ik zwem al ____________ mijn jeugd.

4 A Dan hebt u vast een goede ____________.

Doet u nog andere ____________ in uw vrije tijd?

C Ja, ik ben dol op muziek. Opera.

5 A Hebt u zelf een goede ____________?

C Nou nee.

A Wat jammer!

23 Fill in:

andere / hobby / jazz / klassieke muziek / het liefst / per / popmuziek / vrije tijd

1 Mijn ____________ is muziek.

2 Ik hou van ____________, ____________ en ____________

3 Eén keer ____________ week ga ik naar een concert.

4 ____________ maak ik zelf muziek.

5 Maar ik heb niet veel ____________.

6 En er zijn nog ____________ dingen, zegt mijn vrouw.

24 Put in the right order

Together the sentences represent the information about Mr. Brakel in 'Een quiz'.

a	Zijn tweede hobby is muziek.	1 =
b	Meneer Brakel heeft twee hobby's.	2 =
c	Hij is al 30 jaar lid van een zwemclub.	3 =
d	Hij luistert het liefst naar klassieke muziek.	4 =
e	Zijn eerste hobby is zwemmen.	5 =

25 C05 Listen to C04 'Een quiz'

Count the number of questions you've heard.
Don't look at the text.

26 C06 Listen and repeat the interviewer's questions

27 C07 Listen to the following words and repeat

28 Text / C08 Televisie kijken

Hans and his German friend Otto are about to watch a soccer match on tv.

Otto	Ik zie niets.
Hans	Draai de tv dan een beetje.
Otto	Mag hij ook iets harder?
Hans	Druk maar op die knop.
Stem op tv	Dames en heren, dit zijn de Duitse spelers die vandaag tegen Nederland spelen. De spelers staan klaar.
	...
Hans	Zo, dit is een belangrijke wedstrijd.
Otto	Waarom?
Hans	Het gaat om het wereldkampioenschap voetbal. Dat is Calloni.
Otto	Wie is Calloni?
Hans	Dat is de scheidsrechter.
Otto	Hé, en die jongen heb ik in de krant gezien.
Hans	Ja, dat is Van Westen, dat is een fantastische voetballer.
Otto	Ik hoop dat Duitsland de wedstrijd wint.
Hans	Ja, dat dacht ik al. Maar Nederland wint, hoor.
	...
Otto	Zo Hans, 2–0 voor Duitsland.
Hans	Ja, dat is jammer.
Otto	Nou, ik ben heel tevreden.

29 Vocabulary

televisie kijken	to watch tv
de televisie [–s], de tv	television
kijken [keek, gekeken]	to watch, look
niets	nothing, not anything
draaien [draaide, gedraaid]	to turn
een beetje	a little bit
hard	hard, loud
harder	*here*: louder
drukken [drukte, gedrukt]	to push
de knop [–pen]	button

dames en heren	ladies and gentlemen
de dame [–s]	lady
dit zijn	these are (Grammar Section 12)
Duits	German
de speler [–s]	player
vandaag	today
tegen	against
spelen [speelde, gespeeld]	to play
klaarstaan [stond klaar, klaargestaan]	to be ready
belangrijk	important
de wedstrijd [–en]	match
waarom	why
het gaat om ...	it is about ..., it concerns ...
het wereldkampioenschap [–pen]	world championship
het voetbal	soccer
de scheidsrechter [–s]	referee
de jongen [–s]	boy; *here*: guy
fantastisch	fantastic, great
de voetballer [–s]	soccer player
hopen [hoopte, gehoopt]	to hope
dat	that
Duitsland	Germany
winnen [won, gewonnen]	to win
dacht	*from* 'denken'
tevreden	satisfied, content

30 True or false?

Text C08 'Televisie kijken'
First read the statements. Then listen.

1 Hans en Otto kijken naar Nederland - België. waar/niet waar
2 Van Westen is een voetballer. waar/niet waar
3 Nederland wint de wedstrijd. waar/niet waar

31 Matching

More than one reaction can be correct.

1 Wat is dat?	a Candy Dulfer en haar vriend.	1 =
2 Wat zijn dat?	b Nasi goreng.	2 =

3	Wie zijn dat?	c	Paul.	3 =
4	Wie is dat?	d	Dat is vis.	4 =
		e	Mijn vader.	
		f	Broodjes.	

32 Fill in:

wie is dat? / wat is dat? / wie zijn dat? / wat zijn dat?

Example:
Dat is Candy Dulfer. Wie is dat?

1 Lust je haring? ______

2 Zie je die dingen daar? ______

3 Hé, daar fietst Ali B. ______

4 Ik zie Sonja en Arnold. ______

5 Proef dit eens. ______

6 Ken je Hadassa de Boer? ______

33 Read text 30 'Televisie kijken'

List all words from the text that have to do with sport.
Example: spelers,

______, ______, ______, etc.

34 Matching opposites:

1	hard	a	heren	1 =
2	vandaag	b	niets	2 =
3	dames	c	morgen	3 =
4	veel	d	zacht	4 =
5	iets	e	een beetje	5 =

35 Fill in:

belangrijke / dames / drukken / fantastische / hoor / krant / speelt / wint

1 ______ en heren, hier is Candy Dulfer!

2 Johan Cruijff was een ______ voetballer.

3 Stil eens. Ik ______ niets.

4 Nederland ____________ woensdag tegen Engeland.

5 Welke ____________ lees jij?

6 Wie ____________? Wit of zwart?

7 Je moet harder op die knop ____________.

8 Ik kijk niet. Dit is geen ____________ wedstrijd.

36 Fill in:

draaien / harder / niets / tegen / vandaag / voetbal / waarom / wedstrijden

1 Ik vind ____________ geen leuke sport.

2 ____________ vind je zwemmen zo leuk?

3 Ik weet ____________ van voetbal.

4 Zet die tv eens ____________.

5 ____________ om het wereldkampioenschap zijn erg belangrijk.

6 Speelt Raymond van Barneveld ____________ of morgen?

7 Zondag speelt Barcelona ____________ AC Milan.

8 Moet ik eerst ____________ en dan drukken?

37 Fill in:

fantastisch / hele / hoop / jongens / tevreden / voetballers

1 Ik ____________ dat Nederland wint van Brazilië.

2 Maar Brazilië heeft ____________ goede ____________.

3 Die ____________ zijn echt ____________.

4 Ik ben al ____________ met 1 – 1.

38 C09 *w* as in *wedstrijd*

Listen to the following words and repeat.

39 C10 Listen to the following words and repeat

QUIZ

PART 1 WHAT WOULD YOU SAY?

1 Vind je het leuk om vanavond naar Candy Dulfer te gaan?
- a Goed idee.
- b Het is jouw idee.
- c Nou, dan doen we dat.

2 Kunt u wat harder praten?
- a Doe dat zelf.
- b Meteen.
- c Natuurlijk.

3 Ik houd niet van koken.
- a Ik vind het niet leuk.
- b Nee? Waarom niet?
- c Wil jij dat even doen.

4 Wie zijn die jongens?
- a Een fantastische voetballer.
- b Ken je mijn broers niet?
- c Mijn broer Gerrit–Jan.

5 Ik hou niet van jazz.
- a O ja? Hoe weet je dat?
- b Nee zeg, doe dat zelf.
- c Nee, ik ook niet zo.

6 Kan je me die krant even geven?
- a Alsjeblieft niet, zeg.
- b Nou, ik wil hem zelf nog lezen.
- c Ja hoor, je hebt gelijk.

PART 2 FILL IN:

altijd / fantastisch / goed / hobby / muziek / na / opera / programma / tot / vrije tijd / wedstrijd / zwemmen

Hanneke en Michel

1 H Zeg, heb je zin om te ___________ vanavond?

2 M Goed idee. Maar je gaat geen ___________ met me doen hè? Mijn conditie is niet zo erg goed.

3 H Nee, natuurlijk niet! En weet je, 's avonds is er ook ___________!

4 M O, ___________, zeg! Zwem jij veel in je ___________.

5 H Ja, ___________ vijf keer per week. Het is mijn grote ___________ En jij? Wat doe jij?

6 M Dat je die vraag nu moet stellen! Nee, ik ga liever naar de ___________.

7 H Hoe laat zullen we trouwens gaan vanavond? Het kan ___________ half elf op dinsdagavond.

8 M Nou, __________ 'All you need is love' hoor, dat wil ik zien.

9 H Een nieuw __________ zeker? Ik ken het niet. Nou, om negen uur dan?

10 M Dat is __________ Tot vanavond dan hè?

PART 3 MATCHING

1	Er is morgenavond een borrel bij Kees, hè?	a	Nee, nog niet.	1 =
2	Heb jij je rijbewijs eigenlijk al?	b	O nee?	2 =
3	Wil jij de tafel even voor me dekken?	c	O ja? Hoe laat?	3 =
4	Ik hou niet van jazz.	d	Nou, ik ben wel tevreden.	4 =
5	Hoe ging het vandaag?	e	Ik doe het zo meteen, ok?	5 =

PART 4 LISTEN TO TEXT C01 'EEN CONCERT'. COMPLETE THE SENTENCES.

Johan Hé, stil eens, wat leuk!

Maria Wat is __________?

Johan Candy Dulfer geeft morgen een concert.

Hier __________ Utrecht.

Maria O ja? Hoe weet je dat?

Johan __________ hoor het net op de radio.

Er __________ een programma over muziek.

Er zijn nog __________ voor het concert.

Vind je het leuk __________ ernaar toe te gaan?

Maria Nou, ik houd __________ zo van haar muziek.

Johan Maar... haar concerten __________ wel altijd goed.

Maria Nou, goed dan. Ik __________ met je mee.

Johan We moeten nu meteen __________ voor kaartjes.

Wil jij dat even doen?

Maria __________ zeg, doe dat zelf, alsjeblieft. Ik wil __________ krant nog lezen.

En het is jouw __________.

Johan Je hebt gelijk. Ik doe het straks __________, na het programma.

Je kunt tot tien __________ bellen, zeiden ze.

LES 8 - LESSON 8

8 / C01 Wat doe jij aan?

Carla Hof and Arjan Schuit are dressing for a visit to the opera.

1 Text • Wat doe jij aan?

Carla Hof	Arjan!
Arjan Schuit	Ja, wat is er?
Carla Hof	Wat doe jij vanavond aan?
Arjan Schuit	Gewoon, mijn spijkerbroek, en een overhemd.
Carla Hof	Maar we gaan toch naar de opera?
Arjan Schuit	Ja, wat bedoel je daarmee?
Carla Hof	Nou, ik doe nette kleren aan!
Arjan Schuit	En ik trek mijn spijkerbroek aan.
Carla Hof	Nee hoor, dat kan niet! Als je naar de opera gaat, moet je een beetje mooie kleren aantrekken.
Arjan Schuit	Welnee, dat was vroeger zo. Tegenwoordig hoeft dat niet meer.
Carla Hof	Dat ben ik niet met je eens. Iedereen doet zijn mooie kleren aan.
Arjan Schuit	Moet ik dan echt mijn nette pak aan?
Carla Hof	Ja, natuurlijk.
Arjan Schuit	Nou goed, dan moet het maar.

2 Expressing agreement or disagreement *function*

eens		*niet eens*	
Dat is waar.	**That's right.**	**Dat is niet waar.**	**That's not right.**
Ik ben het met je eens.	**I agree with you.**	**Ik ben het niet met je eens.**	**I don't agree with you.**
Je/U hebt gelijk.	**I agree.**	**Nee hoor.**	**No, it isn't, etc.**
Ja hoor.	**Yes, it is, etc.**	**Welnee.**	**Of course not.**
Natuurlijk!	**Of course!**	**Natuurlijk niet!**	**Of course not!**

– Nou, ik doe mijn nette kleren aan.
– Nee hoor, dat kan niet.

– Als je naar de opera gaat moet je een beetje mooie kleren aantrekken.
– Welnee, dat was vroeger zo.

– Tegenwoordig hoeft dat niet meer.
– Dat ben ik niet met je eens.

3 Expressing one is obliged or not obliged to do something *function*

ja		*nee*	
Ik moet / We moeten …	**I / We have to …**	**Ik / We hoef / hoeven niet / geen …**	**I / We don't have to …**

– Als je naar de opera gaat, moet je een beetje mooie kleren aantrekken.
– Welnee, dat was vroeger zo. Tegenwoordig hoeft dat niet meer.

4 Vocabulary

doe … aan	*from* 'aandoen'
aandoen [deed aan, aangedaan]	to put on
gewoon …	just …
de spijkerbroek [–en]	jeans
het overhemd [–en]	shirt
toch	*here:* aren't we?
de opera	opera (house)
daarmee	with / by that (see Grammar Section 25)
nette kleren	best clothes
de kleren	clothes
net	neat, decent
dat kan niet	you can't do that
als	when, if
aantrekken [trok aan, aangetrokken]	to put on; *here*: to wear
welnee	of course not
dat was vroeger zo	it used to be like that
vroeger	formerly
zo	so, like that
tegenwoordig	nowadays
hoeven (+ niet/geen) [hoefde, gehoeven]	don't have to
niet meer	no more, not anymore
iedereen	everybody, everyone
echt	real(ly)

het (nette) pak [–ken]	(best) suit
dat moet dan maar	then I'll do it

5 True or false?

Text C01 'Wat doe jij aan?'
First read the statements. Then listen.

1 Carla trekt haar spijkerbroek aan. waar/niet waar
2 Arjan doet zijn nette pak aan. waar/niet waar

6 Which reaction expresses agreement?

1 Je moet mooie kleren aan naar de opera.
 a Dat ben ik niet met je eens.
 b Dat hoeft niet.
 c Dat is waar.

2 Tegenwoordig kun je een spijkerbroek aantrekken.
 a Dat kan heel goed.
 b Ik ben het niet met je eens.
 c Nou, maar ik doe het nooit.

3 Iedereen trekt mooie kleren aan.
 a Dat is niet waar.
 b Dat is zeker zo.
 c Dat was vroeger zo.

7 Which reaction expresses disagreement?

1 Ik trek mijn nette pak aan.
 a Natuurlijk, dat doe ik ook.
 b Dat moet eigenlijk ook.
 c Heb je geen gewone kleren?

2 Dit is toch een mooi overhemd?
 a Dat ben ik met je eens.
 b Vind jij dat mooi?
 c En dat pak ook.

3 Je moet mooie kleren aan naar een concert.
 a Ik ben het niet met je eens.
 b Ik doe het ook altijd.
 c Natuurlijk. Iedereen doet dat.

8 Moet, hoef of hoeft?

1 ____________ ik een net pak aan?

2 Dat ____________ niet.

3 ____________ ik niet mee?

4 ______ ik naar dat concert?

5 Ik ______ geen mooie kleren aan.

6 Jij ______ nu naar huis.

7 Zij ______ niet naar de voetbalwedstrijd te kijken.

9 Matching opposites:

1 het hoeft niet	a ja hoor	1 =
2 nee hoor	b vroeger	2 =
3 dat kan niet	c een spijkerbroek	3 =
4 een net pak	d het moet	4 =
5 tegenwoordig	e dat kan wel	5 =

10 Fill in:

als / echt / iedereen / kleren / pak / spijkerbroek / zo

1 In die spijkerbroek kun je niet naar de opera. Heb je geen andere ______?

2 ______ je twee keer per week zwemt, heb je een goede conditie.

3 Wat doe jij aan? Je kan ______ echt niet mee naar mijn moeder.

4 ______ kijkt naar die voetbalwedstrijd. Waarom jij niet?

5 Moet ik mijn nette pak aan of een ______ met een overhemd?

6 Ga je ______ niet mee vanavond?

7 Ik heb geen mooie kleren en zeker geen net ______.

11 C02 Listen and repeat

12 Read the questions

Then try to find the information you need in the text on p. 309.

1 U hebt kaartjes voor de opera L 'Orfeo voor 30 september.
Welke dag is dat?
2 Hoe laat moet u er zijn?
3 Wat is het adres?
4 U hebt de beste plaatsen. Hoeveel hebt u betaald per plaats?

13 Text / C03 Een interview

Leo Veen is interviewing a top class athlete: Bea van Langen.

Leo Veen	Bea, vertel me eens: waarom sport je?
Bea	Dat is een moeilijke vraag. In ieder geval niet om rijk te worden. Ik denk ... omdat ik graag wil winnen.
Leo Veen	Dus je doet het niet voor een goede conditie?
Bea	Nee, dan kan ik ook gaan joggen.
Leo Veen	Hoe bedoel je dat?
Bea	Nou, ik vind het leuk om aan wedstrijden mee te doen. En dat kan ik alleen als atlete.
Leo Veen	Vroeger liep je de 100 meter, hè?
Bea	Ja. Maar tegenwoordig loop ik liever de langere afstanden.
Leo Veen	Kun je uitleggen waarom?
Bea	Omdat ik dan meer wedstrijden win. Volgens mij win ik omdat er minder concurrenten zijn.
Leo Veen	Kun je vertellen waarom het zo leuk is om te winnen?
Bea	Je hebt dan het gevoel dat je de beste bent. En dat is een goed gevoel, dat vind ik tenminste.

14 Vocabulary

sporten [sportte, gesport]	to practise a sport
moeilijk	difficult
in ieder geval	anyway
ieder, elk	each, every, any
worden [werd, geworden]	to get, to become
rijk	rich
omdat	because
dus	so
joggen [jogde, gejogd]	to jog
de wedstrijd [–en]	*here*: athletics meeting, track meet
meedoen (aan) [deed mee, meegedaan]	to participate (in)
als	as
de atlete [–s]	athlete (female)
de meter	metre (39,37 in)
lopen [liep, gelopen]	to walk; *here*: to run
langer	longer (see Grammar Section 23)
de afstand [–en]	distance
uitleggen [legde uit, uitgelegd]	to explain
volgens mij	in my opinion, I think

meer	more
minder	less
de concurrent [–en]	competitor
het gevoel	feeling
tenminste	at least

15 True or false?

Text C03 'Een interview'
First read the statements. Then listen.

1	Bea loopt wedstrijden.	waar/niet waar
2	Bea loopt nu liever de 100 meter.	waar/niet waar
3	Bea wil graag de beste zijn.	waar/niet waar

16 Matching

Which answer would be right?

1	Doe je mee?	a	Nee, liever de langere afstanden.	1 =
2	Waarom sport jij?	b	Omdat sporten niet goed betaalt.	2 =
3	Loop je de 100 meter?	c	Nee, ik heb geen zin.	3 =
4	Heb je veel concurrenten?	d	Ja, omdat het een goed gevoel geeft.	4 =
5	Waarom wordt een atlete niet rijk?	e	Omdat ik het leuk vind.	5 =
6	Dus jij houdt van winnen?	f	Volgens mij niet zo veel.	6 =

17 Matching opposites:

1	een lange afstand	a	vroeger	1 =
2	meer	b	makkelijk	2 =
3	moeilijk	c	minder	3 =
4	iedere dag	d	niet ver	4 =
5	tegenwoordig	e	nooit	5 =

18 Fill in:

als / gevoel / liever / loopt / minder / moeilijke / omdat / rijk / tenminste / uitleggen

1 Voetballers kunnen in Italië heel ____________ worden.

2 Ik vind sporten leuk, maar ik kijk ____________ naar de televisie.

3 Je moet meer sporten en ____________ eten!

4 A Waarom vind je tennis zo leuk?

B Dat weet ik niet. Ik kan het niet ____________.

5 Ze ____________ iedere dag een uur. Dat is goed voor haar conditie.

6 A Waarom ga je niet joggen?

B ____________ ik dat niet leuk vind.

7 Hè hè, dat is klaar. Dat is een goed ____________.

8 ____________ atleet heb je een goede conditie.

9 Wedstrijden zijn leuk. Dat vind ik ____________.

10 Sorry, ik weet het niet. Dat is een ____________ vraag.

19 Matching

1 rijk	a aantrekken	1 =
2 lange afstanden	b hebben dat ...	2 =
3 aan wedstrijden	c kijken	3 =
4 een overhemd	d lopen	4 =
5 een wedstrijd	e worden	5 =
6 het gevoel	f meedoen	6 =
7 televisie	g winnen	7 =

20 C04 Listen again to C03 'Een interview'

Fill in the gaps.

1 Bea sport niet om ____________ te worden.

2 Bea sport omdat ze graag wil ____________.

3 Ze doet het niet voor een ____________ conditie.

4 Ze vindt het ____________ om aan wedstrijden mee te doen.

5 ____________ liep ze de 100 meter.

6 Maar tegenwoordig loopt ze ____________ de langere afstanden.

21 C05 Listen to the following words and repeat

22 Text / C06 Naar de bioscoop

Saskia is talking to her friends Michael and Jan.

Saskia	Gaan jullie mee naar de film vanavond?
Jan	Ik niet. Ik heb nog een hoop te doen voor morgen. Uitgaan doe ik alleen in het weekend.
Michael	Je studeert te hard. Ik ga wel mee, hoor. Naar welke film gaan we?
Saskia	Dat weet ik nog niet.
Michael	Ik kijk wel even in de krant. We kunnen bijvoorbeeld naar 'La ardilla roja' gaan of naar 'Farewell to my Concubine'.
Saskia	In welke bioscoop draait 'The House of the Spirits'?
Michael	In Tuschinsky.
Saskia	Dat is lekker dichtbij. Dat is wel een voordeel, vind je ook niet?
Jan	Nee hoor. Volgens mijn zus was het een slechte film. Sommige delen waren wel goed maar hij duurde veel te lang.
Michael	Nou, dan gaan we naar 'La ardilla roja'. 'Farewell to my Concubine' heb ik al gezien. Ik moet nog wel even naar huis.
Saskia	Goed. Ik bestel de kaartjes wel en dan wacht ik om kwart over negen op je bij de ingang. Tot vanavond.
Michael	See you.
Jan	Veel plezier.

23 Inquiring about agreement and disagreement *function*

Vind je (ook) niet? **Do(n't) you think so (too)?** **Vind je (niet) dat ...?** **Do(n't) you think ...?**

– Dat is wel een voordeel. Vind je ook niet?
– Nee hoor.

24 Vocabulary

de bioscoop [bioscopen]	cinema, movie theater
de film [–s]	film, movie
een hoop	a lot
uitgaan [ging uit, uitgegaan]	to go out; *here*: going out
het weekend [–en]	weekend
studeren [studeerde, gestudeerd]	to study
kijken [keek, gekeken]	to look, watch
bijvoorbeeld	for instance
een film draaien	to show a film / movie
dichtbij	nearby
het voordeel [voordelen]	advantage
volgens	according to

slecht	bad
sommige	some
het deel [delen]	part
duren [duurde, geduurd]	to last
veel	much
wachten [wachtte, gewacht]	to wait
de ingang [–en]	entrance

25 True or false?

Text C06 'Naar de bioscoop'
First read the statements. Then listen.

1 Michael en Saskia gaan naar de film waar/niet waar
2 Ze gaan naar 'The House of the Spirits' waar/niet waar
3 Michael gaat voor de film nog even naar huis waar/niet waar

26 Matching

Which words have about the same meaning?

1 een hoop	a niet ver	1 =
2 slecht	b veel	2 =
3 bioscoop	c uitgaan	3 =
4 een deel	d niet goed	4 =
5 naar een concert gaan	e filmtheater	5 =
6 dichtbij	f niet alles	6 =

27 Fill in:

studeren / voordeel / gekeken / gewacht / sommige / bijvoorbeeld / reden / weekend

1 Die film is niet zo lang. Dat vind ik wel een ______ omdat ik nog moet ______.

2 Saskia heeft tot half tien op Michael ______ bij de ingang.

3 We gaan in het ______ met de boot naar Londen.

4 A Welke films vind jij goed?

B Nou eh, 'Schindler's list' ______.

5 A Hoe laat begint de film?

B Dat weet ik niet. Heb jij al in de krant ______?

6 Wat is de ______ dat hij zo snel vertrekt?

7 ______ films met Carice van Houten vind ik heel goed maar andere niet.

28 Fill in:

bioscoop / film / iedereen / ingang / volgens

1 Kijk, dit is de .... van Tuschinsky.

2 Tuschinsky is een mooie, oude .... in de Reguliersbreestraat.

3 .... in Amsterdam kent deze bioscoop.

4 Bijna iedere grote .... draait in Tuschinsky.

5 .... mij draait er deze week 'Shrek De Derde'.

29 Matching

The sentences represent the opinions of the persons in 'Naar de bioscoop'.

1 Michael vindt dat	a dat geen voordeel,	1 =
2 Saskia vindt het een voordeel dat	b de film slecht.	2 =
3 Jan vindt	c hij te lang duurde.	3 =
4 De zus van Jan vond	d Tuschinsky dichtbij is.	4 =
5 Ze vond dat	e Jan te hard studeert.	5 =

30 C07 l as in lekker

Listen to the following words and repeat.

31 Grammar

Volgens mijn zus *was* het een slechte film. Sommige delen *waren* wel goed, maar hij *duurde* veel te lang.

For the *imperfect tense* see Grammmar Section 18 B.

32 Past or present?

Underline the verbs which indicate the event happened in the past.

1 Vroeger liep je de honderd meter, hè?
2 Kun je uitleggen waarom?
3 Ik werd er niet rijk van.
4 Ze doet het voor een goede conditie.
5 Die jongen heb ik in de krant gezien.
6 Dat was vroeger zo.
7 Duitsland heeft de wedstrijd gewonnen.
8 'Farewell to my Concubine' heb ik al gezien.
9 Hij studeerde ook in het weekend.
10 Ik wachtte bij de ingang, maar ik zag hem niet.

33 Fill in and change the form of the verb when required

Somebody tells what she did ***last*** *saturday.*

1 Zaterdagavond ______________ (gaan) we naar de film.

2 Jan ______________ (hebben) ook zin om mee te gaan.

3 Maar de film ..... (zijn) niet goed en hij ______________ (duren) veel te lang.

4 Dat ______________ (vinden) iedereen.

5 Na de film ______________ (zeggen) Jan dat hij naar huis ______________ (gaan).

6 Hij ______________ (willen) nog studeren.

Saskia en ik hebben nog een pilsje gedronken.

PATHÉ!

PATHÉ TUSCHINSKI
www.tuschinski.nl
Reguliersbreestraat 26-34
Filminfo en reserveringen
0900-1458 (€ 0,35 cpm)

www.pacfilms.nl

Di. 20.45 uur. — 'GROTE ZAAL' LADIES NIGHT
PREMONITION Thriller met Sandra Bullock en Julian McMahon. 12

Do. Vr. Za. Zo. Ma. 21.00 uur; — 'GROTE ZAAL' 2e WEEK
Do. Za. Zo. Ma. óók 13.15 17.00 uur; Di. Wo. 12.30 16.00 20.00 uur.
PIRATES OF THE CARIBBEAN 3: AT WORLD'S END 12

Do. Di. 13.30 uur. — 50+ BIOS
AN UNFINISHED LIFE Drama met Robert Redford en Jennifer Lopez. 12

Wo. 21.00 uur. — 'GROTE ZAAL' GAY CLASSIC
CIRCUIT Drama van regisseur Dirk Schafer. 16

Dagelijks 15.30 19.15 uur. — 2e WEEK
NUOVOMONDO (THE GOLDEN DOOR) Frans-Italiaans drama. 12

Dagelijks 19.30 21.50 uur; Za. Zo. Ma. Wo. óók 13.50 uur. — 2e WEEK
THE DEAD GIRL Duistere thriller met Brittany Murphy. 16

Dagelijks 20.30 uur; Vr. Za. Zo. Ma. Di. Wo. óók 12.10 uur. — 2e WEEK
THE HOAX Komisch drama met Richard Gere en Alfred Molina. 12

Dagelijks 13.00 22.00 uur. Voorfilm: **RAAK.** — 4e WEEK
INTERVIEW Amerikaanse remake van Theo van Gogh's drama. 12

Dagelijks 14.50 17.40 uur. — 4e WEEK
THE NAMESAKE Licht komisch familiedrama met Kal Penn. 12

Dagelijks 19.00 21.40 uur; Do. Za. Zo. Ma. Di. Wo. óók 12.45 15.45 uur. — 6e WEEK
PAN'S LABYRINTH Meervoudige Oscarwinnaar. 16

Do. Vr. Za. Zo. Ma. 18.00 uur. — 10e WEEK
CURSE OF THE GOLDEN FLOWER Romantisch actiedrama. 12

Do. Za. Zo. Ma. Di. Wo. 16.30 uur. — 13e WEEK
LA VIE EN ROSE Biografisch drama over Edith Piaf. 12

Dagelijks 15.00 uur; Do. Vr. Za. Zo. Ma. óók 20.45 uur; — 14e WEEK
Do. Vr. Ma. Di. óók 12.00 uur.
Oscar Beste Buitenlandse Film + publieksfavoriet van het R'dams filmfestival 2007.
DAS LEBEN DER ANDEREN Drama met Martina Gedeck. 12

rialto

25 JAAR RIALTO: REÜNIE VAN OUD-MEDEWERKERS ZA. 2 JUNI VANAF 19.00 UUR.

Dag. (beh. Za.) 19.00 21.00 uur; Vr. Zo. Wo. óók 15.30 uur. — 2e WEEK
KHADAK Regie: Peter Brosens & Jessica Woodworth. (België/Duitsland/Nederland, 2006, 104 min.) Op de Mongoolse steppe worstelt een jonge herder met zijn paranormale gaven. Leeuw voor het Beste Debuut in Venetië. **Gratis cd met soundtrack bij aankoop van een kaartje.** 12

34 Find the answers to the following questions

1 U wilt een film zien die een Oscar gewonnen heeft. Naar welke films kunt u toe?
2 U wilt een film zien over het leven van Edith Piaf. Hoe laat begint die film?
3 U wilt Robert Redford zien in 'An Unfinished Life'. Welk nummer moet u bellen voor kaartjes?

QUIZ

PART 1 WHAT WOULD YOU SAY?

1 Een spijkerbroek in dat restaurant, dat kan toch wel?
  a Dat ben ik niet met je eens.
  b Tegenwoordig hoeft dat niet meer.
  c Dat is een goed gevoel, vind ik.

2 Er draaien echt alleen maar slechte films zeg, dit weekend.
   a Dan moet het maar.
   b Nee, ik heb geen zin.
   c Vind jij dat ook?

3 We kunnen niet meteen aan tafel, zei de ober.
   a Dat weet ik nog niet, hoor.
   b Moeten we erg lang wachten?
   c Dat is een moeilijke vraag

4 Leuk programma, vind je niet?
   a Dat ben ik met je eens.
   b Dat is een goed gevoel.
   c Dat is wel een voordeel.

5 We hoeven niet vandaag te vertrekken, morgen kan ook.
   a Dat is waar.
   b Ik ga wel mee, hoor.
   c Tegenwoordig niet.

6 Volgens mij komt die trein niet meer.
   a Kun je uitleggen waarom?
   b Moet ik het even gaan vragen?
   c Nou, dan moet het maar.

PART 2 FILL IN:

een hoop / gevoel / in ieder geval / kleren / natuurlijk / slecht / spijkerbroek / tegenwoordig / uitgaan / vindt / wachten

Karel en Ans

1 K Hé, ik moet nog wat ______ hebben voor het weekend, als we ______ .

Vind je het leuk om even mee te gaan?

2 A Ja, ______! Wat wil je hebben?

3 K Nou, ______ een net pak en één of

twee overhemden. En ik wil ook nog even naar een ______ kijken.

4 A Man, jij bent rijk hè, ______! Hoeveel pakken heb je wel niet?

5 K Dat hoef ik jou toch niet te vertellen?! ______, ja. Zullen we trouwens gaan, ik sta te

______.

6 A Nou, dat moet dan maar. Als jij het leuk ______.

7 K Ik heb het ______ dat jij geen zin hebt om mee te gaan, of niet?

8 A Dat is geen ______ idee, ja. Veel plezier.

PART 3 FILL IN. CHANGE THE VERB INTO THE IMPERFECT TENSE.

Jan tells his friend what he did yesterday.

1 Joh, het ___________ (zijn) zo leuk in Amsterdam! En heerlijk geluncht daar.

2 We ___________ (krijgen) eerst soep, een heel lekkere vissoep.

3 En daarna ___________ (hebben) we haring met witbrood. Van die heerlijke zachte haring, je kent het wel. Ieder drie! Ook sla erbij trouwens.

4 We ___________ (drinken) er een witte wijn bij, een Franse. Het was echt heel gezellig.

5 Daarna ___________ (willen) we eigenlijk nog even naar het Rijksmuseum, maar we ___________ (kunnen) het niet vinden. Te veel wijn op, natuurlijk!

6 Paul ___________ (zeggen) dat hij nog veel te doen ___________ (hebben) en dat hij wel naar huis ___________ (willen).

7 Dus hij ___________ (vertrekken) en Erik en ik zijn samen nog even gebleven.

PART 4 LISTEN TO TEXT C01 'WAT DOE JIJ AAN?'. COMPLETE THE SENTENCES.

Carla Hof	Arjan!
Arjan Schuit	Ja, wat is ___________.
Carla Hof	Wat doe jij vanavond aan?
Arjan Schuit	Gewoon, mijn ___________, en een overhemd.
Carla Hof	Maar we gaan toch ___________ de opera?
Arjan Schuit	Ja, wat bedoel je daarmee?
Carla Hof	___________, ik doe nette kleren aan!
Arjan Schuit	En ik ___________ mijn spijkerbroek aan.
Carla Hof	Nee hoor, dat kan ___________! Als je naar de opera gaat, moet ___________ een beetje mooie kleren aantrekken.
Arjan Schuit	Welnee, dat ___________ vroeger zo. Tegenwoordig hoeft dat niet meer.
Carla Hof	___________ ben ik niet met je eens. Iedereen ___________ zijn mooie kleren aan.
Arjan Schuit	Moet ik dan ___________ mijn nette pak aan?
Carla Hof	Ja natuurlijk.
Arjan Schuit	Nou ___________, dan moet het maar.

LES 9 - LESSON 9

9 / C01 Op de markt

Els and her English friend Vera are walking on the Albert Cuyp market in Amsterdam.

1 Text • Op de markt

Vera	Wat is het druk, hè?
Els	Ja, dat is altijd zo op zaterdag.
Vera	Hé, daar is die man weer. Die verkoopt van die handige dingen. Ik heb er pas nog een gekocht.
Els	Wat voor dingen bedoel je?
Vera	Een eh ..., hoe heet dat ook al weer? Kijk dat daar.
Els	O, een slagroomklopper.
Vera	Juist, dat bedoel ik: een slagklopper, nee, een slagroomklopper.
	...
Vera	Kijk daar eens, wat een leuke kousen. En oh, wat een gek ondergoed!
Els	Jammer dat het nylon slipjes zijn. Ik vind nylon niet prettig.
Vera	O, dat kan mij niet schelen. Meneer, hoeveel kosten die daar?
Marktkoopman	Twee voor tien euro, dame.
Vera	Doet u maar eh ... een oranje en een roze.
	...
Vera	Je had toch nog een nieuw horloge nodig? Kijk daar liggen ze.
Els	Mmm. Ik hou niet zo van gouden of zilveren horloges. Ik wil liever een gekke kleur of zo. Bovendien lijken deze me heel goedkoop. Ze zijn vast niet goed.
Vera	Zeg, ik heb zin in een patatje met.
Els	Nou, ga je gang, ik heb niet zo'n honger.

2 Hesitating, looking for words *function*

Eh ...	**Er ...**
Hoe heet dat ook (al)weer?	**What's the word for it?**

– Wat bedoel je?
– Een eh ... hoe heet dat ook weer?

3 Correcting oneself *function*

... Nee, ...	**... No ...**

– O, een slagroomklopper.
– Juist, dat bedoel ik: een slagklopper, nee, een slagroomklopper.

4 Asking (about price) *function*

Hoeveel / Wat kost(en) ...?	**How much is / are ...?**
Hoe duur is / zijn ...?	**How much is / are...?**

– Meneer, hoeveel kosten die daar?
– Twee voor tien euro, dame.

5 Vocabulary

de markt [–en]	market
wat is het druk, hè	Isn't it busy!
druk	busy
weer	again
verkopen [verkocht, verkocht]	to sell
van die handige dingen	those handy things
pas	recently
kopen [kocht, gekocht]	to buy
heten [heette, –]	to be called
de slagroomklopper [–s]	gadget for beating whipping cream
juist	right, exactly
de kous [–en]	stocking
gek	crazy, funny
het ondergoed	underwear
nylon	nylon
het slipje [–s]	panties, briefs
prettig	comfortable
de marktkoopman [–kooplui]	market vendor, trader
doet u maar ...	I'll have ...
roze	pink

nodig hebben	to need
het horloge [–s]	watch
mmm	well (showing lack of interest)
gouden	gold
zilveren	silver
de kleur [–en]	colour
bovendien	moreover, besides
lijken [leek, geleken]	to seem, appear
goedkoop	cheap
een patat(je) met	(portion of) chips / fries with mayonnaise
Ik heb niet zo'n honger	I'm not very hungry
honger hebben	to be hungry

6 True or false?

Text C01 'Op de markt'
First read the statements. Then listen.

1 Op zaterdag is het druk op de markt. waar/niet waar
2 Vera koopt kousen. waar/niet waar
3 Els houdt niet van nylon ondergoed. waar/niet waar
4 Els koopt een horloge. waar/niet waar

7 Fill in:

kost / kosten *or* is / zijn

Example: Hoeveel kosten die appels?

1 Wat ____________ deze koekjes?

2 Hoe duur ____________ een broodje met kaas?

3 Hoeveel ____________ twee kaartjes voor 'Ocean's 13'?

4 Wat ____________ dat horloge daar?

5 Hoeveel ____________ een patatje mét?

6 Hoe duur ____________ die kousen?

8 Fill in:

andere / doet / echt / goedkoop / horloge / euro / wat

1 A Meneer, mag ik dat ________ even zien?

2 B Ja zeker. ________ goud, mevrouw!

3 A Mmm. ________ kost het?

4 B Vijftien ________.

5 A Hebt u geen ________?

B Deze hier: tien euro.

6 A Dat is ________.

________ u die maar.

9 Fill in:

bovendien / druk / honger / lijkt / nodig / pas / prettig / wachten / weer

1 A Tjonge, wat is het ________. Het ________ wel of iedereen nu boodschappen doet.

2 B Ja, ik vind het ook niet ________.

Maar op zaterdag moet je altijd lang ________ in de supermarkt.

3 A Hebben we veel dingen ________?

4 B Ja nogal. De gewone dingen en ________ is het maandag Koninginnedag en dan kan je geen boodschappen doen.

5 A Dan hoop ik maar dat het niet te lang duurt: ik heb zo'n ________.

6 B Al ________? Je hebt ________ gegeten!

10 Grammar

Jammer dat het *nylon* slipjes zijn.
Ik hou niet zo van *gouden* of *zilveren* horloges.

For some *adjectives* that never end on **–e** see Grammar Section 15, part B.

11 Fill in:

You can find the adjectives you need in text 1 'Op de markt'.

1 Vera vindt slagroomkloppers________

2 Ze ziet ook ____________ kousen en ____________ ondergoed.

3 Els vindt nylon slipjes niet ____________.

4 Els wil wel een ____________ horloge maar geen ____________ of ____________ horloge.
Het liefst wil ze een ____________ kleur.

5 De horloges op de markt vindt ze te ____________. Ze denkt dat ____________ horloges niet ____________ zijn.

12 C02 Listen to C01 • 'Op de markt'

Mark the items Vera and Els are discussing.

1 horloges
2 kousen
3 bloemen
4 slipjes
5 ondergoed
6 haring
7 slagroomkloppers
8 appels

13 C03 Listen and repeat C01 'Op de markt'

14 Text / C04 In het warenhuis

Roy and Pete are going to be roommates. They need to buy household goods, which they hope to find in the Hema, a department store.

Roy	Weet jij waar we moeten zijn?
Pete	Geen idee. Misschien daar achter de sjaals en de sokken.
Roy	Nee, ik zie het al. Daar naast de pannen. Wat hebben we ook alweer nodig?
Pete	Nou, messen, vorken, lepels. En borden natuurlijk. Wat vind je van deze?
Roy	Wat kosten ze?
Pete	Eh, vijf euro per stuk.
Roy	Dat vind ik wel een beetje duur. En ik vind de vorm niet zo mooi.
Pete	En die glazen borden dan? Die zijn maar drie euro.
Roy	Ok, dan nemen we die. Weet je of we nog messen nodig hebben?
Pete	Nou, we hebben drie messen. Dat is wel weinig, hè?
Roy	Ja, veel te weinig.
Pete	Goed, nog drie messen ...

15 Expressing approval

Ok / goed / juist *(OK / right / correct)*

– En die glazen borden dan? Die zijn maar 3 euro.
– Ok, dan nemen we die.

– Nou we hebben drie messen.
Dat is wel weinig, hè?
– Goed, nog drie messen
– O, een slagroomklopper. (Text 1)
– Juist, dat bedoel ik ...

16 Vocabulary

het warenhuis [–huizen]	department store
waar we moeten zijn	where it is
misschien	maybe, perhaps
de sjaal [–s]	scarf
de sok [–ken]	sock
ook alweer	again
het mes [–sen]	knife
de vork [–en]	fork
de lepel [–s]	spoon
het bord [–en]	dish
per stuk	each, apiece
het stuk [stukken]	piece
een beetje	a bit
duur	expensive
de vorm [–en]	shape
glazen	glass
maar	*here*: only
of	if, whether
weinig	not much
veel te weinig	by no means enough

17 True or false?

Text C04 'In het warenhuis'
First read the statements. Then listen.

1	Roy vindt de glazen borden erg duur.	waar/niet waar
2	Eén glazen bord kost vijf euro.	waar/niet waar
3	Roy en Pete kopen ook messen.	waar/niet waar

18 True or false?

Read 'In het warenhuis' to find the answer.

1	De messen liggen bij de vorken.	waar/niet waar
2	De borden staan achter de pannen.	waar/niet waar
3	De vorken liggen achter de sokken.	waar/niet waar
4	De sokken liggen bij de sjaals.	waar/niet waar
5	De lepels liggen bij de borden.	waar/niet waar

19 Fill in and change the form when required:

duur / lepel / misschien / nog / of / per stuk

1 Soep eet je met een ____________.

2 Deze appels zijn niet goedkoop, zeg. Ze kosten een euro ____________.

3 Peter heeft al drie borrels gehad en hij neemt er ____________ een. En hij gaat met de auto naar huis!

4 Weet jij ____________ er nog een trein naar Haarlem vertrekt?

5 Een mes voor € 15,–? Dat vind ik te ____________.

6 ____________ weet die mevrouw waar de borden staan.

20 Fill in and change the form when required:

bord / een beetje / misschien / natuurlijk / vorm / weinig

1 We gaan zo eten Wil jij de ____________ op tafel zetten?

2 A Vind je me te dik?

B Nou, wel ____________

3 A Kom je vanavond?

B Nou, ____________ wel, als ik tijd heb.

4 Die glazen hebben een mooie ____________.

5 Zijn moeder komt ____________ ook. Die komt altijd.

6 Ik heb te ____________ tijd voor hobby's.

21 Fill in:

bord / glas / kop / lepel / mes / pan / vork

Eten in Nederland

1 Vlees snijd je met een ____________.

2 Soep eet je met een ____________.

3 Aardappels eet je met een ____________.

4 Wijn drink je uit een ____________.

5 Koffie drink je uit een ____________.

6 Je kookt groente in een ____________.

7 Aardappels, vlees en groente doe je op een ____________.

22 Put in the right order

In which order would you put on the following items?

a	sjaal	1 =
b	ondergoed	2 =
c	sokken	3 =
d	spijkerbroek	4 =
e	overhemd	5 =

23 Grammar

Weet je *of we nog messen nodig hebben?*

For *dependent clauses* see Grammar Section 4, part B.

24 Underline the *verbs* in the following sentences

1 <u>Weet</u> jij waar de wijn *staat*?
2 Ik weet niet of we nog brood hebben.
3 Weet u waar het centraalstation is?
4 Roy vindt dat we nog glazen nodig hebben.
5 Ik denk dat ik mijn nette pak aantrek.
6 Weet jij of er om twaalf uur nog een trein gaat?
7 Ze zeggen dat die scheidsrechter erg goed is.
8 Je zei dat je een nieuw horloge wilde kopen.
9 Zij sport omdat ze graag wil winnen.
10 Els koopt deze slipjes niet omdat ze niet van nylon houdt.

25 C05 Listen again to C04 'In het warenhuis'

Fill in the gaps.

1 Roy en Pete kijken naar messen, vorken, lepels en ____________.

2 Roy vindt borden van 5 euro een beetje ____________.

3 Ook vindt hij de vorm niet ____________.

4 De glazen borden kosten ____________ euro.

5 Ten slotte kopen ze nog ____________ messen.

26 Text / C06 Geld

Dit zijn de munten en de biljetten van de euro.
Nederlanders willen liever geen muntjes van één en twee cent hebben. Je betaalt dan € 2,10 voor een brood dat € 2,08 kost. Je kunt ook niet altijd betalen met een biljet van honderd euro.

Munten

1 cent	€ 0,01
2 cent	€ 0,02
5 cent	€ 0,05
10 cent	€ 0,10
20 cent	€ 0,20
50 cent	€ 0,50
1 euro	€ 1,00

Biljetten

vijf euro	€ 5,-
tien euro	€ 10,-
twintig euro	€ 20,-
vijftig euro	€ 50,-
honderd euro	€ 100,-

27 Vocabulary

het geld	money
de munt [-en], het muntje [-s]	coin
het biljet [-ten]	note
twee cent	two-cent piece
vijftig cent	fifty-cent piece
de euro	euro
het briefje van tien	tenner
het briefje van 20	20 euro note

28 You would like to get € 170 from the cash dispenser. Which combinations of bills are correct?

a Een briefje van vijftig en twee van twintig.
b Twee briefjes van vijftig, drie van twintig en één van tien.
c Drie briefjes van vijftig en één van twintig.
d Twee briefjes van vijftig en zeven van tien.
e Drie briefjes van vijftig en twee van twintig.
f Acht briefjes van twintig en één van tien.

29 C07 Listen and write down the amount you hear

Example: zeven euro zeventig / Write this down / The answer is € 7,70.

1 € 2 € 3 € 4 € 5 € 6 €

30 C08 *tje* as in *muntje*

Listen to the following words and repeat.

31 Exchange rate

BUITENLANDS GELD

De prijzen zijn voor de aankoop (eerste kolom) en de verkoop door de bank van vreemd geld.
De noteringen zijn in euro's.

datum: 22 juni

	aankoop	verkoop	
Amerikaanse dollar	1.2549	1.4395	American dollar
Antilliaanse gulden	2.2100	2.6200	Antillean guilder
Australische dollar	1.5040	1.7885	Australian dollar
Canadese dollar	1.4089	1.6754	Canadian dollar
Deense kroon	6.8870	8.1898	Danish crown
Engelse pond	0.6378	0.7269	English pound
Hongkong dollar	9.4300	12.1400	Hongkong dollar
Japanse yen	148.4800	176.5700	Japanese yen
Nieuw-Zeelandse dollar	1.6430	2.1080	New Zealand dollar
Noorse kroon	7.4865	8.9028	Norwegian crown
Zuid-Afrikaanse rand	8.7060	10.9220	South African rand
Zweedse kroon	8.4960	10.1030	Swedish crown
Zwitserse frank	1.5420	1.7580	Suiss franc

32 Vocabulary

buitenlands	foreign
de aankoop [aankopen]	purchase
de verkoop [verkopen]	sale
de kolom [-men]	column
de bank [-en]	bank
vreemd geld	foreign currency
de notering [–en]	quotation
de dollar [–s]	dollar
het pond [–en]	pound
de rand (rand)	rand

33 Find the information you need in 31

In the left column you see the amount you get when selling foreign currency.

1 Voor een Amerikaanse dollar krijg je € ________.

2 De bank geeft € ________ voor een Canadese dollar.

3 Voor een Engels pond krijg je op 22 juni € ________.

4 Een Australische dollar is € ________.

5 Voor een Amerikaanse dollar krijg je in Nederland meer dan voor een Australische dollar. waar/niet waar

QUIZ

PART 1 WHAT WOULD YOU SAY?

1 Wie is dat eigenlijk?
  a Eh ... Dat weet ik niet.
  b Dat is een handig ding.
  c Juist, dat bedoel ik.

2 Vind je die bloemen mooi?
  a Hoeveel kosten ze eigenlijk?
  b Hoe heet dat ook weer?
  c Ja, ik zie het al.

3 Wat is dat nou precies?
  a Hoe heet dat ook alweer?
  b Oké, dan nemen we die.
  c Dat is wel weinig, hè?

PART 2 FILL IN:

druk / een beetje / gek / kopen / misschien / nodig heeft / ook al weer / roze / sjaal / veel te weinig / weer

Sandra en Hanneke lopen in de Hema

1 S Ik moet nog iets ________ voor Els, die is volgende week jarig.

2 H O, goed dat je het zegt! Wanneer ________ precies?

3 S Donderdag. Weet jij of ze nog iets ________?

4 H Ik dacht een ________. Ja, volgens mij zei ze dat. O kijk, hier zijn ze trouwens.

5 S Mmm. Wat is het hier ________ zeg op zaterdag, ik word er bijna ________ van.

6 H Nou, laten we toch maar even kijken, we zijn er nu toch. Wat vind je van deze ________ sjaal? Ook lekker goedkoop!

7 S Ik vind hem niet echt mooi. ______ deze blauwe, hoe vind je die?

8 H Ook heel mooi. Mooie kleur ja. Maar eh... ook wel ______ duur.

9 S Laten we hem toch maar nemen. Dan zijn we snel klaar. Ik heb alleen ______ geld bij me, kan jij dan even betalen?

10 H Al ______? Dat is al de vierde keer vandaag! Nou, nog één keer dan.

PART 3 WHICH SENTENCE IS CORRECT?

1 a Pardon mevrouw, weet u misschien waar de loketten zijn?
b Pardon mevrouw, weet u misschien waar zijn de loketten?
c Pardon mevrouw, weet u misschien de loketten zijn waar?

2 a Weet jij of we nog hebben alcoholvrij bier in huis?
b Weet jij of we nog alcoholvrij bier in huis hebben?
c Weet jij of we nog alcoholvrij bier hebben in huis?

3 a Ik denk dat pasta ik neem.
b Ik denk dat ik pasta neem.
c Ik denk dat ik neem pasta.

4 a Ze zeggen dat die film is heel goed.
b Ze zeggen dat heel goed die film is.
c Ze zeggen dat die film heel goed is.

PART 4 FILL IN AND CHANGE THE FORM OF THE ADJECTIVE WHEN REQUIRED:

1 A Heb je niet liever ______ (katoenen) sokken?

B O, dat maakt me niets uit.

2 A Dat is duur hoor, ______ (zilveren) messen en vorken!

B Nee hoor, dat was vroeger zo.

3 A Wilt u die ______ (rood) of die ______ (groen) appels?

B Welke zijn het goedkoopst?

4 A Bovendien houd ik niet van ______ (gouden) dingen, jij?

B Nou, soms wel hoor.

LES 10 - LESSON 10

10 / C01 In de winkel

Marijke and Nora are passing by a boutique. They decide to go in.

1 Text • In de winkel

Verkoopster	Kan ik u helpen?
Marijke	Mogen we even rondkijken?
Verkoopster	Ja, natuurlijk.
Marijke	Wat vind je van deze rok?
Nora	Mooi, maar een beetje lang.
Marijke	Dat is in de mode. Vind je het goed dat ik hem even pas?
Nora	Ga je gang. Ik heb geen haast. Kijk eerst even naar de maat voordat je hem aantrekt.
Marijke	Maat 40. Ik neem aan dat die goed is.
	…
Marijke	En?
Nora	Is hij niet te klein?
Marijke	Wel een beetje.
Verkoopster	Ik heb toevallig nog een 42. Probeert u die eens.
Marijke	Dank u.
	…
Marijke	Hoe zit deze?
Nora	Heel goed. Hij past precies.
Marijke	Vind je dat echt of ben je alleen maar beleefd?
Nora	Nee, echt. Hij staat je heel goed. Neem hem maar.
Verkoopster	Daar is een spiegel.
Marijke	Hij is wel een beetje duur.
Verkoopster	Maar hij staat u prachtig.
Marijke	Dan neem ik hem.

2 Offering assistance *function*

Kan ik je/u helpen? **Can I help you?**
Wat kan ik voor je/u doen? **What can I do for you?**

- Kan ik u helpen?
- Mogen we even rondkijken?

3 Seeking permission *function*

Mag ik ...?/Kan ik ...? **May I ...?/Can I ...?**
Vind je het goed dat ...? **Do you mind if ...?**

- Mogen we even rondkijken?
- Ja, natuurlijk.
- Vind je het goed dat ik hem even pas?
- Ga je gang. Ik heb geen haast.

4 Expressing appreciation *function*

goed / mooi / leuk / prachtig **good / beautiful / nice / splendid**

- Wat vind je van deze rok?
- Mooi, maar een beetje lang.

- Hoe zit deze?
- Heel goed.

5 Vocabulary

de verkoopster [–s]	shop assistant [woman]
de winkel [–s]	shop
rondkijken [keek rond, rondgekeken]	to look around, *here*: to browse
de rok [–ken]	skirt
de mode [–s]	fashion
passen [paste, gepast]	to try on, to fit
haast hebben	to be in a hurry
de maat [maten]	size
voordat	before
aannemen [nam aan, aangenomen]	to presume, accept
klein	small
toevallig	by chance, as it happens
proberen	to try, to try on
hoe zit deze?	what do you think of...?

beleefd	polite
hij staat je heel goed	it looks very nice on you
de spiegel [–s]	mirror
prachtig	splendid, beautiful

6 True or false?

Text C01 'In de winkel'
First read the statements and the questions. Then listen.

1 Marijke wil een spijkerbroek kopen. waar/niet waar
2 Welke maat heeft de rok, die Marijke het eerst aantrekt? waar/niet waar
3 Wat is de maat van de tweede rok? waar/niet waar
4 Marijke vindt de rok veel te duur. waar/niet waar
5 Marijke koopt de rok. waar/niet waar

7 Matching

Which answer would be best?

1 Kan ik je helpen?	a Goed. Hij past precies.	1 =
2 Mag ik even rondkijken?	b Mooi. Dat is echt een kleur voor jou.	2 =
3 Vindt u het goed dat ik hem even pas?	c Ja natuurlijk. Is dat uw maat?	3 =
4 Wat vind je van deze blauwe?	d Nou niets, eigenlijk.	4 =
5 Hoe zit deze spijkerbroek?	e Ja graag. Hoeveel kost die rok?	5 =
6 Wat kan ik voor je doen?	f Ja hoor, ga je gang.	6 =

8 Fill in

Change the form of the verb when required.

haast / maat / passen / rok / spiegel / staan / winkel

1 Vroeger had ik ____________ 50, tegenwoordig 52. Wat ben ik dik geworden!

2 Deze spijkerbroek is te klein voor me. Hij ____________ me niet.

3 A Ga je mee boodschappen doen?

B Naar welke ____________ ga je?

A Oh, even naar de supermarkt.

4 Het spijt me, ik moet nu echt weg. Ik heb ____________.

5 Die spijkerbroek ____________ je leuk, zeg!

6 Waar is een __________? Ik wil even zien of deze rok me goed staat.

7 Ik draag alleen een __________ als ik naar de opera ga.

9 Fill in:

aannemen / goed / neem / pas / prachtige

1 A Die spijkerbroek staat je vast heel __________.

__________ hem eens.

A Heel mooi!

B Echt?

2 A Je kunt het van mij __________.

__________ hem nou maar.

Het is echt een __________ broek.

10 Fill in:

Change the form of the verb when required.

beleefd / klein / mode / proberen / rondkijken / toevallig / voordat

1 Hebt u deze spijkerbroek een maat groter? Deze is te __________.

2 __________ we naar de Hema gaan, wil ik eerst een kop koffie.

3 Vind je deze bril echt mooi of ben je alleen maar __________?

4 Hebt u deze rok __________ nog in een andere kleur?

5 Wat een gekke kleuren! Ik wist niet dat die weer in de __________ waren.

6 __________ dit pak eens. Het is precies je maat.

7 Vindt u het goed dat ik even __________.

11 C02 Listen again to 'In de winkel'

Fill in the gaps.

1 Marijke en Nora willen eerst __________.

2 Marijke ziet een lange __________.

3 Lange rokken zijn in de __________, zegt Marijke.

4 De eerste rok is een beetje te __________.

5 De tweede rok past ______________.

6 Hij staat je heel ______________, zegt Nora.

7 Hij is wel een beetje ______________, zegt Marijke.

12 C03 *ig* as in *prachtig*

Listen to the following words and repeat

13 Maten

Dames
jurken

Europa	36	38	40	42	44	46
Engeland	30	32	34	36	38	40
Amerika	8	10	12	14	16	18

Heren
pakken

Europa	44	46	48	50	52	54	56	58
Engeland/Amerika	34	36	38	40	42	44	46	48

14 Answer the questions

1 Welke maat heeft de rok die Marijke koopt? Maat ______________.

2 In Amerika is dat maat ______________.

3 Welke maat hebt u in Nederland? Maat ______________.

15 Text / C04 Een trui kopen

Martin has found a sweater he likes in the menswear department.

Martin	Kunt u me misschien helpen?
Verkoper	Ja zeker, meneer.
Martin	Heeft u deze trui ook een maat kleiner?
Verkoper	Welke maat zoekt u?
Martin	Large. Dit is een extra large.
Verkoper	Nee meneer, het spijt me heel erg. Dit is de laatste.
Martin	Wat jammer.
Verkoper	Maar ik heb hem nog wel in het zwart met strepen, en in het blauw.
Martin	Mag ik eens kijken?
Verkoper	Een ogenblikje, alstublieft.
Martin	Ja, die zijn ook heel mooi. Doet u ze allebei maar.
Verkoper	Anders nog iets? Een shirt voor onder de truien misschien?
Martin	Nee, dank u.

16 Requesting assistance *function*

Kun je / kunt u me (misschien) helpen? — **Can you help me please?**

– Kunt u me misschien helpen?
– Zeker, meneer.

17 Expressing regret or disappointment *function*

Wat jammer!	**What a pity!**
Dat is (erg) jammer.	**That's a (great) pity.**
Het is (erg) jammer dat ...	**It's a (great) pity that ...**

– Nee meneer, het spijt me heel erg. Dit is de laatste.
– Wat jammer.

18 Vocabulary

de trui [–en]	sweater, pullover
de verkoper [–s]	shop assistent [man]
zoeken [zocht, gezocht]	to look for
de laatste	the last one
in het zwart	in black
de streep [strepen]	line; here: stripe
doet u ze allebei maar	I'll have both
allebei	both
anders nog iets?	anything else?
het shirt [–s]	shirt
onder	under, underneath

19 True or false?

Text C04 'Een trui kopen'
First read the statements. Then listen.

1 Martin wil een trui kopen, maat extra large. waar/niet waar
2 De verkoper laat twee andere truien zien. waar/niet waar
3 Martin koopt twee zwarte truien. waar/niet waar

20 a or b?

Martin		Ik zoek een zwarte spijkerbroek.
Verkoper	a	Het spijt me, die heb ik niet meer.
	b	Wat jammer, doet u ze allebei maar.
Martin	a	Mag ik eens kijken.
	b	Wat jammer.

21 Fill in:

allebei / gekocht / onder / strepen / trui / zoeken

1 Mijn broer en ik sporten veel. We houden __________ van voetballen.

2 Kinderen __________ de zestien moeten nog naar school.

3 Mondriaan gebruikte in zijn werk niet alleen de kleuren rood, geel en blauw maar ook zwarte __________.

4 Waar is mijn bril toch! Help me eens met __________.

5 Ik heb net een nieuwe rok __________ Wil je hem zien?

6 Wat een prachtige __________ heb je aan. Is die nieuw?

22 Matching: opposites

1 laatste	a zeker	1 =
2 zwart	b goedkoop	2 =
3 klein	c veel	3 =
4 kopen	d eerste	4 =
5 misschien	e groot	5 =
6 een beetje	f wit	6 =
7 duur	g verkopen	7 =

23 Put in the right order

Read text 15 'Een trui kopen'.
Rearrange the following sentences according to the order in this text.

a Welke maat zoekt u?	1 =
b Wat jammer.	2 =
c Kunt u me misschien helpen?	3 =
d Nee, dank u.	4 =
e Ja zeker, meneer.	5 =
f Veertig.	6 =
g Heeft u deze trui ook een maat kleiner?	7 =
h Nee meneer. Het spijt me heel erg.	8 =
i Anders nog iets?	9 =

24 C05 Listen and underline the sentences you hear.

Martin	Kunt u me misschien helpen?
Verkoper	Ja zeker, meneer.
Martin	Heeft u deze trui ook een maat kleiner?
Verkoper	Welke maat zoekt u?
Martin	Large. Dit is een extra large.
Verkoper	Nee meneer, het spijt me heel erg. Dit is de laatste.

Martin	Wat jammer.
Verkoper	Maar ik heb hem nog wel in het zwart met strepen, en in het blauw.
Martin	Mag ik eens kijken?
Verkoper	Een ogenblikje, alstublieft.
Martin	Ja, die zijn ook heel mooi. Doet u ze allebei maar.
Verkoper	Anders nog iets? Een shirt voor onder de truien misschien?
Martin	Nee, dank u.

25 Kleren

A. jurk
B. hoed
C. laarzen
D. overhemd
E. stropdas
F. jasje
G. broek
H. blouse
I. rok
J. sokken
K. schoenen

26 Vocabulary

de jurk [–en]	dress
de hoed [–en]	hat
de laars [laarzen]	boot
de (strop)das [dassen]	tie
het jasje [–s]	jacket
de broek [–en]	trousers, pants
de blouse [–s]	blouse
de schoen [–en]	shoe

27 Look at picture 25

What are they wearing?

1 De man: een overhemd, ...

2 De vrouw: een jurk, ...

28 C06 Listen to the following words and repeat

29 Text / C07 In de boekwinkel

Gary is visiting Holland. He enters a bookstore in Amsterdam.

Gary	Ik zoek een boek over de geschiedenis van Amsterdam.
Boekverkoper	Zoekt u een fotoboek?
Gary	Ja, maar met eenvoudige tekst in het Nederlands.
Boekverkoper	Hier heb ik bijvoorbeeld een boek over het oude centrum van Amsterdam. Dat boek gaat over de oorlogsjaren. En dit is een bijzonder boek over woningen die de beroemde architect Berlage gebouwd heeft. Het bestaat uit twee delen. In deel twee staat ook iets over zijn leven.
Gary	Mag ik ze even bekijken?
Boekverkoper	Ja hoor, ga rustig uw gang.
Gary	Ze zijn inderdaad heel mooi. Ik kan niet goed kiezen.
Boekverkoper	Dan neemt u ze allemaal.
Gary	Nee, dat kan niet want dan wordt mijn koffer te zwaar.
Boekverkoper	Als u ze niet kunt meenemen, kunnen wij ze opsturen.
Gary	O, dat is een goed idee.
Boekverkoper	Dus u neemt ze alle drie?
Gary	Ja. Hebt u ook een plattegrond van Amsterdam?
Boekverkoper	Het spijt me meneer, maar die heb ik niet meer. Misschien in die winkel daar op het plein naast de uitgang van die school. Of u kunt het proberen bij een sigarenwinkel.
Gary	Bedankt.

30 Granting permission *function*

Je/u kunt/mag ...	**You can/may ...**
(Ja) Natuurlijk.	**(Yes) of course.**
Ga je/Gaat uw gang.	**Please, go ahead.**

- Mogen we even rondkijken? (Text 1)
- Ja, natuurlijk.

- Mag ik ze even bekijken?
- Ga rustig uw gang.

31 Vocabulary

de boekwinkel [–s]	bookshop, bookstore
de boekverkoper [–s]	bookseller
het boek [–en]	book
de geschiedenis	history
het (foto)boek [–en]	book (of photographs)
de foto [–'s]	photograph, picture
eenvoudig	simple
de tekst [–en]	text
in het Nederlands	in Dutch
het centrum [–s, centra]	centre, downtown area
het gaat over	it is about
de oorlogsjaren	war years
de oorlog [–en]	war
bijzonder	particular(ly); *here*: special
de woning [–en]	house
de architect [–en]	architect
beroemd	famous
bouwen [bouwde, gebouwd]	to build
staat	is
het leven [–s]	life
rustig	quiet(ly); *here*: by all means
inderdaad	indeed
kiezen [koos, gekozen]	to choose
allemaal	all, everybody, everything
want	because, for
zwaar	heavy

meenemen [nam mee, meegenomen]	to take along
opsturen [stuurde op, opgestuurd]	send
ze alle drie	all three of them
de plattegrond [–en]	(street) map
het plein [–en]	square
de uitgang [–en]	exit
de school [scholen]	school
de sigarenwinkel [–s]	tobacconist's

32 True or false?

Text C06 'In de boekwinkel'. First read the statements. Then listen.

1 Gary zoekt een boek over de oorlogsjaren in Amsterdam. waar/niet waar
2 Gary koopt de drie boeken. waar/niet waar
3 Gary koopt in de boekwinkel ook nog een plattegrond van Amsterdam. waar/niet waar

33 Choose the right reaction

1 Kunt u het boek voor me opsturen?
- a Ga je gang.
- b Kan ik u helpen?
- c Natuurlijk, meneer

2 Mag ik even bellen?
- a Dat is waar.
- b Doe dat zelf maar.
- c Ga je gang.

3 Kan ik u helpen?
- a Ga je gang.
- b Graag.
- c Wat jammer.

34 Fill in:

Change the form when required.
bekijken / centrum / dus / geschiedenis / meenemen / plattegrond / zwaar / uitgang

1 Zeg, wil je als je naar de keuken gaat een kop koffie voor me ____________?

2 Als je in een land woont, moet je wel iets over de ____________ van dat land weten, vind ik.

3 A Meneer, mag ik u iets vragen? Waar is café Spoorzicht?

B Oh, dat is in het ____________ Kijk, hier is een ____________, daar kunt u het goed op zien.

4 Ik wil deze trui graag goed in de spiegel ____________.

5 Kun jij me helpen? De boodschappen zijn zo ____________.

6 Wat is dit? De ____________ of de ingang?

7 A Ik vind de tekst te moeilijk en er zijn te weinig foto's.

B ____________ je vindt het geen goed boek?

35 Fill in:

foto / bijzonder / plein / kiezen / leven / bouwen / rustig / oorlog

1 Na de ____________ waren er te weinig woningen in Nederland.

2 Dit is een heel ____________ boek. Je kunt het niet meer kopen.

3 De opera ligt aan een ____________ bij een markt: het Waterlooplein.

4 Welke kleur zal ik nemen? Ik kan niet ____________.

5 Op deze ____________ ben ik zeven jaar.

6 Er zijn veel boeken geschreven over het ____________ van Rembrandt.

7 Je mag die foto's wel mee naar huis nemen. Dan kun je ze ____________ bekijken.

8 Ik vind dat ze nu mooiere huizen ____________ dan twintig jaar geleden.

36 Matching: opposites

1 oud	a moeilijk	1 =
2 uitgang	b gewoon	2 =
3 geschiedenis	c nieuw	3 =
4 bijzonder	d het leven van nu	4 =
5 eenvoudig	e onder	5 =
6 op	f ingang	6 =

37 Fill in:

architect / boekwinkel / opsturen / plattegrond / school / sigarenwinkel

If .....

1 Als je sigaren wilt kopen, ga je naar een ____________.

2 Als je een huis wilt bouwen, zoek je een ____________.

3 Als je van lezen houdt, ga je graag naar een ______.

4 Als je iets niet kunt meenemen in het vliegtuig, kun je het ______.

5 Als je een straat zoekt, kijk je op een ______.

6 Als je nog geen zestien bent, moet je in Nederland iedere dag naar ______.

38 Fill in:

duur / inderdaad / oorlog / want / woning / zoeken

1 A Hebben jullie al een ______ gevonden?

2 B Nee, nog niet. We ______ al heel lang.

3 A In Amsterdam zijn al sinds de ______ te weinig goedkope woningen.

Hebben jullie al in Almere gezocht? ______ daar zijn wel woningen.

4 B ______ Maar die zijn nogal ______.

39 Fill in:

allemaal / bestaat uit / geschiedenis / meenemen / rustig / schrijf

1 A Heb je die boeken ______ gelezen?

2 B Inderdaad. Mijn leven ______ het zoeken en lezen van boeken over de ______ van Nederland van 1500 tot 1600.

A Lees je alleen boeken?

3 B Nee natuurlijk niet. Ik ______ zelf ook boeken.

A Tjonge!

4 B Hier, je mag dit boek wel ______ Dan kun je het thuis ______ bekijken.

40 Put in the right order

Reconstruct the summary of 'In de boekwinkel'. Find the information you need in text 29.

a	Ten slotte vraagt hij of de boekverkoper een plattegrond van Amsterdam heeft.	1 =
b	Hij bekijkt drie boeken maar hij kan niet kiezen.	2 =
c	Eerst wil hij ze niet allemaal nemen omdat dat te zwaar is.	3 =
d	Die heeft hij niet meer. Misschien heeft de sigarenwinkel op het plein ze nog wel.	4 =
e	Dan wil Gary ze wel alle drie kopen.	5 =
f	Gary zoekt een fotoboek over de geschiedenis van Amsterdam.	6 =
g	De boekverkoper zegt dat hij ze wel wil opsturen.	7 =

41 C08 Listen to C07 'In de boekwinkel' and fill in the gaps.

1 Gary zoekt een fotoboek over de ____________ van Amsterdam.

2 De boekverkoper laat drie boeken zien.

3 De eerste gaat over het oude ____________ van Amsterdam.

4 Het tweede over de ____________.

5 Het derde over ____________ die Berlage gebouwd heeft.

6 Gary koopt ze ____________.

42 C09 *sch* as in *school*

Listen to the following words and repeat

43 C10 • Listen to the following words and repeat.

QUIZ

PART 1 WHAT WOULD YOU SAY?

1 Kan ik hier even bellen?
- a Natuurlijk.
- b Prachtig.
- c Wat jammer.

2 Vind je het goed als ik jouw auto even neem?
- a Dat is waar.
- b Ga je gang.
- c Nee, dank je.

3 We gaan morgen naar Den Haag.
- a Ga rustig uw gang.
- b Mag ik even rondkijken?
- c O, kan ik dan met je mee?

4 Dus je komt niet eten vanavond?
- a Nee, ik heb het erg druk.
- b Wat jammer!
- c Wel een beetje.

5 Mag ik vragen hoeveel die gekost heeft?
- a Ja graag.
- b Ja hoor.
- c Mooi.

6 Dus die film draait niet meer?
- a Heel goed, vind ik.
- b Nee meneer, het spijt me.
- c O, wat jammer.

PART 2 FILL IN:

architect / beroemde / centrum / inderdaad / plein / rondkijken / rustig / school / toevallig / voordat / want / winkels

Anton en Bas, two old friends, meet each other in a new neighbourhood with houses of modern design.

1 A Nou, dat is ook ____________ dat ik jou zie! Wat doe jij hier?!

2 B O, een beetje wandelen en ____________ hè? Die nieuwe huizen, dat vind ik wel leuk om te zien.

3 A Vind je het niet prachtig? ____________ we hier kwamen, stonden die huizen er net, en nu is alles hier klaar. Mooi hè?

4 B Ja, het is ____________ heel bijzonder. Wie is de ____________ van deze huizen, weet je dat?

5 A Ja, een heel ____________ man, uit Italië. Maar ik weet zijn naam even niet meer.

6 B Mmm. Het leven is hier zeker ook lekker ____________, of niet?

7 A Ja heerlijk. We vonden het ____________ veel te druk.
En de kinderen kunnen nu zelf naar ____________ lopen.

8 B En ____________, zijn die hier ook?

9 A Niet veel. Alleen een kleine sigarenwinkel daar, zie je, aan het ____________. Heb je trouwens zin in een kop koffie bij ons thuis?

10 B Nou, even dan, ____________ ik ga zo meteen bij Karel eten.

PART 3 IS IT IN YOUR WARDROBE?

Example: een rok	wel/niet
1 een broek	wel/niet
2 een trui	wel/niet
3 een shirt	wel/niet
4 een jurk	wel/niet
5 een hoed	wel/niet
6 laarzen	wel/niet
7 een blouse	wel/niet
8 een stropdas	wel/niet
9 een jasje	wel/niet
10 een rok	wel/niet

PART 4 LISTEN TO TEXT C04 'EEN TRUI KOPEN'. COMPLETE THE SENTENCES.

Martin	Kunt u me misschien helpen?
Verkoper	Ja zeker, ____________.
Martin	Heeft u deze trui ook een maat ____________?
Verkoper	Welke maat zoekt u?
Martin	Large. Dit is ____________ extra large.
Verkoper	Nee meneer, het spijt me ____________ erg. Dit is de laatste.
Martin	Wat jammer.
Verkoper	____________ ik heb hem nog wel in het ____________ met strepen, en in het blauw.
Martin	Mag ____________ eens kijken?
Verkoper	Een ogenblikje, alstublieft.
Martin	Ja, die ____________ ook heel mooi.
	Doet u ze allebei ____________.
Verkoper	Anders nog iets? Een shirt voor onder ____________ truien misschien?
Martin	Nee, dank u.

LES 11 - LESSON 11

11 / C01 Op het politiebureau

Wilma Harmsen wants to report the theft of her cash card.
She talks to the officer on duty at the police station.

1 Text Op het politiebureau

Agent	Mevrouw, wat kan ik voor u doen?
Wilma Harmsen	Mijn pinpas is gestolen.
Agent	Waar is dat gebeurd?
Wilma Harmsen	Op de markt. Ik wilde mijn geld pakken en toen was mijn pinpas weg. Ik heb overal gezocht, maar ik kon hem nergens vinden. En ik weet zeker dat ik hem niet verloren ben.
Agent	Heeft iemand iets gezien?
Wilma Harmsen	Nee, niet dat ik weet. Er stond niemand bij me in de buurt.
Agent	Mag ik dan uw naam en, eh, uw adres? Ja, nu nog het telefoonnummer. En de stad is ...
	...
	Wilt u hier even tekenen?
Wilma Harmsen	Even mijn pen pakken. Oh, hoe kan dat nou!
	Wat gek! De pinpas zit in de zak van mijn jas. Sorry, hoor. Dat is niet erg slim van me.
Agent	O, dat geeft niet. Iedereen maakt wel eens een fout. Dag mevrouw.
Wilma Harmsen	Het spijt me echt heel erg.
	Dag meneer.

2 Apologizing and granting forgiveness

apologizing		*reaction*	
Sorry!	**Sorry!**	**Het geeft niet.**	**That's alright.**
Het spijt me!	**I am sorry!**	**Het maakt niet uit.**	**It doesn't matter.**
Neem me niet kwalijk!	**I am sorry!**	**Maakt u zich geen zorgen**	**Don't worry**

- Sorry, hoor!
- 't Geeft niet.
- Het spijt me echt heel erg.

3 Vocabulary

het politiebureau [–s]	police station
de agent [–en]	policeman
de pinpas [-sen]	cash card
stelen [stal, gestolen]	to steal
gebeuren [gebeurde, gebeurd]	to happen
pakken [pakte, gepakt]	to get
toen	then, when
weg	away, gone
overal	everywhere
zoeken [zocht, gezocht]	to search
nergens	nowhere, not anywhere
vinden [vond, gevonden]	to find
ik weet zeker...	I am sure...
verliezen [verloor, verloren]	to loose
iemand	someone/–body, anyone/–body
niemand	nobody, no one
in de buurt	*here*: around
tekenen [tekende, getekend]	to draw; *here*: to sign
de pen [–nen]	pen
hoe kan dat nou!	how on earth can that be!
gek	odd
de zak [–ken]	pocket
de jas [–sen]	coat
slim	clever(ly)
wel eens	sometimes
de fout [–en]	mistake
heel erg	dreadful(ly)

4 True or false?

Text C01 'Op het politiebureau'.
First read the statements. Then listen.

1 Het geld van Wilma Harmsen is weg. waar/niet waar
2 Wilma Harmsen vindt haar pinpas in haar jas. waar/niet waar
3 De agent zegt dat Wilma erg dom is. waar/niet waar

5 Matching

Which answer would be correct?

You may use each sentence only once.

1	Ik heb geen geld bij me. Jij wel?	a	Wat jammer. Geef dan maar wijn.	1 =
2	Pas op! mijn bril.	b	Het spijt me. Die liggen thuis.	2 =
3	Het spijt me. Ik heb geen bier.	c	't Geeft niet. Ik betaal wel.	3 =
4	Waar zijn de kaartjes?	d	Morgen misschien?	4 =
5	Sorry! Ik heb nu geen tijd.	e	Neem me niet kwalijk!	5 =

6 Fill in:

Change the form of the verb when required.
fout / gebeuren / iemand / jassen / pen / tekenen / verliezen / vinden / weg / zak

1 Ik heb mijn paspoort ____________. Ik laat nu op de bank mijn rijbewijs zien.

2 Zo, als u hier even ____________, is de auto van u.

3 Waar is mijn ____________? Ik wil even iets opschrijven.

4 Is Peter te laat? Wat gek, dat ____________ bijna nooit.

5 Mevrouw, ik heb al twee keer aan iemand gevraagd waar het politiebureau is, maar ik kan het niet ____________.

6 Hallo! Is hier ____________?

7 Peter? Een halfuur geleden was hij hier nog, maar nu is hij ____________.

8 Neem me niet kwalijk, dat is mijn ____________. Ik heb niet goed gekeken.

9 Lange ____________ zijn niet handig op de fiets.

10 Mijn pinpas zit in de ____________ van mijn jas.

7 Fill in:

gestolen / heel erg / pakken / pinpas / politiebureau / toen / zak

1 ____________ ik in Amsterdam was, hebben ze mijn geld ____________.

2 Ik zat in de tram. Ik wilde mijn kaartje ____________, maar het was weg.

3 Ik had mijn ____________ nog wel.

4 Dat zat in een andere ____________. Dus zat ik niet zonder geld.

5 Toch vond ik het ____________. Ik ben wel meteen naar het ____________ gegaan.

8 Matching opposites

1 iemand	a nergens	1 =
2 iets	b gewoon	2 =
3 overal	c slim	3 =
4 verliezen	d vinden	4 =
5 dom	e niets	5 =
6 gek	f niemand	6 =

9 Put in the right order

Reconstruct a summary of 'Op het politiebureau.'
Find the information you need in text 1.

a	Wilma vindt haar pinpas weer.	1 =
b	Ze zegt dat ze dom is geweest.	2 =
c	Dan vraagt hij of ze wil tekenen.	3 =
d	Wilma Harmsen gaat naar het politiebureau.	4 =
e	Ze zegt dat haar pinpas is gestolen.	5 =
f	De agent vraagt waar en hoe het gebeurd is.	6 =
g	Ten slotte zegt ze dat het haar spijt.	7 =

10 C02 How many words do you hear?

11 C03 Listen to C01 and repeat: 'Op het politiebureau'

12 Text / C04 Is er een bank in de buurt?

It's 3:55 and Dick McGee stops a passerby to ask him a question.

Dick McGee	Pardon, is er hier ergens een bank in de buurt?
Voorbijganger	Even denken … Ja, dan moet u hier oversteken. Bij de bakker op de hoek gaat u linksaf. U loopt rechtdoor de brug over. Dan neemt u de eerste straat rechts. De bank is aan de linkerkant recht tegenover de kapper.
Dick McGee	Dus hier oversteken, bij de bakker linksaf, rechtdoor de brug over en dan de eerste straat rechts. Klopt dat?
Voorbijganger	Ja, dat is juist. Weet u dat de bank om vier uur sluit?
Dick McGee	O, wat vervelend! Nee, dat wist ik niet.
Voorbijganger	Maar er is wel een geldautomaat.
Dick McGee	O, dat is ook goed. Dank u wel.

13 Asking for confirmation and answer *function*

Question		*Positive answer*	
Klopt dat?	**Is that right?**	**Ja, dat klopt.**	**Yes, that's right.**
Is dat juist?	**Is that correct?**	**Ja, dat is juist.**	**Yes, that's right.**
Dus [+ repetition]?	**So ..., right?**		
..., hè?	**..., are you? etc.**		

Negative answer

Nee, dat klopt niet.	**That's not right.**
Nee, dat is niet juist.	**That's not right.**

– Dus hier oversteken, (...) Klopt dat?
– Ja, dat is juist.

– Jij komt niet uit Nederland, hè? (lesson 1)
– Nee, ik kom uit Frankrijk.

14 Vocabulary

de voorbijganger [–s]	passerby
ergens	somewhere
de buurt	neighbourhood; *here*: near here
even denken	let me think
oversteken [stak over, overgestoken]	to cross
de bakker [–s]	baker's
de hoek [–en]	corner
links(af)	(to the) left
rechtdoor	straight on
de brug over	across the bridge
de brug [–gen]	bridge
rechts (af)	(to the) right
de linkerkant	left–hand side
recht tegenover	straight opposite
de kapper [–s]	hairdresser's
sluiten [sloot, gesloten]	to close
vervelend	annoying
geldautomaat [–automaten]	cash machine
ook goed	alright

15 True or false?

1 Dick McGee zoekt een bakker. waar/niet waar
2 De bakker is in de straat waar Dick McGee is. waar/niet waar
3 De bank is recht tegenover de bakker. waar/niet waar
4 Het is half vijf. waar/niet waar
5 Er is een geldautomaat bij de bank. waar/niet waar

16 a or b?

Find the answer in text 12 'Is er een bank in de buurt?'

1 Er is een kapper naast de bank. Klopt dat?
 a Ja, dat klopt.
 b Nee, dat klopt niet.

2 Daar aan de overkant is een bakker. Is dat juist?
 a Dat is juist.
 b Dat is niet juist.

3 Dick moet de brug over en dan naar rechts. Is dat juist?
 a Dat is juist.
 b Dat is niet juist.

4 De bank sluit om vier uur, hè?
 a Dat klopt.
 b Nee hoor, dat klopt niet.

17 Fill in:

bakker / brug / buurt / ergens / gesloten / hoek / kapper / oversteken / recht tegenover / vervelende

1 Wil je even wat brood voor me halen bij de ____________?

2 Ach meneer, wilt u mij helpen met ____________? Ik moet naar de overkant.

3 Wat zie je er mooi uit? Ben je naar de ____________ geweest?

4 In deze ____________ is geen markt. Dan moet je naar het centrum.

5 Mijn pinpas is weg. Heb jij hem ____________ gezien?

6 Heb je gezien dat er een nieuwe geldautomaat is, ____________ het station.

7 Ik wilde boodschappen doen, maar op maandag zijn de winkels hier ____________.

8 Wat een ____________ film! En wat duurde hij lang!

9 Kun je met de fiets over die ____________ of is hij alleen voor de trein?

10 Ze wonen op de ____________ van de Rijnstraat en de Waalstraat.

18 Which word would match the picture?

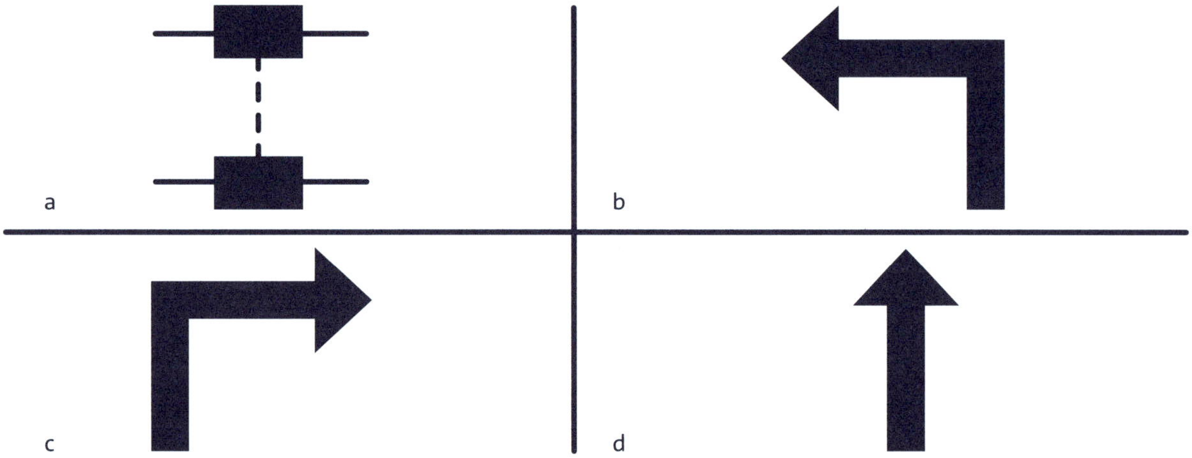

1 rechtsaf	a =
2 rechtdoor	b =
3 recht tegenover	c =
4 linksaf	d =

19 Matching: opposites

1 denken	a daar	1 =
2 eerste	b doen	2 =
3 ergens	c laatste	3 =
4 hier	d links	4 =
5 linkerkant	e nergens	5 =
6 vervelend	f leuk	6 =
7 rechts	g rechterkant	7 =

20 C05 Listen and follow the instructions you hear with your pen.

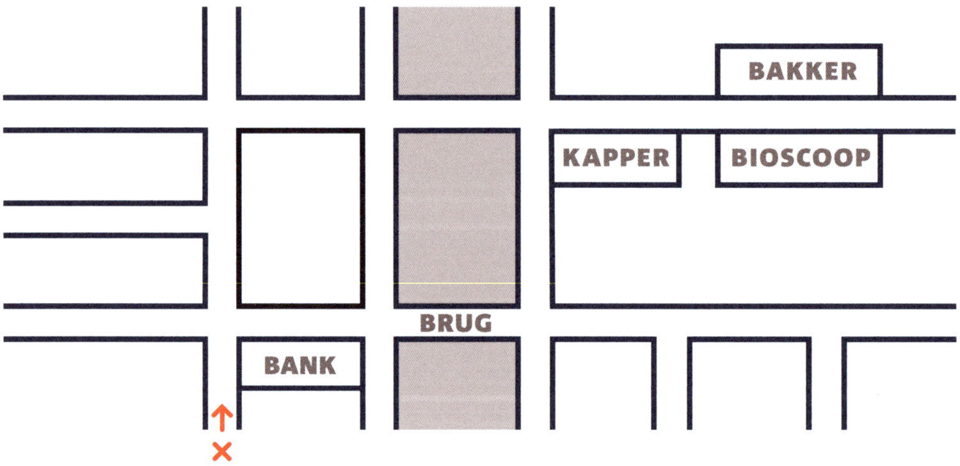

21 C06 Listen to the following instructions and repeat

22 C07 *r* as in *rechtdoor*

Listen to the following words and repeat.

23 Text / C08 • Op het postkantoor

Irene needs to buy stamps and to change money.

Irene Wassink	Dag, tien postzegels van 44 cent graag. Oh, en hoeveel moet er op deze brief?
Lokettist	Naar Australië? Dat is 89 cent.
Irene Wassink	Oké. En hoeveel moet er op een kaart naar Ierland?
Lokettist	Binnen Europa? Voor *priority* 72 cent, voor *standard* 67 cent.
Irene Wassink	Doet u maar priority.
Lokettist	Dat is dan samen 6 euro en één cent.
Irene Wassink	Kan ik hier ook buitenlands geld wisselen?
Lokettist	Ja, dat kan, maar dan moet u bij een ander loket zijn.

24 Inquiring about ability and expressing it *function*

Kan ik ...? / Kunt u ...? / etc.	**Can I ...? / Can you ...?**
Ik kan (niet/geen)... / U kunt (niet/geen) ...	**I / You can('t) ...**

– Kan ik hier buitenlands geld wisselen?
– Ja, dat kan, ...

25 Vocabulary

het (post)kantoor [–kantoren]	(post) office
de post	mail
de postzegel [–s]	stamp
de brief [brieven]	letter
de lokettiste [–s]	(female) counter clerk
Australië	Australia
anders	otherwise
de kaart [–en]	postcard
binnen	in(side), within
Europa	Europe
wisselen [wisselde, gewisseld]	to change (money)
dat kan	you can
het loket [–ten]	counter

26 True or false?

Text C08 'Op het postkantoor'
First read the statements. Then listen.

1 Irene Wassink stuurt een kaart naar Australië. waar/niet waar
2 Irene Wassink koopt een postzegel van 67 cent voor de kaart naar Ierland. waar/niet waar
3 Irene Wassink kan bij een ander loket geld wisselen. waar/niet waar

27 Fill in:

kan ik / kunt u (2x) / kunnen we / u kunt / ik kan

1 ____________ een euro voor me wisselen?

2 U hoeft niet te lopen. ____________ ook een taxi nemen.

3 ____________ onze fiets meenemen in de trein?

4 Het spijt me, ____________ morgen niet op je borrel komen.

5 Ik ga nu naar huis. ____________ nog iets voor je doen?

6 Meneer Gordon, ____________ deze brief even op de post doen?

28 Fill in:

binnen / brief / Europa / kaarten / loket / post / postkantoor / postzegel / wisselen

1 Een postzegel koop je in een ____________.

2 Duitsland ligt in ____________.

3 Als je euro's wilt hebben, moet je geld ____________.

4 Op een brief binnen Nederland moet een ____________ van 44 cent.

5 In het postkantoor moet je wachten voor het ____________.

6 Een kaart ____________ Europa kost € 0,67; priority is duurder.

7 Ik stuur mijn vader iedere maand een ____________ sinds hij in Amerika woont.

8 Is er al ____________? Ik wacht op een belangrijke brief.

9 In mijn vakantie stuur ik ____________ aan de hele familie.

29 Post

Post voor de brievenbus

Nederland		**Europa**	**Buiten Europa**
0-20 gram	€ 0,44	€ 0,70	€ 0,95
20-50 gram	€ 0,88	€ 1,54	€ 1,90
50-100 gram	€ 1,32	€ 2,31	€ 2,85
100-250 gram	€ 1,76	€ 3,08	€ 5,70
250-500 gram	€ 2,20	€ 6,16	€ 10,45

30 Vocabulary

de brievenbus [-sen]	letterbox, mailbox
het buitenland	(a) foreign country
het gram [-men]	gram
de (brief)kaart [–en]	(postal) card
de envelop [–pen]	envelope

31 Read the questions and find the answers in 29

U bent in Nederland. Hoeveel kost ...

1 Een brief van 25 gram naar Spanje? € ____________

2 Een briefkaart naar Engeland? € ____________

3 Een krant van 230 gram naar Nieuw-Zeeland? € ____________

4 Een envelop van 275 gram naar een stad in Nederland? € ____________

5 Een cd (90 gram) naar België? € ____________

32 Fill in:

brief / brievenbus / buitenland / gram / priority

1 A Hoeveel moet er op een ____________ naar Canada?

2 B Geen idee. Ik weet alleen dat het naar het ____________ duurder is.

3 Als je hem met ____________ opstuurt, is het ook duurder.

4 En boven 20 ____________ wordt het ook duurder.

5 En de envelop moet in een ____________ passen.

A Nou eh, bedankt.

33 C09 Do you hear *v* or *w* ?

Listen to the following words.
When you hear **w** as in *wisselen*, write a 'x'. When you hear **v** as in *vinden* don't write anything.

1	2 **x**	3	4	5	6	7	8	9	10

QUIZ

PART 1 WHAT WOULD YOU SAY?

1 Je had toch even kunnen zeggen dat je wilde vertrekken?
- a Ja, het spijt me.
- b Wat jammer.
- c Wat gek!

2 U hebt nu een ander telefoonnummer, hè?
- a Dat geeft niet.
- b Ja, dat klopt.
- c Ook goed.

3 Ik kom iets later vanavond.
- a Nee, dat is niet juist.
- b Niet dat ik weet.
- c O, dat geeft niet.

4 Kunt u misschien een tientje wisselen?
- a Nee, dat klopt niet.
- b Ja, dat is juist.
- c Ja, dat kan.

5 U kunt hier alleen iets drinken.
- a Het is heerlijk.
- b Mag ik een broodje met kaas?
- c Neem me niet kwalijk.

6 Klopt het dat luchtpost duurder is dan post per boot of trein?
- a Dat geeft niet hoor.
- b Dat is erg jammer.
- c Dat klopt, ja.

PART 2 FILL IN:

anders / brief / ergens / gepakt / overal / postzegel / slim / sluit / vinden / weg / zwaarder

Peter en Wilma

1 P Ik kan mijn agenda nergens ____________. Heb jij hem toevallig ____________ gezien?

2 W Nou, niet dat ik weet. Volgens mij heb je hem net nog van de tafel ____________.

3 P Ik begrijp er niets van. Ik heb ____________ al gezocht. Hij is gewoon ____________.

4 W Eens even denken... Hé, je hebt toch net andere kleren aangetrokken?

Misschien zit hij nog in de zak van je pak.

Irene en Dick

5 I Als je toch naar het postkantoor gaat, wil je dan deze ________ voor me meenemen?

6 D Natuurlijk, geef maar. Hé, er zit geen ________ op, weet je dat?

7 I O, lekker ________ van mij! Ik zal er even één op doen. Alsjeblieft.

8 D Dank je. Is hij niet ________ dan 20 gram?

9 I Nee hoor, ________ had ik er geen 44 cent op gedaan!

10 D Nou, ik ga snel, want het postkantoor ________ al om vijf uur. Dag.

PART 3 MATCHING

1	En dan is het politiebureau aan de linkerkant?	a	Ja, natuurlijk.	1 =
2	Kun je me even helpen zoeken?	b	Dat is ook goed.	2 =
3	Het spijt me, maar ik kan niet om acht uur.	c	Ja, dat klopt.	3 =
4	Ik kom liever zaterdag.	d	O, het spijt me zo!	4 =
5	Pas op mijn auto! O jee...	e	Hè, vervelend.	5 =

PART 4 LISTEN TO TEXT C04 'IS ER EEN BANK IN DE BUURT?' COMPLETE THE SENTENCES.

Dick McGee — Pardon, is er hier ergens een bank ________ de buurt?

Voorbijganger — Even denken...

Ja, dan moet ________ hier oversteken.

Bij de bakker op de ________ gaat u linksaf.

U loopt rechtdoor de ________ over.

Dan neemt u de eerste straat ________.

De bank is aan de linkerkant recht ________ de kapper.

Dick McGee — Dus hier oversteken, bij de ________ linksaf, rechtdoor de brug over

en dan de eerste straat rechts.

Klopt dat?

Voorbijganger	Ja, dat __________ juist.
	Weet u dat de bank om __________ uur sluit?
Dick McGee	O, wat vervelend! Nee, dat __________ ik niet.
Voorbijganger	Maar er is wel een __________.
Dick McGee	O, dat is ook goed. Dank u __________.

LES 12 - LESSON 12

12 / C01 Benzine tanken

Eric has just put 25 liters of petrol in his rental car. Now he's about to pay.

1 Text • Benzine tanken

Pompbediende	Dat is dan € 40,-, meneer.
Eric	Wat zegt u! Dat kan toch niet.
Pompbediende	Kijk, daar staat het: Euro95, € 1,60 per liter.
Eric	Even rekenen... Dat is ruim zes euro voor een gallon. Wat duur!
Pompbediende	Betaalt u contant of wilt u pinnen?
Eric	Nou, met mijn creditcard. Als het kan tenminste.
Pompbediende	Wilt u hier even tekenen?
	...
Eric	O, nog iets. Mijn banden zijn te zacht. Kunt u er wat lucht bij doen?
Pompbediende	Dat mag u zelf doen, meneer. Bij de deur links, tegen de muur.
Eric	Ja, bedankt en tot ziens.

2 Vocabulary

de benzine	petrol, gas
tanken [tankte, getankt]	to fill up
de pompbediende [–s]	service station attendant
dat kan niet	that's not possible
daar staat het	it's written there
Euro95	unleaded petrol, gas
de liter [–s]	litre
rekenen [rekende, gerekend]	to figure

de gallon	gallon
contant	cash
pinnen	to pay by switch card
de creditcard	credit card
de band [–en]	tyre, tire
de lucht	air
(er iets) bij doen	to add
de deur [–en]	door
de muur [muren]	wall

3 True or false?

Text C01 'Benzine tanken'.
First read the statements. Then listen.

1 Eric vindt de benzine in Nederland goedkoop. waar/niet waar
2 Eric neemt Euro95. waar/niet waar
3 De pompbediende helpt Eric met de banden van zijn auto. waar/niet waar

4 Fill in:

band / benzine / bij doen / contant / deur / lucht / muur / rekenen / tanken

1 Zet je fiets maar tegen die ___________ daar.

2 Hoeveel liter ___________ heb je getankt?

3 Als het vliegtuig in de ___________ is, mag u weer roken.

4 Zit er genoeg melk in je koffie of moet ik er wat ___________?

5 A 68 en 23 is tweeënnegentig.

B Kun je niet ___________? Dat is toch eenennegentig.

6 Als de ___________ gesloten is, moet je even wachten.

7 Nee, u kunt niet pinnen meneer, u moet ___________ betalen.

8 Zal ik een nieuwe ___________ op je fiets zetten?

9 We hebben niet veel benzine meer. Ga jij even ___________?

5 maten

American:		*British English:*	
1 quart	= 0,946 liter	1 quart	= 1,136 liter
1 gallon	= 3,785 liter	1 gallon	= 4,546 liter
1 liter	= 1.057 quarts	1 liter	= 1.76 pints
1 liter	= 0.264 gallons	1 liter	= 0.22 gallons

6 For which of the following products would you use a litre measure?

1 melk
2 suiker
3 frisdrank
4 pils
5 benzine
6 soep
7 sinaasappels
8 patat
9 zout
10 olie

7 Text / C02 • Mijn auto doet het niet

Sietske Boersma is calling a garage because the engine of her car won't start.

Receptioniste	Garage Post.
Sietske Boersma	Met Sietske Boersma. Mijn auto is kapot. Hij wil niet starten en mijn verlichting doet het ook niet meer.
Receptioniste	Ik verbind u door met de monteur.
Monteur	Met Agelink, zegt u 't maar.
Sietske Boersma	Ja, met Sietske Boersma. Ik heb een probleem met mijn auto. Hij wil niet starten.
Monteur	Zit er wel benzine in?
Sietske Boersma	Natuurlijk. Dat heb ik gecontroleerd. De tank is nog helemaal vol. Misschien is er ergens een draad los.
Monteur	Hm. De accu waarschijnlijk. We komen wel even kijken. Waar staat hij?
Sietske Boersma	Op de Middenweg bij nummer 230
Monteur	Wat is uw telefoonnummer?
Sietske Boersma	6839233.
Monteur	En uw kenteken?
Sietske Boersma	LX–08–KT.
Monteur	We komen eraan.
Monteur	Hm. De accu is het niet. We nemen hem mee. Als hij gerepareerd is, bellen we u terug.
Sietske Boersma	Het lijkt me beter dat ik even bel wanneer ik hem kan komen halen.
Monteur	Dat mag ook. Dag mevrouw.
Sietske Boersma	Dag meneer.

8 Telephone *function*

Answering a call: **(Met) ... *(name)***
Calling: **Met ... *(name)***

– Garage Post
– Met Sietske Boersma.

Asking for extension:

Kunt u mij doorverbinden met ...? — **Could you put me through to ...?**

– Kunt u mij dan doorverbinden met een monteur?

Announcing a new call:

Ik bel u terug. — **I'll call you back.**

– Als hij gerepareerd is, bellen we u terug.

9 Vocabulary

mijn auto doet het niet	my car doesn't work
de receptioniste [–s]	receptionist [woman]
de garage [–s]	garage
kapot	broken; *here*: broken down
starten [startte, gestart]	to start
de verlichting	lights
doorverbinden [verbond door, doorverbonden]	to put through
de monteur [–s]	mechanic
zegt u het maar	what can I do for you?
het probleem [problemen]	problem
controleren [controleerde, gecontroleerd]	to check
de tank [–s]	tank
helemaal	completely
vol	full
de draad [draden]	thread; *here*: wire
los	loose
de accu	battery
waarschijnlijk	probably
de (Midden)weg [wegen]	road
het kenteken [–s]	registration/license number
we komen eraan	we are on our way
repareren [repareerde, gerepareerd]	to repair
terugbellen [belde terug, teruggebeld]	to call back
beter	better
hem kan komen halen	can pick it up
halen [haalde, gehaald]	to get, to fetch
dat mag ook	that's alright

10 True or false?

Text C02 'Mijn auto doet het niet'.
First read the statements. Then listen.

1 Sietske belt de garage en krijgt meteen een monteur aan de telefoon. waar/niet waar
2 Sietske moet de auto zelf naar de garage brengen. waar/niet waar
3 Sietske belt de garage als ze wil weten of de auto gerepareerd is. waar/niet waar

11 Fill in:

beter / garage / helemaal / kapot / kenteken / monteur / repareren / starten / verlichting

Mijn auto was ____________. Hij deed het ____________ niet meer: niet ____________, geen ____________.

Helemaal niets. Toen heb ik de ____________ gebeld. Ze stuurden een ____________. Die zag meteen aan mijn ____________ dat het een oude auto was. Hij zei: 'Die kan ik niet meer____________ Dat wordt veel te duur. U kunt ____________ een andere auto kopen.'

12 Fill in:

met / nummer / spreek / telefoneren / telefoon

Conversation 1

1 A Mag ik even ____________?

2 B Gaat uw gang. Daar is de ____________.

3 C ____________ Van der Heiden.

4 A Pardon. ____________ ik niet met de opera?

5 C Nee, dit is ____________ 551 89 23

A Het spijt me. Goedemiddag.

13 Fill in:

dag / doorverbinden / in gesprek / met / terugbellen

Conversation 2

B De opera. Goedemiddag.

1 A Goedemiddag, ____________ Albert Wesseling.

Ik wil graag twee kaartjes voor de Figaro.

2 B Een ogenblikje, ik zal u ____________.

B Het spijt me, maar dat nummer is ______________.

Kunt u straks nog even ______________?

A Ja hoor. Dank u wel.

3 B ______________, meneer.

14 Fill in:

Change the form when required.
auto / controleren / draad / halen / losser / probleem / repareren / terugbellen / vol / weg

1 Kun je even ______________ of de verlichting het wel doet?

2 Heb je weleens gezien hoeveel ______________ er in een televisie zitten?

3 In de vakantie is het altijd heel druk op de Franse ______________.

4 Ik koop een nieuwe auto, want de oude kunnen ze niet meer ______________.

5 De heer Van Doorn is er niet. Kan hij u straks even ______________?

6 Kun je even bij de bakker broodjes ______________?

7 Sorry, de bus is ______________. U moet wachten op de volgende.

8 Pff, ik krijg bijna geen lucht. Ik doe mijn stropdas een beetje ______________.

9 Je wordt te dik. Je moet je ______________ minder gebruiken.

10 Agent, ik heb een ______________ Mijn auto is weg!

15 C03 Read the following questions

Listen again to C02 'Mijn auto doet het niet' and answer the questions.
Don't look at the text.

1 Wat is Sietskes achternaam?
2 Waar staat Sietskes auto?
3 Wat is Sietskes telefoonnummer?
4 Wat is het kenteken van haar auto?

16 C04 eu as in *monteur*

Listen to the following words. When you hear **eu** as in *keuken* or *monteur*, write a 'x'.

1	2	3	4	5	6	7	8	9	10
x									

17 / C05 Listen to the following words and repeat

18 C06 Text • Dat mag niet

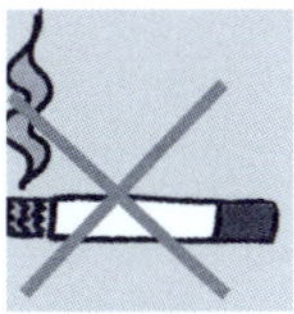
Niet roken.

Ssst. Niet praten.

Au! Niet bijten!

Bah! Niet opeten.

Hé! Niet slapen.

Reizigers, niet instappen

Binnen zonder kloppen

19 Vocabulary

ssst!	sh!
au!	ouch!
bijten [beet, gebeten]	to bite
bah!	yech!
opeten [at op, opgegeten]	to eat (up)
hé!	hey!
slapen [sliep, geslapen]	to sleep
de reiziger [–s]	here: passenger
instappen [stapte in, ingestapt]	to get in/on, to board
zonder	without
kloppen [klopte, geklopt]	to knock

20 Text / C07 • U mag hier niet parkeren

John Kroes is trying to park on the pavement just across from the butcher's.

Agent	U mag hier niet parkeren, meneer.
John Kroes	Eventjes maar, ik moet naar de slager.
Agent	Nee meneer, u moet echt een andere plaats zoeken. U hoeft niet lang te zoeken. Daar is nog plaats genoeg.

21 Stating that permission is withheld *function*

Niet ... (alstublieft/alsjeblieft)	**(Please) don't ...**
U mag niet ...	**You shouldn't ... / You're not allowed ...**

– Niet praten!

– U mag hier niet parkeren, meneer.

22 Vocabulary

parkeren [parkeerde, geparkeerd]	to park
eventjes maar	for just a moment
de slager [–s]	butcher's
plaats genoeg	enough space

23 Fill in:

au / bah / binnen / hé / niet instappen / sst

1 ____________, die soep is heet!

2 ____________, wat leuk! Dat is Marijke.

3 ____________, die koffie is niet lekker meer.

4 ____________, ik kan zo niet bellen.

5 En toen zei ik: ' ____________' Maar er kwam niemand.

6 Daar komt de trein, maar daar staat: ____________.

24 Fill in:

beet / genoeg / kloppen / opeten / parkeren / reizigers / slager / slapen / zonder

1 In het centrum mag je je auto bijna nergens ____________.

2 Ik ga snel even naar de ____________. Ik moet nog vlees halen.

3 Wil je de radio zachter zetten? Ik kan zo niet ____________.

4 Bah! Aardappels ____________ zout vind ik niet lekker.

5 ____________ naar Praag moeten nu instappen.

6 Als je het niet lust, moet je het niet ____________.

7 We hebben tijd ____________. De trein komt pas over twintig minuten.

8 Als je daar naar binnen gaat, moet je eerst even ____________.

9 Ik ____________ in de appel.

25 C08 Listen and repeat

26 Grammar

Nee meneer, U **moet** echt een andere plaats zoeken.
U **hoeft niet** lang te zoeken.

For the negation of **moeten** see Grammar Section 19.
See also lesson 8, 4.

27 Fill in:

te / ø (nothing)

1 Uw auto is klaar. Komt u hem halen?

Als u na vier uur komt, hoeft u niet ________ bellen.

Maar u moet wel voor zes uur ________ komen.

2 Moet ik nu ________ betalen of krijg ik een rekening?

Nu graag. U hoeft dat niet contant ________ doen. Met een creditcard is ook goed.

3 St! Je moet niet zo hard ________ praten. Niet iedereen hoeft het ________ horen!

28 Text / C09 Roken verboden

Op veel plaatsen in Nederland is roken verboden. Je mag bijvoorbeeld niet roken in ziekenhuizen, zwembaden, sporthallen, scholen, enzovoort. Roken is namelijk niet alleen slecht voor de roker zelf maar ook voor de niet–roker. Op dit moment zijn er in Nederland ± vijf miljoen rokers en elf miljoen niet–rokers. De niet-rokers worden gedwongen 'mee te roken' met de rokers. Daarom mag er in openbare gebouwen niet gerookt worden. Zestig procent van de rokers vindt dat een goed idee. Ten slotte vindt vijfenzeventig procent van alle Nederlanders dat je geen last van rokers hoeft te hebben als je zelf niet rookt.

29 Vocabulary

verboden	forbidden, no ...
het ziekenhuis [–huizen]	hospital
het zwembad [–en]	pool
de sporthal [–len]	sports centre
enzovoort	et cetera, and so on
namelijk	the fact is ...
niet alleen	not only
de roker [–s]	smoker
het moment [–en]	moment
het miljoen [–en]	million
worden	be (see grammar section 20)
gedwongen	*from* 'dwingen'
dwingen [dwong, gedwongen]	to force
'mee te roken'	'to smoke along' (= passive smoking)

er mag niet gerookt worden	smoking is not permitted
daarom	that's why, so
het procent [–en]	percent
al(le)	all
openbaar	public
het gebouw [–en]	building
last hebben van	to be bothered

30 True or false?

Text 26 / C09 'Roken verboden'.
First read the statements and the questions.
Then find the answers in the text.
Then listen and read along.

1 80% van de Nederlanders rookt. waar/niet waar
2 Roken is in alle openbare gebouwen verboden. waar/niet waar
3 Welke openbare gebouwen staan er in de tekst?
Schrijf er drie op.

1 ____________

2 ____________

3 ____________

4 Er zijn ± ____________ miljoen Nederlanders.

5 60% van de rokers
a rookt in alle openbare gebouwen.
b vindt dat roken overal verboden moet zijn.
c vindt dat je in sommige gebouwen niet mag roken

6 'Niet–rokers hoeven niet mee te roken als ze dat vervelend vinden,'
vinden ± elf miljoen Nederlanders. waar/niet waar

31 Fill in:

Change the form of the words when required.
dwingen / enzovoort / namelijk / school / op dit moment / slecht / verboden / ziekenhuis / zwembad

1 Het is ____________ om voor het station te wachten met je auto.

2 Mijn moeder ligt in het ____________. Ik ga haar morgen bezoeken.

3 Zullen we naar het ____________ gaan? Ik heb al zo lang niet meer gezwommen.

4 Kinderen, het is kwart voor negen. Jullie moeten naar ____________.

5 Op de markt kun je goedkoop kleren kopen: broeken, sokken, ____________.

6 Je moet niet te veel eieren eten. Dat is ______ niet goed voor je.

7 In dat restaurant moet je niet gaan eten. Het eten is er ______.

8 Je moet het echt zelf willen: ik kan je niet ______.

9 Ik heb vroeger veel gerookt, maar ______ rook ik niet.

32 Which word would be appropriate?

1 In een zwembad kun je ______.

2 In een sporthal kun je ______.

3 Niet–rokers willen niet ______.

4 % = ______.

5 6.000.000 = zes ______.

6 Een gebouw waar iedereen in mag, is een ______ gebouw.

33 Grammar

Ten slotte vindt 75% van alle Nederlanders dat ______.
For the use of *al* see Grammar Section 21

34 Fill in:

al het / alle

1 ______ kinderen vonden het een leuk feestje.

Eerst dronken ze ______ frisdrank op en daarna aten ze ______ koekjes op.

Toen ook ______ ijs op was gingen ze weer naar huis.

2 In ______ nieuwe auto's kun je Euro95 doen.

3 Toen ______ contante geld op was, hebben we onze creditcard gebruikt.

4 Mijn auto deed het niet meer: ______ benzine was op.

5 Sorry, ______ monteurs zijn al naar huis: we kunnen u niet helpen.

35 Grammar

De rokers **worden gedwongen** mee te roken.
For the *passive form* see Grammar Section 20.

36 Follow the instructions

Look at the following sentences.
Mark the ones that contain a passive construction.

Example: U *wordt* straks door ons *gebeld*.
Uw auto *is gerepareerd*, mevrouw.

1 Je mag hier niet parkeren.
2 Mijn auto wil niet starten.
3 Uw auto kan niet worden gerepareerd.
4 Sietske werd doorverbonden met een monteur.
5 Ik heb mijn pinpas niet gevonden.
6 Haar pinpas is gestolen.
7 Mijn moeder maakt mijn broek langer.
8 Mijn broek is langer gemaakt.
9 John Kroes werd gedwongen een andere plaats te zoeken.

37 C10 Listen to the following words and repeat

QUIZ

PART 1 WHAT WOULD YOU SAY?

1 Bioscoop Trianon, goedemiddag.
  a Hallo.
  b Ja, bedankt.
  c Met Erik Boersma.

2 Meneer, u mag hier niet met de auto komen!
  a Dat kan me niets schelen.
  b Dat mag u zelf doen.
  c We komen eraan.

3 Kunt u mij doorverbinden met de receptioniste?
  a Ja, een ogenblikje graag.
  b Ja, nog iets.
  c Zegt u het maar.

4 Hé, niet doen alsjeblieft!
  a Dat kan toch niet.
  b Hé, wat leuk.
  c Het spijt me.

5 Kun je over een uurtje even terugbellen?
  a Het spijt me, maar dan ben ik weg.
  b Het spijt me, die is in gesprek.
  c Ja bedankt en tot ziens.

6 Vindt u het erg als ik hier rook?
  a Nee, dank je.
  b Nou, liever niet.
  c Roken verboden.

PART 2 FILL IN AND CHANGE THE FORM WHEN REQUIRED.

beter / dat kan niet / gebouw / halen / kenteken / namelijk / parkeren / plaatsen genoeg / slecht / verboden / vol / waarschijnlijk

Sietske belt het Concertgebouw.

1 S Heeft u nog kaarten voor het concert van zondagmiddag of zit het al ____________?

2 A Nee mevrouw, ____________ nog! Zegt u maar hoeveel.

3 S Vier graag. En eh, dan nog een vraag. Kun je ____________ vóór het Concertgebouw?

4 A Nee mevrouw, niet voor het ____________ zelf, dat is____________.

Michel en Hans op straat

5 M Kun je dat ____________ van die rode autoecht niet lezen? Nou, dan heb je echt heel ____________ ogen!

6 H Ja, dat klopt. Ik moet ____________ een bril.

Anna en Paul, thuis

7 A Zeg Paul, ____________ jij nog even wat bier zo?

8 P Nee, ____________, want Erik belt me zo terug.

9 A Hè, wat vervelend. Mijn auto is ____________ bij de garage.

10 P Nou, dan ga je toch lopen? Dat is ook veel ____________ voor je!

PART 3 WHICH WORD IS CORRECT?

1 A Heb je al het / alle brood opgegeten? Nou, je wordt bedankt!
2 B Nou, ik hoef / moet zo toch naar de slager en dan ga ik voor jou wel even naar de bakker.

3 A Joh, neem nog wat. Al het / alle eten moet op.
4 B Nee, dank je, ik hoef / moet echt niet meer. 't Was heerlijk zo.

5 A Hij heeft al het / alle muziek van Bach op cd, wist je dat?
6 B Nou, ik wilde hem net iets van Bach geven, maar dat hoeft / moet dus niet meer.

PART 4 LISTEN TO TEXT C01 'BENZINE TANKEN.' COMPLETE THE SENTENCES.

Pompbediende en Eric

P Dat is dan € 40,–, meneer.

E Wat zegt ____________! Dat kan toch niet.

P Kijk, daar staat ____________: Euro95, €1,60 per liter.

E Even rekenen... Maar ____________ is zes euro voor een gallon. Wat duur!

P Betaalt u contant of wilt u ____________?

E Nou, met mijn creditcard. Als dat kan ____________.

P Wilt u hier even tekenen?

E O, nog ____________. Mijn banden zijn te zacht.

Kunt u ____________ wat lucht bij doen?

P Dat mag u ____________ doen, meneer.

Bij de deur links, tegen ____________ muur.

E Ja, bedankt en tot ziens.

LES 13 - LESSON 13

13 / C01 Een baby

Ton is calling his aunt Irene because his sister has just had a baby.

1 Text • Een baby

Ton	Heb je het al gehoord? Liesbeth heeft een zoon.
Irene	Wat leuk! Wanneer is hij geboren?
Ton	Vanmorgen heel vroeg. Om half zes geloof ik. Het is heel vlug gegaan.
Irene	Hoe heet hij?
Ton	Kasper Jeroen. Maar ze noemen hem Kas.
Irene	Leuke naam.
Ton	Het is een flinke baby: hij weegt 8 pond. En hij lijkt op zijn vader.
Irene	En hoe voelt Liesbeth zich?
Ton	Prima. Jaap zegt dat ze nog wel erg moe is.
Irene	Dus nu ben je oom.
Ton	Ja. Hartstikke leuk. Vanmiddag ga ik meteen even bij ze langs.

2 Reporting *function*

Hij zegt dat ...	**He says (that) ...**
Ze denkt dat ...	**She thinks (that) ...**

– Hoe voelt Liesbeth zich?
– Jaap zegt dat ze nog wel erg moe is.

3 Vocabulary

de baby [–'s]	baby
de zoon [zonen, zoons]	son
geboren	born
vanmorgen	this morning

vroeg	early
geloven [geloofde, geloofd]	to believe
vlug	fast, quick
noemen [noemde, genoemd]	to call, to mention
flink	big
wegen [woog, gewogen]	to weigh
lijken op	to be / look (a)like
(zich) voelen [voelde, gevoeld]	to feel
moe	tired
Jaap zegt dat ...	for word order see grammar section 4B
de oom [–s]	uncle
hartstikke leuk	fantastic
vanmiddag	this afternoon
langsgaan [ging langs, langsgegaan]	to drop in

4 True or false?

Text C01 'Een baby'.
First read the statements. Then listen.

1 De baby weegt 800 gram. waar/niet waar
2 Kas lijkt op zijn vader. waar/niet waar
3 Ton gaat morgen langs bij zijn zuster. waar/niet waar

5 pound and pond

1 kilo = 2 pond
1 pond = 500 gram = 1.1 pound
1 pound = 0,454 kg (kilogram)

Hoeveel weegt Kas? ____________ (lbs).

6 Fill in:

hartstikke leuk / heet / langsgaan / noemen / vanmorgen / vroeg / weegt / zoon / zwaar

A Wat is het?

1 B Een ____________.

2 A Hoe ____________ is hij?

3 B Hij ____________ 6 pond.

4 A Hoe ____________ hij?

5 B Ze ____________ hem Ezra.

6 A Wanneer zullen we bij ze ____________?

____________ of vanmiddag?

7 B Nu is het nog te ____________

We gaan morgen wel.

8 A Ik vind het ____________!

7 Fill in:

Change the form of the words when required.
baby / geboren / flink / geloven / moe / noemen / oom / vanmorgen / vlug / voelen

1 Anna en Kees hebben een ____________ gekregen. Ze heet Clara en ze weegt zeven pond.

2 De broer van mijn moeder is mijn ____________ .

3 Er worden in Nederland minder kinderen ____________ dan vroeger.

4 Ik? Ik voel me goed. Ik heb ____________ nog lekker gezwommen.

5 Jaap, kom eens ____________ hier. Ik wil je wat laten zien.

6 – Hoeveel koekjes heb jij gehad, Peter?

– Oh, twee, ____________ ik.

7 Hij heet eigenlijk Wilfried, maar iedereen ____________ hem altijd Wif.

8 Ik ga vanavond vroeg naar bed. Ik ____________ me niet lekker.

9 Vandaag heb ik geen zin om naar de bioscoop te gaan. Ik ben ____________.

10 Zijn jullie naar Haarlem gelopen? Dat is een ____________ afstand!

8 Matching Opposites

1 groot	a vervelend	1 =
2 vlug	b zus	2 =
3 broer	c moeder	3 =
4 vader	d slecht	4 =
5 leuk	e klein	5 =
6 prima	f langzaam	6 =

9 Geboortekaartje

Met blijdschap geven wij kennis
van de geboorte van onze dochter

Nina Nadine

23 juli 2010

Frans en Angela Bouwman
Pienemanstraat 11
1072 KE Amsterdam
Tel.: 020-6626729

Angela en Nina rusten van 13.00 tot 15.30 uur.
Voor bezoek graag even bellen.

10 Vocabulary

met blijdschap geven wij kennis	'we are happy to announce'
de geboorte	birth
de dochter [–s]	daughter
rusten [rustte, gerust]	to rest

11 Read the questions and statements

Then find the answers in 9 'A birth announcement card'.

1 Wat is de achternaam van Nina? ....

2 Wanneer is ze geboren? ....

3 Je kunt langsgaan na één uur en voor half vier 's middags. waar/niet waar

4 Frans en Angela willen liever dat je even belt, voordat je komt. waar/niet waar

12 C02 Listen to C01 'Een baby' and repeat

13 Grammar

Hoe voelt Liesbeth *zich*?

For the use of the *reflexive pronoun* see Grammar Section 22.

14 Follow the instructions

Underline the reflexive pronouns in the following sentences.

1 Hij heet eigenlijk Leen van den Toorn. Maar hij noemt zich Lee Towers.
2 Heb je je gesneden? Pas toch op met die messen.
3 Ik voelde me weer eens te dik. Nu weeg ik me iedere dag maar ik ben nog te dik.
4 We willen ons even aan u voorstellen. We zijn van de politie, bureau Tolstraat.
5 Hij voelde zich niet zo goed. Nu rust hij even.

15 Text / C03 • Mijn baas gaat weg

Maartje and Daan are discussing matters concerning Maartje's work.

Maartje	Morgen is er een borrel op mijn werk. Ga je mee?
Daan	Een borrel? Waarom?
Maartje	Mijn baas gaat weg. Hij heeft een nieuwe baan bij een Amerikaans bedrijf in Rotterdam gekregen.
Daan	Waarom zo plotseling? Was er ruzie?
Maartje	Nou nee, maar hij kan daar meer verdienen. De salarissen in het bedrijfsleven zijn veel hoger dan bij de gemeente. Maar het is geen vaste baan.
Daan	Gaat hij ook verhuizen?
Maartje	Misschien. Hij wil het wel maar het schijnt dat zijn oudste dochter hier wil blijven. Die wil niet naar een andere school.
Daan	Ja ja, dat begrijp ik.
Maartje	Je gaat toch wel mee, hè, naar die borrel?
Daan	Ja hoor. Moeten we een cadeautje meenemen?
Maartje	Eigenlijk wel. Maar wat? Hij houdt van oude jenever. Wat vind je van een fles jenever?
Daan	Prima.
Maartje	Koop jij hem of zal ik het doen?
Daan	Ik koop hem wel. Ik moet toch nog boodschappen doen.

16 Inquiring whether an offer or invitation is accepted or declined *function*

Doe je het?	**Will you do it?**
Je doet het toch wel?	**You will do it, won't you?**
Je gaat toch wel?	**You are going, aren't you?**
Je komt toch wel?	**You will come, won't you?**

– Je gaat toch wel mee, hè?
– Ja hoor.

17 Vocabulary

de baas [bazen]	boss
weggaan [ging weg, weggegaan]	to leave
op het werk	at work
de baan [banen]	job
Amerikaans	American
het bedrijf [bedrijven]	company
plotseling	sudden(ly)
de ruzie [–s]	quarrel, argument
verdienen [verdiende, verdiend]	to earn
het salaris [–sen]	salary
het bedrijfsleven	business
hoger (from hoog)	higher

hoog	high
dan	than
de gemeente	municipality (local council, city)
vast	fixed; *here*: permanent
verhuizen [verhuisde, verhuisd]	to move
schijnen [scheen, geschenen]	to seem, appear
oudste (from oud)	oldest
dochter [–s]	daughter
blijven [bleef, gebleven]	to stay
begrijpen [begreep, begrepen]	to understand
het cadeautje [–s]	present
de jenever	Dutch gin
de fles [–sen]	bottle

18 True or false?

Text C03 'Mijn baas gaat weg'.
First read the statements. Then listen.

1 Die ochtend is er een borrel op het werk van Maartje. waar/niet waar
2 Maartje werkt in Rotterdam. waar/niet waar
3 De dochter van de baas wil niet verhuizen. waar/niet waar
4 Daan en Maartje gaan samen naar de borrel. waar/niet waar

19 Fill in:

Change the form when required.
baan / baas / bedrijf / dochter / plotseling / ruzie / schijnen / verdienen / verhuizen / weggaan

1 Ik heb een nieuwe ____________ op mijn werk. Hij is wel aardig, geloof ik.

2 Eric, wil je nu ____________? Ik wil even alleen zijn.

3 Het bedrijf waar ik werk ____________ volgend jaar naar Duitsland.

4 Ik vind mijn werk niet leuk. Ik zoek eigenlijk een andere ____________.

5 Wat een prachtig gebouw! Daar woont niemand, daar zit vast een ____________ in.

6 Ach blijf nog even. Waarom moet je nu zo ____________ weg?

7 Ik praat niet meer met Jack. Ik heb ____________ met hem.

8 Leo en Bertha hebben twee kinderen: een zoon en een ____________

9 Als ik een nieuwe baan krijg, wil ik zeker niet minder ____________

10 Hij ____________ al jaren in het buitenland te werken. Maar ik weet het niet zeker.

20 Fill in:

Change the form when required.
begrijpen / blijven / cadeau / op het werk / vast / fles / gemeente / hoog

1 Dat boek ligt te ___________ voor mij. Wil jij het even pakken?

2 A Werkt Peter bij een bedrijf?

B Nee hij werkt bij de ___________.

3 Ik heb liever een ___________ baan bij de gemeente dan een hoog salaris bij een Amerikaans bedrijf.

4 Eerst wilde dit bedrijf naar het buitenland gaan, maar nu ___________ het toch in Nederland.

5 Je moet geen moeilijke woorden gebruiken, kinderen ___________ dat niet.

6 Leo is morgen jarig. Heb jij al een ___________ voor hem?

7 Zullen we iets drinken? Ik heb nog een ___________ lekkere wijn.

8 Bij mij ___________ hebben we vijf weken vakantie per jaar.

21 Matching opposites

1	dochter	a	nieuw	1 =
2	gemeente	b	minder	2 =
3	vast	c	blijven	3 =
4	oud	d	zoon	4 =
5	meer	e	los	5 =
6	weggaan	f	bedrijfsleven	6 =

22 C04 Listen to the following words and repeat

23 Grammar

Nou nee, maar hij kan daar **meer** verdienen.
Hij wil het wel maar het schijnt dat zijn **oudste** dochter hier wil blijven.

For the comparative and superlative forms of the *adjective* see Grammar Section 23.

24 Fill in:

meer ... dan / hoogste / minder dan / rijkste / beter dan / zwaarste

1 Het ___________ gebouw in Rotterdam is de Euromast.

2 Gaat het dit jaar met Philips ___________ in 2007? Toen ging het niet zo goed.

3 Grote bedrijven hebben op dit moment ___________ problemen ___________ de kleinere.

4 Ik verdien wel ____________ mijn baas, maar ik doe het ____________ werk.

5 Wie is de ____________ vrouw van Nederland?

25 Text / C05 • Een kaart

Beste tante Cora en oom Dik,

Ik ben goed aangekomen. Ook wil ik jullie nog eens bedanken voor de fijne tijd die ik bij jullie gehad heb: het was een heerlijke vakantie. Jammer dat het voorbij is.
Volgens mijn moeder ben ik magerder geworden. Maar ik ben gewoon weer gegroeid, daarom lijk ik magerder. Mijn ouders vragen of jullie volgend jaar bij ons komen.
Dan kunnen we jullie iets van Canada laten zien.

Hartelijke groeten,
Bert

Lieve Susan,

Het congres duurt nog tot maandag. Het is erg interessant. Ik heb daarom toch maar besloten tot het eind te blijven. Er zijn mensen uit veel verschillende landen. Daar praat ik mee aan het ontbijt en tijdens de lunch. Die internationale sfeer maakt het zo bijzonder. Verder geen nieuws. Ik mis je. Tot dinsdag.

Liefs,
Thomas

26 Opening letter *function*

Beste ..., / Lieve ..., — **Dear ...,** informal
Geachte heer / mevrouw ...., — **Dear Mr./Mrs./Ms. ....,** formal

– Beste tante Cora en oom Joop,

– Lieve Petra,

27 Closing letter *function*

(Hartelijke) groeten, — **Best wishes, greetings,**
Liefs, — **Love from ...**
Hoogachtend, — **Yours sincerely,**

– Hartelijke groeten, Bert

– Liefs, Thomas

28 Vocabulary

de tante [–s]	aunt
aankomen [kwam aan, aangekomen]	to arrive
bedanken [bedankte, bedankt]	to thank
fijn	nice, great
voorbij	past, over
mager	thin
groeien [groeide, gegroeid]	to grow
de ouder [–s]	parent
bij ons	at our place
het congres [–sen]	congress, conference
interessant	interesting
besluiten [besloot, besloten]	to decide
mensen	people
het eind(e)	end
verschillend	several, different
het ontbijt	breakfast
tijdens	during
internationaal	international
de sfeer [sferen]	character
verder	further, for the rest
het nieuws	news
missen [miste, gemist]	to miss

29 Matching opposites

1 aankomen	a dik	1 =
2 verhuizen	b hetzelfde	2 =
3 mager	c kleiner worden	3 =
4 oom	d vertrekken	4 =
5 verschillend	e blijven	5 =
6 groeien	f langzaam	6 =
7 plotseling	g tante	7 =

30 Fill in:

Change the form when required.

aankomen / daarom / fijn / groeien / internationale / mager / tante / tijdens / voorbij

1 Mijn oom Cor en ____________ Gerda zijn volgende week allebei jarig. Welk cadeau zal ik ze geven?

2 Hallo Charles, ik denk dat ik om 19.30 uur ____________. Ik kom met de trein.

3 Ik vind het ____________ voor Diana dat ze een nieuwe baan heeft.

4 Nog twee dagen, en dan is de vakantie weer ____________.

5 Goh, wat is tante Catherine ____________ geworden. Eet ze wel genoeg?

6 Tomaten ____________ in Nederland niet goed.

7 ____________ onze vakantie in Nederland zijn we ook nog naar België geweest.

8 Stoppen er op dit station ook ____________ treinen?

9 Ze kan geen leuker werk vinden. ____________ blijft ze maar bij haar oude baas.

31 Fill in:

Change the form when required.

besluiten / eind / land / missen / ontbijt / verder / verschillend / volgens

1 Ik heb ____________ dit jaar niet op vakantie te gaan.

2 De Geleenstraat? Hier rechtdoor, en aan het ____________ van de straat rechts.

3 Piet en Hans zijn broers, maar het zijn heel ____________ mensen.

4 – Hoeveel ____________ zijn er eigenlijk in Zuid–Amerika?

– Tien, geloof ik.

5 Mijn vader eet elke ochtend een ei bij zijn ____________.

6 Nee, vanavond kan ik niet. Er komt een voetbalwedstrijd op de tv, en die wil ik niet ____________.

7 Hij zegt dat hij morgen ook komt, maar ____________ mij komt hij niet.

8 Het ontbijt was niet zo lekker, maar ____________ vond ik het hotel heel goed.

32 Fill in:

bedanken / groeten / heerlijke / interessante / mensen / nieuws / sfeer / verder

Sydney, 13 januari

1 Lieve ______,

2 Ik heb een ______ tijd gehad en ik wil dan ook iedereen nog eens ______ voor wat jullie

3 voor me hebben gedaan: de goede ______, het lekkere eten enzovoort.

4 En dan al die ______ dingen die jullie me hebben laten zien!

5 ______ nog even het laatste ______: ik word vader!

Leuk hè! Volgend jaar komen Edith en ik met de baby.

6 ______, Herman

QUIZ

PART 1 WHAT WOULD YOU SAY?

1 Ga jij volgende week ook naar het congres?
  a Doe je het?
  b Hartstikke leuk.
  c Ik denk het wel.

2 Hij zegt dat hij nu nog maar 80 kilo weegt.
  a Ja, geloof jij het?
  b Ja, volgens mij wel.
  c Nou, dat vind ik ook.

3 Je gaat toch wel even mee een borrel drinken hè?
  a Ja, dat is waar.
  b Nee, dat ben ik niet met je eens.
  c Nou, ik ben nogal moe.

4 Denk je dat je nu stopt met roken?
  a Fijn hoor.
  b Ja hoor.
  c Goed.

5 Dus je neemt die baan echt?
  a Nee, dat maakt me niet uit.
  b Ja, dat begrijp ik.
  c Ja, ik heb het ze al verteld.

6 Kom je ook vanavond naar café Blind Date?
  a Doe je het?
  b Ja, wat denk je?!
  c Wanneer denk je?

PART 2 FILL IN. CHANGE THE FORM WHEN REQUIRED:

baan / begrijpen / besluiten / bij ons / dan / eind / hartstikke leuk / mensen / missen / schijnen / sfeer / verhuizen

Ton en Daan

1 T Wist je al dat Irene en ik ____________ hebben om naar het buitenland te gaan?

2 D Nee, echt waar? En je ____________ dan?

3 T Nou, de ____________ op het werk is de laatste tijd niet zo leuk. Ik vind het niet zo erg om weg te gaan, ____________ je?

4 D Maar Irene zal haar werk wel ____________, denk ik.

5 T Ja, voor haar is het ook moeilijker ____________ voor mij. Maar ik denk dat ze wel snel iets vindt. Ze kent veel ____________ in het internationale bedrijfsleven, dus dat lijkt me geen probleem.

6 D En wanneer ____________ jullie?

7 T ____________ april, dus over drie weken.

8 D Wat snel al! Maar ik vind het ____________ dat jullie het doen. Naar welk land ga je trouwens?

9 T Naar Canada. Het ____________ een mooi land te zijn.

10 D Ja, daar is het toch veel mooier dan ____________.

PART 3 CHOOSE THE RIGHT WORD.

1 A Een dochter lijkt me eigenlijk veel **leuk** / **leuker** dan een zoon, vind je niet?
2 B Oh nee, mij lijkt een zoon veel **leuker** / **het leukst**.

3 A Hoe **duur** / **duurder** zijn die plaatsen?
4 B Dat zijn **duurder** / **de duurste** mevrouw, die kosten 40 euro per stuk.

5 A Ik denk dat ik **zwaarder** / **het zwaarst** ben van allemaal.
6 B Welnee, Maartje is toch veel **zwaarder** / **het zwaarst** dan jij!

7 A Heeft u echt geen **goedkope** / **goedkopere** sokken dan die?
8 B Nee meneer, dat zijn **de goedkoopste** / **het goedkoopst**.

PART 4 LISTEN TO TEXT C01 'EEN BABY'. COMPLETE THE SENTENCES.

Ton Heb je het al gehoord?

Liesbeth heeft ____________ zoon.

Irene Wat leuk! Wanneer is hij geboren?

Ton ____________ heel vroeg. Om half zes geloof ik. ____________ is heel vlug gegaan.

Irene	Hoe heet ____________?
Ton	Kasper Jeroen. Maar ze noemen hem Kas.
Irene	Leuke ____________.
Ton	Het is een flinke baby: hij weegt 8 ____________ En hij lijkt op zijn vader.
Irene	En ____________ voelt Liesbeth zich?
Ton	Prima. Jaap zegt dat ____________ nog wel erg moe is.
Irene	Dus nu ____________ je oom.
Ton	Ja. Hartstikke leuk. Vanmiddag ga ____________ meteen even bij ze langs.

LES 14 - LESSON 14

14 / C01 De bruiloft

From Babs' letter to her friend Margriet.

1 Text • De bruiloft

Leiden, 16 september 2007

Beste Margriet,

(...)
Gisteren is mijn vriendin Annemarie getrouwd met James. (Ik weet niet zeker of jij ze kent.) 's Middags was het officiële deel. Annemarie droeg een prachtige blauwe jurk en een hoed. Ze zag er fantastisch uit en erg gelukkig. James zag er vreemd uit in zo'n pak omdat hij meestal een spijkerbroek aanheeft.
Om zes uur gingen we met de familie eten in een restaurant. Van beide kanten was er veel familie.
Om half negen begon het feest voor vrienden, kennissen en collega's. Ik had samen met wat vriendinnen een lied gemaakt over Annemarie. Iedereen moest er vreselijk om lachen. Vrienden van James hebben ook gezongen. Later hebben we gedanst. Zelfs de ouders van James vonden het geloof ik wel leuk.
Ik was vannacht om twee uur pas thuis. (...)

Groetjes,
Babs

2 Expressing how (un)certain one is of something *function*

++ Ik weet zeker dat ...	**I'm sure ...**
+ Ik weet dat ...	**I know ...**
+/− Ik denk het wel.	**I think so**
+/− Ik geloof het wel.	**I suppose so**
+/− Ik geloof dat ...	**I suppose ...**
+/− Ik denk/dacht dat ...	**I think ...**
? Misschien	**Perhaps**

?	**Het kan zijn dat ...**	**He/she etc. may ...**
?	**Ik weet niet zeker of ...**	**I'm not sure ...**
?	**Ik vraag me af of ...**	**I wonder if ...**
–	**Ik denk het niet.**	**I don't think so**
–	**Ik denk niet dat ...**	**I don't think ...**

3 Vocabulary

de bruiloft [–en]	wedding
gisteren	yesterday
de vriendin [–nen]	(female) friend
trouwen [trouwde, getrouwd]	to get married
officieel	official
dragen [droeg, gedragen]	to wear
gelukkig	happy
eruitzien [zag ... er ... uit, er ... uitgezien]	to look
vreemd	strange, odd
zo'n	such a, one of those
meestal	usually
aanhebben	to wear
beide	both
de kant [–en]	side
beginnen [begon, begonnen]	to begin
het feest [–en]	party
vrienden	friends (male and female)
de kennis [–sen]	acquaintance
de collega ['s]	colleague
het lied [–eren]	song
vreselijk	awful(ly)
lachen [lachte, gelachen]	to laugh
de vriend [–en]	(male) friend
zingen [zong, gezongen]	to sing
dansen [danste, gedanst]	to dance
zelfs	even
de ouder [–s]	parent
vannacht	last night, tonight
groetjes	see you

4 True or false?

Text C01 'De bruiloft'.
First read the statements. Then listen.

1	Annemarie zag er vreemd uit.	waar/niet waar
2	James draagt meestal officiële kleren.	waar/niet waar
3	Het liedje van Babs over Annemarie werd leuk gevonden.	waar/niet waar
4	Babs vindt dat ze na de bruiloft vroeg thuis was.	waar/niet waar

5 a, b or c?

Which line corresponds with the statement from text 1?

1 Ik weet niet zeker of jij ze kent.
- a Babs denkt niet dat Margriet ze kent.
- b Babs vraagt zich af of Margriet ze kent.
- c Babs weet zeker dat Margriet ze kent.

2 Ze zag er erg gelukkig uit.
- a Babs denkt niet dat Annemarie erg gelukkig is.
- b Babs gelooft dat Annemarie erg gelukkig is.
- c Babs weet zeker dat Annemarie erg gelukkig is.

3 Zelfs de ouders van James vonden het geloof ik wel leuk.
- a Babs weet zeker dat de ouders van James het leuk vonden.
- b Babs denkt dat de ouders van James het wel leuk vonden.
- c Babs vraagt zich af of de ouders van James het wel leuk vonden.

6 Finish the following sentences: a, b or c?

1 Ik vraag me af
- a dat hij komt.
- b dat hij komt wel.
- c of hij wel komt.

2 Weet je zeker
- a dat Annemarie is wel gelukkig?
- b dat Annemarie wel gelukkig is?
- c of is Annemarie wel gelukkig?

3 Het kan zijn
- a dat tante Mies wat later komt.
- b of tante Mies wat later komt.
- c tante Mies komt wat later.

4 Ik weet niet zeker
- a dat ze in de kerk getrouwd zijn.
- b of ze in de kerk zijn getrouwd.
- c ze in de kerk getrouwd zijn.

5 Ik geloof
- a dat de kinderen een dag vrij hebben.
- b de kinderen hebben een dag vrij.
- c of de kinderen een dag vrij hebben.

7 Matching

1 bruiloft	a gewoon	1 =
2 collega	b kind	2 =
3 gisteren	c vriendin	3 =
4 lied	d werk	4 =
5 ouder	e zingen	5 =
6 vreemd	f vandaag	6 =
7 vriend	g feest	7 =

8 Fill in:

beide / collega / droeg / familie / groetjes / kant / lied / vreselijk / zelfs / zo'n

De bruiloft van Wilma

1 Wilma ______ een prachtige jurk. En het was ______ leuke bruiloft.

2 We hebben ______ veel plezier gehad.

3 Dirk, een ______ van Wilma, vertelde gekke dingen over haar.

4 Ken je de ______ van Wilma, trouwens? Haar ______ tantes waren ook op het feest. En die zijn al in de tachtig!

6 Ze hebben ______ nog een ______ gezongen.

7 Alleen toen er gedanst werd, wilden ze liever aan de ______ zitten.

8 ______, Janneke

9 Fill in:

Change the form of the words when required.

deel / dragen / gelukkig / gisteren / trouwen / vriendin / zelfs

1 Vandaag is het woensdag, dus ______ was het dinsdag.

2 Wie is dat meisje bij Bob? Is dat zijn nieuwe ______?

3 De Nederlanders ______ tegenwoordig als ze al wat ouder zijn.

4 Is Marokko een ______ van Europa of van Afrika?

5 Dit is mijn blauwe pak. Dat ______ ik alleen op officiële dagen.

6 Ik heb niets bij me, ______ geen pen!

7 Ik heb een lieve vrouw en een leuke baan: ik ben ______.

10 Fill in:

Change the form of the words when required.
beginnen / dansen / er ... uitzien / feest / kennis / lachen / lied / meestal / vannacht / vreemd / zingen

1 Wat ____________! Het is al negen uur en er is nog niemand op school.

2 Maaike heeft een nieuwe jurk gekocht. Wat zal ze ____________ mooi ____________!

3 Hoe laat ik klaar ben met mijn werk? Nou, ____________ om vijf uur, maar sommige dagen is het wat later.

4 Is iedereen er? Dan kunnen we ____________.

5 Volgende week ben ik jarig en dan geef ik een groot ____________.

6 Bart is eigenlijk geen vriend van me, hij is meer een ____________.

7 Luister eens, wat een prachtig ____________! En Jessye Norman ____________ het zo mooi.

8 Als ik Gerard zie, moet ik meteen ____________. Hij vertelt altijd gekke verhalen.

9 Het was een leuk feest en er was goede muziek: ik heb veel ____________.

10 – Wat zie je er slecht uit!

– Ja, ik heb ____________ slecht geslapen.

11 Text / C02 • De buurvrouw

Wil tells her partner about her neighbour's accident.

Wil	Zeg, de buurvrouw heeft een ongeluk gehad.
Marco	Ach nee!
Wil	Ja vanochtend. Ze ligt in het ziekenhuis. Volgens de buurman is ze midden op straat gevallen terwijl ze overstak. Waarschijnlijk is ze geraakt door een auto die te hard reed. En er kwam ook nog een vrachtwagen aan. Die reed gelukkig niet zo hard, zodat de chauffeur nog net kon stoppen. Anders was ze dood geweest. Het is een wonder dat ze nog leeft.
Marco	Nou, nou! Wat een toestand. Hoe is het nu met haar?
Wil	Dat weet ik niet precies.
Marco	Hoe oud is de buurvrouw eigenlijk?
Wil	Ik dacht dat ze 83 was. Maar ik weet het niet zeker.
Marco	Voor mensen van haar leeftijd is het verkeer soms erg gevaarlijk.
Wil	Nou, en of! Voor iedereen trouwens. Maar voor oude mensen helemaal. Net als voor kinderen. Die zien het gevaar ook niet. Ik ga de buurman vragen of ik iets voor hem kan doen. Hij is zo geschrokken. En hij voelt zich vast erg alleen. Ga je mee?
Marco	Ja goed.

12 Accepting an offer or invitation *function*

Dank je/u wel.	**Thank you.**
Bedankt.	**Thanks.**
Alsjeblieft/Alstublieft.	**Yes, please.**
(Ja) graag.	**Yes, please.**
Goed.	**Allright.**

– Wilt u nog koffie?
– Alstublieft.

– Ga je mee?
– Ja goed.

13 Vocabulary

de buurvrouw [–en]	neighbour (woman)
het ongeluk [–ken]	accident
ach nee!	oh dear!
vanochtend	this morning
ze ligt	she is
de buurman [–nen]	neighbour (man)
midden op/in	in the middle of
vallen [viel, gevallen]	to fall
terwijl	while
raken [raakte, geraakt]	to hit
hard	fast
rijden [reed, gereden]	to drive
de vrachtwagen [–s]	lorry, truck
gelukkig	fortunately
zodat	so (that)
chauffeur [–s]	driver
stoppen [stopte, gestopt]	to stop
dood	dead
het wonder [–en]	miracle
leven [leefde, geleefd]	to live, to be alive
nou, nou	my goodness
de toestand [–en]	situation; here: mess
leeftijd [–en]	age
het verkeer	traffic
soms	sometimes

gevaarlijk	dangerous
nou en of!	you bet!
het gevaar	danger
schrikken [schrok, geschrokken]	to get a shock
alleen	alone

14 True or false?

Text C02 'De buurvrouw'.
First read the statements. Then listen.

1 De buurvrouw ligt in het ziekenhuis omdat ze een ongeluk heeft gehad. waar/niet waar
2 De vrachtwagen reed te hard. waar/niet waar
3 Wil en Marco gaan meteen naar het ziekenhuis. waar/niet waar

15 What would you say?

1 Alsjeblieft, hier is je koffie.
   a Alsjeblieft.
   b Bedankt.
   c Graag.

2 Wil je nog een haring?
   a Alsjeblieft.
   b Geen dank.
   c Nou, nou.

3 Ga je mee naar de film?
   a Dank u.
   b Goed.
   c Graag gedaan.

16 List the words

List all the words from text 11 that have a relation with traffic.

ongeluk, ____________

17 Matching opposites

1 alleen	a dood	1 =
2 buurvrouw	b geluk	2 =
3 hard	c kinderen	3 =
4 leven	d vanavond	4 =
5 ongeluk	e langzaam	5 =
6 oude mensen	f missen	6 =
7 raken	g buurman	7 =
8 vanochtend	h samen	8 =

18 Fill in:

buurvrouw / hard / midden / ongeluk / oversteken / terwijl / vanochtend / waarschijnlijk

1 Kijk, daar loopt onze nieuwe ____________. Ze woont in het huis aan de overkant.

2 Ik moet vanmiddag hard werken, ____________ heb ik niet veel gedaan.

3 Otto heeft een ____________ gehad en hij ligt nu in het ziekenhuis.

4 Ik heb nu geen tijd, ik zit ____________ in de problemen.

5 Ik luister 's ochtends altijd naar de radio ____________ ik de krant lees.

6 Jonge kinderen en oudere mensen moeten soms geholpen worden bij het ____________.

7 Misschien is het morgen mooi weer, maar erg ____________ is het niet.

8 Als je in Nederland te ____________ met je auto rijdt, moet je veel geld betalen als de politie het ziet.

19 Fill in:

ach nee / nou en of / nou, nou

1 A Moet je horen. Eerst viel hij van zijn fiets, toen werd hij geraakt door een vrachtwagen en daarna viel hij voor een auto. En hij leefde nog! Hij hoefde niet eens naar het ziekenhuis.

B ____________! Dat is echt een wonder.

2 A Mijn beste vriendin gaat verhuizen naar het buitenland en mijn zus gaat voor twee jaar naar Australië.

B ____________! Wat vervelend voor je.

3 A Ik vind het erg belangrijk dat kinderen goed kunnen zwemmen.

B ____________! Dat vind ik ook.

20 Fill in:

Change the form of the words when required.
buurman / chauffeur / dood / rijden / stoppen / vallen / vrachtwagen / zodat

1 Henk, we krijgen een nieuwe ____________. Het huis naast ons is verkocht.

2 In Nederland mag je bijna nergens sneller dan 120 kilometer per uur ____________.

3 Met een 'gewoon' rijbewijs mag je niet in een ____________ rijden.

4 Angeline had weer eens geen geld bij zich, ____________ ik voor haar moest betalen.

5 We zijn met een bus op vakantie geweest en we hadden een heel aardige ____________.

6 Hoe het ongeluk is gebeurd? Nou, de chauffeur reed zó hard dat hij niet meer op tijd kon ____________.

7 Mijn oma leeft niet meer, ze is al tien jaar ________.

8 Pas op, ________ niet: je kunt hier niets zien.

21 Fill in:

Change the form of the words when required.
gevaar / gevaarlijk / leeftijd / leven / schrikken / soms / toestand / verkeer

1 Wat een vervelende ________! Mijn auto is stuk en ik kan geen taxi krijgen.

2 Mensen die roken ________ minder lang dan mensen die niet roken.

3 Hoe oud ze is? Ik weet haar ________ niet, ik denk ongeveer 35.

4 Je moet hier niet oversteken, er is veel te veel ________.

5 Meestal ga ik met de fiets naar mijn werk, maar ________ gebruik ik de auto.

6 Ik zwem nooit in de Noordzee, dat vind ik te ________.

7 Een kind van drie ziet geen ________ en kan de straat oversteken zonder te kijken.

8 Ik ________ toen plotseling de telefoon ging.

22 Grammar

Er kwam een vrachtwagen aan.

The verb is: aankomen. For some more examples of this type of verb (*compound verbs*) see Grammar Section 24.

23 Follow the instructions

Look at the compound verbs in the following sentences.
In what form would you look those verbs up in your dictionary?
Example: Er **kwam** ook nog een vrachtwagen **aan**. verb: **aankomen**

1 James heeft meestal een spijkerbroek aan. ________

2 Je gaat toch wel mee, hè? ________

3 Neem jij een cadeautje mee? ________

4 Ze stak de straat over zonder te kijken. ________

5 Mevrouw, ik verbind u door met de monteur. ________

6 Waarom heb je me niet teruggebeld? ________

7 Jaap stelde zijn vriendin voor aan zijn moeder. ________

8 Nodig je zijn ouders ook uit voor die borrel? ______________________

9 Je hoeft dat adres niet op te schrijven. ______________________

10 Het is niet makkelijk, maar ik zal proberen het je uit te leggen.

24 C03 Listen to the following words and repeat

25 C04 *lijk* as in *eigenlijk*

Listen and repeat

26 Text / C05 • Lange Nederlanders

In geen enkel ander land worden mensen zo lang als in Nederland. Een Nederlandse man is gemiddeld 183,2 centimeter lang en de gemiddelde Nederlandse vrouw 170,6 centimeter. Jonge mensen zijn bovendien langer dan oude. Men verwacht dat de gemiddelde lengte nog zal stijgen. Dat zal echter niet meer dan 2 centimeter kunnen zijn omdat dat gemiddelde het maximum is.
Niemand weet precies waardoor Nederlanders zo lang zijn geworden. Wel kunnen we de situatie vergelijken met die in landen als Noorwegen en Zweden. Dat zijn ook rijke landen en daar krijgt iedereen, net als in Nederland, goede gezondheidszorg. Misschien is dat de reden dat de mensen langer worden.
Amerikanen zijn 200 jaar de langste mensen geweest. Rond 1860 waren de Amerikanen nog 7 centimeter langer dan de Nederlanders. Nu zijn Amerikanen kleiner maar ook zwaarder. Ook Nederlanders worden dikker. Veel mensen vinden het fijn om lekker achter de pc of voor de tv te zitten, waardoor ze te weinig bewegen.

27 Vocabulary

als	as, like
gemiddeld	average
de centimeter [-s]	centimeter
de vrouw [–en]	woman
jong	young
men	one, 'they'
verwachten [verwachtte, verwacht]	to expect
de lengte [-s]	lenght, [here:] height
stijgen [steeg, gestegen]	to rise
echter	however
het maximum	maximum
de situatie [–s]	situation
vergelijken [vergeleek, vergeleken]	to compare
de gezondheidszorg	health care
de reden [–en]	reason
rond	round, around
bewegen [bewoog, bewogen]	to move

28 True or false?

Read text 26 'Lange Nederlanders'.
Then read the statements. Finally try to find the answers in the text.

1 Nederlanders worden net zo lang als andere mensen. waar/niet waar
2 Men denkt dat de Nederlanders nog langer zullen worden. waar/niet waar
3 Nederlanders worden zo lang omdat Nederland een rijk land is. waar/niet waar

Now you can listen to C05 and read along.

29 Fill in:

Change the form of the words when required.
als / gemiddeld / rond / stijgen / verwachten / vrouw

1 A Wist u dat de ____________ leeftijd van de Nederlandse man drieënzeventig jaar is?

2 B Nou nee, en van de Nederlandse ____________?

3 A Dat weet ik niet precies. ____________ de tachtig, dacht ik.

4 B Dus de man wordt niet zo oud ____________ de vrouw.

5 A Gemiddeld dan, natuurlijk. Men ____________ trouwens niet dat de gemiddelde leeftijd nog veel zal ____________.

30 Fill in:

Change the form of the words when required.
bewegen / jong / men / reden / situatie / vergelijken / verwachten / worden /

1 Wat ziet oom Johan er oud uit! In twee jaar is hij wel tien jaar ouder ____________.

2 ____________ zegt dat er in het jaar 2020 ongeveer zeventien miljoen mensen in Nederland zullen wonen.

3 Ik heb een nieuwe baas op mijn werk en ik ____________ veel van haar.

4 In Nederland is het voor moeders met kinderen moeilijk om werk te vinden en die ____________ zal nog wel even zo blijven.

5 Je kunt die twee dingen niet met elkaar ____________. Ze zijn zo verschillend.

6 Bernard wil meer ____________ omdat hij te dik is.

7 – Fons, je bent te laat. Wat is daarvan de ____________?
– Oh, de brug was open, meneer.

8 Mijn opa is al vierentachtig, maar hij voelt zich nog ____________.

31 Grammar

[...] , waardoor ze te weinig bewegen.

For some more examples of this use of *prepositions* see Grammar Section 25.

32 Underline the word(s) 'er' or 'daar' is referring to.

Example: U kunt een fiets huren bij bijna 100 stations in Nederland. U moet **daarvoor** het volgende doen.

1 Er zijn nog plaatsen voor het concert. Vind je het leuk om **ernaar toe** te gaan?
2 C Maar we gaan toch naar de opera?
A Wat bedoel je **daarmee**?
3 Mijn banden zijn te zacht. Kunt u **er** wat lucht **bij** doen?
4 Er zijn mensen uit veel verschillende landen. **Daar** praat ik **mee** aan het ontbijt.
5 Ik had samen met wat vriendinnen een lied gemaakt over Annemarie.
Iedereen moest **er** vreselijk **om** lachen.

33 Grammar

Veel mensen vinden het fijn om lekker achter de pc of voor de tv *te zitten*.
For the use of **om** + **te** + **infinitive** see Grammar Section 26.

34 Matching

1 We hebben vreselijk	a Om kwart over acht.	1 =
2 Vind je het leuk	b om room mee te kloppen.	2 =
3 Hoe laat begint het?	c om mijn agenda thuis te laten.	3 =
4 Ik was zo dom	d om met mij naar Londen te gaan?	4 =
5 Een slagroomklopper is een ding	e om dat verhaal gelachen.	5 =

35 C06 Listen to the following words and repeat

QUIZ

PART 1 WHAT WOULD YOU SAY?

1 Weet je zeker dat James morgen aankomt?
- a Ik geloof niet dat hij komt.
- b Misschien weet ik het niet.
- c Weet je het zeker?

2 Ga je mee boodschappen doen vanmiddag?
- a Alstublieft.
- b Ja, goed.
- c Geen dank.

3 Wat had Annemarie aan op de bruiloft?
- a Ik geloof een roze jurk.
- b Ik geloof het wel.
- c Ik weet het zeker.

4 Wilt u misschien een borrel?
   a Geen dank.
   b Graag gedaan.
   c Nou, graag.

PART 2 FILL IN. CHANGE THE FORM.

beginnen / gelukkig / jong / leeftijd / nou en of / trouwen / vergelijken / vreemd / vriend

Margriet en Annemarie zitten in het café

1 M Zal ik je eens wat vertellen? Ik heb een ______________.

2 A O, wat leuk! En dat op jouw ______________.

3 M Hij is fantastisch! Alleen is hij wel ______________: 33. En ik ben natuurlijk 59. Wat vind jij, kan dat?

4 A Waarom niet? Vind je dat ______________ of zo? Marco is zelfs 28 jaar ouder dan ik.

5 M Ja, maar dat kun je niet ______________. Marco is ouder dan jij, en bij ons ben ik juist ouder.

6 A Dat maakt toch niets uit? Ben je ______________ met hem?

7 M ______________! Ik wil alleen nog maar bij hem zijn, weet je.

8 A Nou, nou. Zo meteen vertel je nog dat jullie gaan ______________.

9 M Nee, dat niet. Maar hij is echt heel leuk. Twee maanden geleden dacht ik nog:

ik ______________ nooit meer in mijn leven aan een man, maar ja, je ziet het.

PART 3 COMPLETE THE SENTENCES WITH THE VERBS IN PARENTHESES.

You should change the forms when required and put them in the right places.

1 A Zeg Wilma, met Maaike. Wat jij vanavond naar het feest (aandoen)?

____

2 B Eh sorry, ik heb nu geen tijd. Ik je over een half uurtje even, ok (terugbellen)?

____

3 A Waar moet ik voor het Van Goghmuseum (uitstappen)?

____

4 B De volgende halte. Dan u de straat (oversteken) en dan neemt u de eerste straat rechts. Daar is het aan de linkerkant.

____

5 A Ik om kwart voor zeven (aankomen), gate 12.

____

6 B Momentje, ik het even (opschrijven).

____

7 A Sorry, ik heb haast. Ik je zo meteen wel (terugbellen).

____

PART 4 LISTEN TO TEXT C02 'DE BUURVROUW'. COMPLETE THE SENTENCES.

Wil	Zeg, de buurvrouw heeft een ongeluk gehad.
Marco	________ nee!
Wil	Ja vanochtend. Ze ligt in het ________.
	Volgens de buurman is ze midden op ________ gevallen terwijl ze overstak.
	Waarschijnlijk is ze ________ door een auto die te hard reed. ________
	kwam ook nog een vrachtwagen aan. ________ reed gelukkig niet zo hard,
	zodat de chauffeur ________ net kon stoppen. Anders was ze dood
	________. Het is een wonder dat ze nog ________.
Marco	Nou, nou! Wat een toestand. Hoe is ________ nu met haar?
Wil	Dat weet ik niet ________.
Marco	Hoe oud is de buurvrouw eigenlijk?
Wil	Ik ________ dat ze 83 was. Maar ik weet ________ niet zeker.
Marco	Voor mensen van haar leeftijd ________ het verkeer soms erg gevaarlijk.
Wil	Nou, en ________! Voor iedereen trouwens. Maar voor oude mensen
	________. Net als voor kinderen. Die zien het ________ ook niet.
	Ik ga de buurman vragen ________ ik iets voor hem kan doen. Hij ________
	zo geschrokken. En hij voelt zich vast ________ alleen. Ga je mee?
Marco	Ja goed.

LES 15 - LESSON 15

15 / C01 Het lichaam

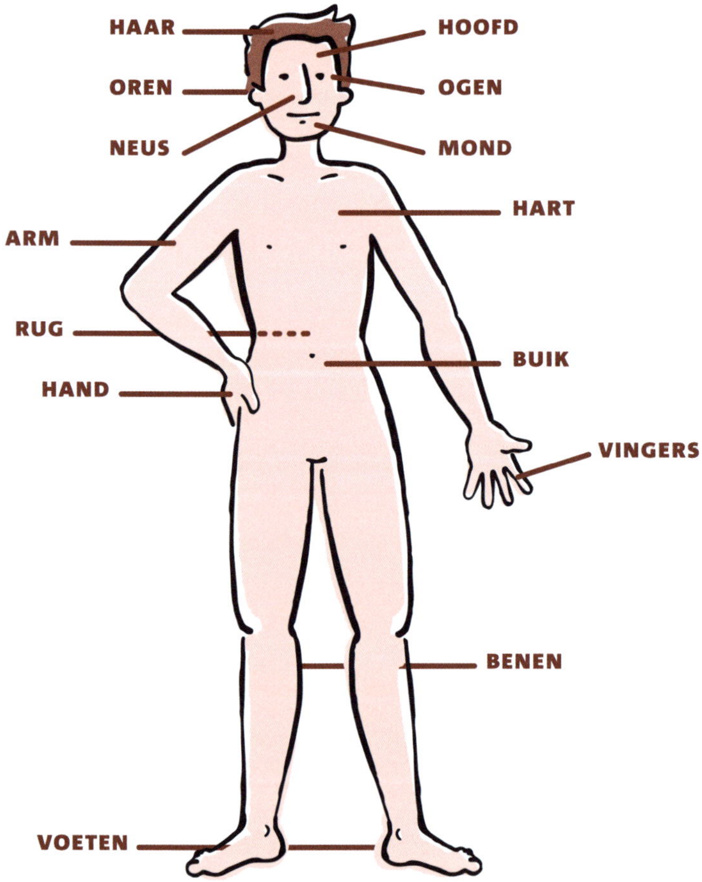

1 Het lichaam

2 Vocabulary

het lichaam [lichamen]	body
het hoofd [–en]	head
het oog [ogen]	eye
de neus [neuzen]	nose
de mond [–en]	mouth
het oor [oren]	ear
het haar	hair
het gezicht [–en]	face
de buik [–en]	belly
het hart [–en]	heart

de rug [–gen]	back
de arm [–en]	arm
de hand [–en]	hand
de vinger [–s]	finger
het been [benen]	leg
de voet [–en]	foot

3 Matching

1 denken	a hart	1 =
2 horen	b hand	2 =
3 kloppen	c hoofd	3 =
4 pakken	d mond	4 =
5 praten	e ogen	5 =
6 lopen	f oren	6 =
7 zien	g voeten	7 =

4 Fill in:

Change the form of the words when required.
gezicht / haar / hand / mond / neus / oog / oor / voet

1 Als je ______________ te lang wordt, ga je naar de kapper.

2 Als je ______________ slecht worden, moet je een bril hebben.

3 Als je iets in je ______________ stopt, hoor je niets meer.

4 Een bril zet je op je ______________.

5 Eten en praten doe je met je ______________.

6 Je neus zit midden in je ______________.

7 Schoenen zitten aan je ______________.

8 Als je iemand voor het eerst ziet, geef je hem of haar een ______________.

5 Fill in:

Change the form of the words when required.
arm / been / buik / hart / hoofd / rug / vinger

1 Aan elke hand zitten vijf ______________.

2 De voet zit onder het ______________.

3 Als je te veel rookt, krijg je misschien problemen met je ________.

4 'Hij is het ________ van dit bedrijf' betekent: hij is de baas van dit bedrijf.

5 Soms slaap ik op mijn buik maar meestal op mijn ________.

6 Aan je lichaam zitten twee ________ en twee benen.

7 Als je te veel bier drinkt, krijg je een dikke ________.

6 Look at 2, vocabulary

Which words are parts of your head?

haar, ________

7 Look at 2, vocabulary

Which body parts from 2, vocabulary, can you see from the back?

8 C02 Look at 1 'Het lichaam' again

Listen and repeat.

9 C03 ng as in vinger

Listen to the following words and repeat.

10 Text / C04 • Ziek

Olga is trying to wake up her son Mark.

Olga	Mark! Wakker worden, opstaan!... Ben je wakker, Mark?
Mark	Oh nee. Au, mijn hoofd.
Olga	Wat is er?
Mark	Ik voel me zo ziek. Ik werd midden in de nacht wakker omdat ik een vervelende droom had. En toen had ik het zo koud.
Olga	Arme jongen. Nou, blijf dan maar lekker in bed. Wil je nog een kussen?
Mark	Nee dank je. Maar ik heb zo'n dorst.
Olga	Wil je wat water?
Mark	Graag.
Olga	Met een paar aspirientjes?
Mark	Liever niet. Vergeet je niet naar mijn werk te bellen dat ik niet kan komen?
Olga	Komt in orde.
Mark	Oh, die hond van de buren maakt zo'n lawaai.
Olga	Daar kan ik niks aan doen. Ik doe het raam wel dicht. Ga maar slapen.
Mark	Het is hier niet donker genoeg.
Olga	Doe je ogen dan dicht. Welterusten.
Mark	Mmm.

11 Asking questions about health and answering them *function*

Question		*Answer*	
Hoe gaat het met je/u?	**How are you?**	**Goed.** **Gaat wel.**	**Fine.** **Not so bad.**
Hoe voel je je?/ **Hoe voelt u zich?**	**How do you feel?**	**Ik voel me goed/beter.** **Ik voel me niet lekker.**	**I feel fine/better.** **I'm not feeling too well.**
Wat is er?	**What's wrong?**	**Ik heb hoofdpijn etc.** **Niets.**	**I have a headache etc.** **Nothing.**

– Wat is er?
– Ik voel me zo ziek.

12 Vocabulary

ziek	ill, sick
wakker worden	to wake up
wakker	awake
opstaan [stond op, opgestaan]	to get up
de nacht [–en]	night
de droom [dromen]	dream
koud	cold
het koud hebben	to feel cold
arm	poor
het bed [–den]	bed
het kussen [–s]	pillow
dorst hebben	to be thirsty
het water	water
een paar	a couple of
het aspirientje [–s]	aspirin
vergeten [vergat, vergeten]	to forget
komt in orde	I'll see to it
de hond [–en]	dog
lawaai	noise
niks	nothing
ik kan er niks aan doen	there's nothing I can do
donker	dark
dichtdoen	to close
welterusten	sleep well

13 True or false?

Text C04 'Ziek'.
First read the statements. Then listen.

1	Mark is later wakker dan Olga.	waar/niet waar
2	Mark wil geen water.	waar/niet waar
3	Mark wil geen aspirientjes.	waar/niet waar
4	Het raam van Mark gaat dicht.	waar/niet waar

14 Which answer would be correct?

1 Hoe gaat het met je?

(You're feeling well.)
a Dank u.
b Gaat wel.
c Heel goed.

2 Hoe voel je je nou?

(You're feeling terrible.)
a Daar kan ik niks aan doen.
b Ik voel me helemaal niet lekker.
c Ik voel me veel beter.

3 Wat is er?

a Goed.
b Liever niet.
c Niks.

15 Fill in:

Change the form of the words when required.
bed / donker / dorst / droom / kussen / lawaai / wakker / water / welterusten / ziek

1 Wat is het hier ____________! Ik kan niets zien.

2 Ik ben moe. Ik ga vanavond vroeg naar ____________.

3 Ik heb vannacht zo'n mooie ____________ gehad: ik woonde in een land waar het nooit koud was.

4 Wat een ____________! Wil je de radio wat zachter zetten?

5 Ik heb zo'n ____________. Heb je een glas ____________ voor me?

6 – Slaap lekker, kind.

– ____________ mama.

7 Vorig jaar ben ik drie dagen niet op mijn werk geweest, maar verder ben ik nooit ____________.

8 Als ik op vakantie ben, slaap ik altijd zonder ____________ onder mijn hoofd.

9 Ik heb slecht geslapen en ik was al om vier uur ____________.

16 Fill in:

Change the form of the words when required.
arm / dichtdoen / hond / koud / midden / nacht / opstaan / een paar / vergeten

1 Ik vind vroeg ______________ altijd erg moeilijk. Ik blijf liever nog even in mijn bed liggen.

2 Het wordt toch te gek! Nu is al mijn derde fiets gestolen, ______________ op de dag!

3 Ik schrok heel erg, toen midden in de ______________ de telefoon ging.

4 Drink je koffie op, anders wordt hij ______________.

5 Als je ______________ biertjes hebt gedronken, moet je geen auto gaan rijden.

6 Zonder mijn agenda ______________ ik alles.

7 Die ______________ Mark is al weer ziek. En altijd in de vakantie.

8 Kun je de deur even ______________? Het wordt hier zo koud.

9 Als je een ______________ hebt, moet je een paar keer per dag met hem wandelen.

17 C05 Listen and repeat

18 Text / C06 • Verkouden

Wat u zelf kunt doen

Slaap met het raam open. U kunt het beste met uw hoofd wat hoger slapen. Rook niet. Als uw neus dicht zit, kunt u neusdruppels gebruiken of zout water. Doe dit niet langer dan een week.
Tegen hoofdpijn kunt u paracetamol nemen. Was vaak uw handen. Geef anderen geen hand, anders worden ze ook verkouden.
Bel de dokter als u oorpijn hebt.

Bij kinderen

Geef ze genoeg te drinken, vooral warme dranken. Het kind mag naar buiten. Als u denkt dat het kind pijn heeft, moet u de dokter bellen.

(Naar: E. van der Does en R. G. Metz. Wat doe ik? Ga ik naar de huisarts?)

19 Advising others to do something *function*

Je/u moet ...	**You should ....**
Je/u kunt beter/het beste ...	**You'd better/best ...**
Slaap ... enz.	**Sleep ... etc.**

- Als u denkt dat (...), moet u de dokter bellen.

- U kunt het beste met uw hoofd wat hoger slapen.

- Slaap met het raam open.
- Rook niet.

20 Vocabulary

verkouden zijn	to have a cold
open	open
dicht	closed; *here*: stuffed up
neusdruppels	nose drops
zout	salt, salty
de hoofdpijn [–en]	headache
de pijn [–en]	ache, pain
de paracetamol	paracetamol
wassen [waste, gewassen]	to wash
vaak	often, frequently
een hand geven	to shake hands
anderen	other people
de dokter [–s]	doctor, GP
de oorpijn	earache
vooral	particularly
warm	warm; *here*: hot
de drank [–en]	drink
(naar) buiten	outside

21 Read text 18 'Verkouden'

First read the text. Then read the statements.
Finally try to find the answers in the text.

1 Het raam moet open/dicht als je verkouden bent.
2 Je moet met je hoofd hoger/lager slapen.
3 Je mag wel/niet roken.
4 Als je hoofdpijn hebt, moet je wel/niet de dokter bellen.
5 Kinderen moeten koude/warme dranken drinken als ze verkouden zijn.

Now you may listen to C06 'Verkouden' and read along.

22 What advice could you give?

1 Als je honger hebt,
a moet je een broodje nemen.
b moet je paracetamol nemen.
c kun je het beste de dokter bellen.

2 Als u hoofdpijn hebt,
a kunt u een aspirientje nemen.
b kunt u het beste neusdruppels gebruiken.
c moet u vaak uw handen wassen.

3 Als je verkouden bent,
a kun je beter roken.
b kun je me beter een hand geven.
c moet je niet roken.

23 Matching opposites

1 arm	a alles	1 =
2 buiten	b dag	2 =
3 nacht	c dicht	3 =
4 niks	d koud	4 =
5 open	e rijk	5 =
6 warm	f vuur	6 =
7 water	g binnen	7 =

24 Fill in:

buiten / dicht / dokter / open / pijn / verkouden / vooral / warm / wassen / zout

1 Morgen ga ik op vakantie en ik moet al mijn kleren nog ___________!

2 – Hallo, ben jij dat, Peter? Je hebt een andere stem.

– Ja, ik ben nogal ___________.

3 Het is hier erg warm. Wil jij het raam even ___________ doen?

4 Als je ziek bent, moet je naar de ___________.

5 Als je te veel alcohol hebt gedronken, heb je de volgende dag ___________ in je hoofd.

6 Ik vond het concert erg mooi, ___________ het laatste deel.

7 Hoe laat gaan op vrijdagavond de winkels ___________?

8 Ik doe altijd een beetje ___________ op een gekookt ei.

9 Ik vind het hier binnen te ___________. Ik ga even naar ___________.

25 Text / C07 • Het recept

Ed has just seen a doctor, who has given him a prescription. Where does he go?

Ed: Dag mevrouw. Alstublieft.
Juffrouw: Wat is dat?
Ed: Een recept van dokter Wemelink.
Juffrouw: Het spijt me, maar dan bent u verkeerd: u moet bij de apotheek zijn.
Ed: O, waar ben ik hier dan?
Juffrouw: Bij een drogist. De apotheek is aan de overkant. Het staat duidelijk boven de deur.
Ed: O, sorry.
...

Ed	Goedemorgen. Alstublieft.
Assistente	Een ogenblikje ...
	Meneer, driemaal daags 1 capsule voor het eten. Ze zijn erg sterk.
	U mag niet autorijden!
	En wees voorzichtig met alcohol.
Ed	Begrepen. Hoeveel zitten er in het doosje?
Assistente	Genoeg voor 1 week, meneer. Hoe bent u verzekerd?
	...
Ed	Hebt u ook drop?
Assistente	Ja zeker. Zoete of zoute?
Ed	Zoete graag.
Assistente	Alstublieft. Anders nog iets?
Ed	Nee dank u.

26 Warning others

Warning others to take care or refrain from doing something

Wees voorzichtig!	**Be careful!**
Pas op!/Kijk uit!	**Watch out!**
Niet/geen ...!	**Don't .../no ...!**

– Niet autorijden! En wees voorzichtig met alcohol.
– Begrepen.

27 Vocabulary

het recept [–en]	prescription
verkeerd	wrong; *here*: at the wrong place
de apotheek [apotheken]	the chemist's, pharmacy
de drogist	the chemist's, drugstore
duidelijk	clear(ly)
boven	over, above
de assistente [–s]	(female) assistant
driemaal daags	three times a day
de capsule [–s]	capsule
voor het eten	before meals
sterk	strong
autorijden	to drive
voorzichtig	careful
begrepen	'got it'
het doosje [–s]	(small) box
verzekeren [verzekerde, verzekerd]	to insure
het drop	liquorice, licorice
zoet	sweet

28 Rearrange the sentences

Text C07 'Het recept'.
First read the sentences. Then listen.
While you listen rearrange the sentences until they match the order in the text.

a Ed gaat daarnaar toe. 1 =
b Ed gaat bij de drogist naar binnen. 2 =
c De assistente vraagt hoe Ed verzekerd is. 3 =
d De apotheek is aan de overkant. 4 =
e De assistente vertelt Ed hoe hij de capsules moet gebruiken. 5 =

29 What would you say?

1 Kijk, ik kan fietsen met mijn ogen dicht.

a Ga maar liggen!
b Pas toch op!
c Komt in orde!

2 Dus ik moet die brief aan meneer Rademaker geven?

a Ja, komt in orde.
b Ja. Niet vergeten.
c Nee, u bent verkeerd.

3 Ik kan helemaal naar de overkant zwemmen.

a Ja, daar kan ik niks aan doen.
b Ja, maar wees voorzichtig.
c O, waar ben ik hier dan?

30 Fill in:

Change the form of the words when required.
apotheek / autorijden / capsule / doosje / drop / duidelijk / recept

1 Een recept breng je naar de ___________.

2 Daar kun je ook aspirientjes kopen of ___________.

3 Dat kan zonder ___________.

4 De dokter heeft me deze ___________ gegeven.

5 Nu mag ik niet ___________.

6 Dat hebben ze in de apotheek ___________ gezegd.

7 Er zitten er nog vijf in het ___________.

31 Fill in:

Change the form of the words when required.
apotheek / boven / maal / drogist / recept / verkeerd / verzekerd / voorzichtig

1 Nee, dat doe je ____________, dat moet je anders doen.

2 Ik ben bij de dokter geweest en die heeft me een ander ____________ gegeven.

3 Hoe oud Gerard is? Nou, ik denk jonger dan vijftig, maar ____________ de veertig.

4 Je moet ____________ zijn met vuur.

5 Ik ga twee ____________ per week naar Rotterdam.

6 Als je een recept van de dokter hebt, moet je naar de ____________ en niet naar de ____________.

7 Als je je auto niet ____________ hebt, mag je er niet in rijden.

32 C08 First read the following sentences

Then listen again to C05 'Het recept' and fill in the gaps.

1 De assistente geeft Ed ____________ in een doosje.

2 De assistente zegt: ____________ daags 1 capsule ____________ het eten.

3 Ed mag niet ____________.

4 En ook moet hij weinig of geen ____________ drinken.

5 In het doosje zitten genoeg capsules voor een ____________.

33 Fill in:

boven / genoeg / met / verkeerde / voor / zoete

1 ____________ en zoute drop.

2 ____________ en goede dingen.

3 ____________ en na het eten.

4 ____________ en onder water.

5 ____________ of zonder suiker?

6 Is dit ____________ of te weinig?

34 C09 Listen to C05 'Het recept' and repeat

QUIZ

PART 1 WHICH REACTION IS BEST?

1 Je kunt het beste de eerste straat rechts nemen.
- a Dat zal ik doen.
- b En wees voorzichtig, hè!
- c Dan bent u verkeerd.

2 Wil jij wat fruit voor me meenemen?
- a Heel fijn.
- b Komt in orde.
- c Nee, dank je.

3 Zo, je bent weer beter, zie ik.
- a Het gaat wel.
- b Ja, dat is goed.
- c Ja, dat klopt.

4 Zeg, kan je met deze auto 160 rijden?
- a Ben je wakker?
- b Je moet het doen.
- c Nee, niet doen.

PART 2 CHOOSE THE RIGHT WORD.

1 A Je moet **vaak** / **vooral** niet op me blijven wachten, want het kan erg laat worden.
B Komt in orde.

2 A Nou, jij bent **duidelijk** / **voorzichtig** te laat naar bed gegaan.
B Fijn dat je dat even zegt.

3 A **Zoet** / **zout** hè, die witte wijn?
B Ja, maar dat vind ik wel lekker.

4 A O pardon, ik denk dat ik een **donker** / **verkeerd nummer** gedraaid heb.
B O, dat geeft niet hoor.

5 A Laat die **arme** / **warme** hond nou eens rustig slapen!
B Zal ik doen.

PART 3 FILL IN.

Change the form of the words when required:
aspirientje / bed / hoofd / vaak / voorzichtig / welterusten

Mark en Olga

1 M Oh, ik heb zo'n pijn in mijn ____________, ik heb gisteravond echt veel te veel gedronken.

2 O Neem dan een ____________ en ga lekker naar bed. Hoe ben je trouwens thuisgekomen vannacht?

3 M Gewoon met de auto. Maar ik heb heel ______ gedaan.

4 O Hoe ______ heb ik je nou niet gezegd dat je dat niet moet doen? Je moet niet rijden als je alcohol op hebt.

5 M Ja, ja, ik weet het. Nou, ik geloof dat ik toch maar even naar ______ ga.

6 O ______

PART 4 LISTEN TO TEXT C07 'HET RECEPT'. COMPLETE THE SENTENCES.

Ed	Dag mevrouw. Alstublieft.
Juffrouw	Wat is dat?
Ed	Een ______ van dokter Wemelink.
Juffrouw	Het spijt me, maar ______ bent u verkeerd: u moet bij de ______ zijn.
Ed	O, waar ben ik hier dan?
Juffrouw	______ een drogist. De apotheek is aan de ______ Het staat duidelijk boven de deur.
Ed	O, ______. ______
	...
Ed	Goedemorgen. Alstublieft.
Assistente	Een ogenblikje...
	Meneer, driemaal daags 1 ______ voor het eten. Ze zijn erg sterk.
	______ mag niet autorijden! En wees voorzichtig ______ alcohol.
Ed	Begrepen. Hoeveel zitten er in het ______?
Assistente	Genoeg voor 1 week, meneer. Hoe bent ______ verzekerd?
	...
Ed	Hebt u ook drop?
Assistente	Ja zeker. Zoete ______ zoute?
Ed	Zoete graag.
Assistente	Alstublieft. Anders nog iets?
Ed	Nee ______.

LES 16 - LESSON 16

16 / C01 In het park

Gert and Rob are jogging in the park until Rob stumbles over a stone.

1 Text • In het park

Rob	Zullen we nog doorgaan?
Gert	Okay. Nog een stukje verder. Tot aan de molen.
Rob	Au! Mijn voet!
Gert	Wat is er?
Rob	Mijn enkel doet zo'n pijn.
Gert	Doe je schoen eens uit. Kun je hem nog buigen?
Rob	Au, niet zo hard drukken. Ik hoop dat hij niet gebroken is. Nee, ik geloof het niet, want ik kan hem nog bewegen.
Gert	Jawel, maar deze kant is duidelijk dikker dan die kant. Zullen we maar even naar de dokter gaan?
Rob	Die heeft op zaterdag geen dienst.
Gert	Nou dan gaan we naar het ziekenhuis. Kunnen ze meteen een foto maken.
Rob	Nou, dat lijkt me niet nodig.
Gert	Zeg, ik kan je niet dragen. Kan je staan?
Rob	Ja. 't Gaat wel.
Gert	Probeer nu eens te lopen. Lukt 't?
Rob	Au, nee!
Gert	Wat is er eigenlijk gebeurd?
Rob	Ik weet het niet. Ik viel over een losse steen of zo. Voordat ik het wist, lag ik op de grond. Kijk nou, mijn shirt is gescheurd en mijn broek is nat. En dat allemaal om gezond te blijven! Laten we maar naar huis gaan.

2 Expressing hope *function*

Ik hoop het.	**I hope so.**
Ik hoop dat ...	**I hope (that) ...**

– Ik hoop dat hij niet gebroken is. Nee, ik geloof het niet (...).

3 Vocabulary

het park [–en]	park
doorgaan [ging door, doorgegaan]	to continue
het stukje	a little bit
verder	farther
de molen [–s]	mill
de enkel [–s]	ankle
pijn doen	to hurt
uitdoen	to take off
buigen [boog, gebogen]	to bend
drukken [drukte, gedrukt]	to press, push
breken [brak, gebroken]	to break
jawel	certainly, oh yes
de dienst	service; *here*: (on) duty
(dan) kunnen ze	then they can
een foto maken	*here*: take an x–ray
nodig	necessary
dragen	to carry
staan [stond, gestaan]	to stand
't gaat wel	I'm OK
lukken [lukte, gelukt]	to succeed
lukt het?	can you manage?
de grond	ground
de steen [stenen]	stone
scheuren [scheurde, gescheurd]	to tear
nat	wet
gezond	healthy

4 True or false?

Text C01 'In het park'.
First read the statements. Then listen.

1 Gert wil verder dan de molen lopen. waar/niet waar
2 Rob zegt dat zijn voet gebroken is. waar/niet waar
3 Rob kan nog wel staan. waar/niet waar

5 a, b or c?

1 Rob hoopt
a dat niet gebroken zijn voet is.
b dat zijn voet niet gebroken is.
c zijn voet is niet gebroken.

2 Gert hoopt
a dat Rob nog kan lopen.
b Rob dat nog kan lopen.
c Rob kan nog lopen.

3 Ze hopen
a dat ze gaan kunnen naar huis.
b dat ze kunnen naar huis gaan.
c dat ze naar huis kunnen gaan.

6 Matching opposites

1 aandoen	a opstaan	1 =
2 doorgaan	b zacht	2 =
3 gezond	c vast	3 =
4 hard	d stoppen	4 =
5 los	e uitdoen	5 =
6 staan	f ziek	6 =
7 vallen	g zitten	7 =

7 Fill in:

Change the form of the words when required.
breken / dragen / duidelijk / enkel / kant / lukken / molen / nat / pijn / steen / verder

1 Wat is je haar ____________! Heb je gezwommen?

2 De Helmsonstraat? Oh, die is helemaal aan de andere ____________ van Maastricht.

3 – Oom Henk, zijn we er al?

– Nee, we moeten nog een stukje ____________ lopen.

4 – Weet jij waar in Nederland veel ____________ staan?

– Ik dacht in de buurt van Rotterdam, bij Kinderdijk.

5 Bernard heeft zijn been ____________ en nu ligt hij in het ziekenhuis.

6 Ik kan dit recept niet lezen. Oh, is het van dokter Klaassen? Ja, die schrijft niet ____________.

7 Tussen je been en je voet zit je ____________.

8 Ik heb geprobeerd Norma te bellen, maar het ____________ niet.

9 Welke __________ vind je het mooist?

10 Hé, niet doen! Dat doet __________.

11 Zeg, die doos is te zwaar. Die kan ik echt niet __________.

8 Fill in:

Change the form of the words when required.
bewegen / buigen / dienst / doorgaan / drukken / gezond / grond / los / park / scheuren / uitdoen

1 Elke zondagochtend ga ik wandelen in het __________.

2 Als ik een leuk boek lees, wil ik maar __________ met lezen.

3 Even niet __________ Zo, de foto is klaar.

4 Ik __________ mijn jas __________. Het is lekker warm.

5 De bioscoop? Hier rechtdoor, dan __________ de weg naar links en na tweehonderd meter ziet u de bioscoop aan uw linkerhand.

6 Kijk, als je hierop __________, dan gaat de tv aan.

7 Heeft dokter Van Gool dit weekend __________?

8 Pas op, er hangt een __________ draad aan je jas.

9 Die broek is net nieuw en hij is nu al __________. Wees toch wat voorzichtiger met je kleren.

10 Mijn oma is 80, maar ze is nog heel __________.

11 Pas op, als je koekje op de __________ valt, mag je het niet meer opeten.

9 *Nodig hebben* or *nodig zijn*?

Change the form of the verb when required.

Example: Ik heb geld nodig. Heb jij nog wat?
Ga je alweer naar de kapper? Is dat nu echt nodig?

1 Ik ga boodschappen doen. Wat __________ we nodig?

2 Het __________ niet nodig dat jij ook komt.

3 Jij ziet niet goed: je __________ een bril nodig.

4 Ik __________ u niet langer nodig. U mag naar huis.

5 __________ het nu echt nodig dat je al weer bij je moeder eet?

10 C02 Listen to C01 'In het park' and repeat

11 Text / C03 • Inpakken

Hans has to take an early train. Sonja is trying to help him.

Sonja	Opschieten! Kleed je aan, anders mis je de trein.
Hans	Ik moet m'n tas ook nog inpakken. Waarom heb je me niet eerder geroepen?
Sonja	Wat ben jij vriendelijk, zeg. Jij deed alsof je me niet hoorde. Ik help je toch? Hier: zeep, handdoek, tandenborstel, kam.
Hans	Wacht, ik moet eerst even douchen en mijn tanden poetsen.
Sonja	Gauw dan maar. Je bent erg laat.
	…
Hans	Er zit een gat in mijn sok en mijn overhemd is vuil. En nou is de knoop ook nog van mijn broek. Ik neem wel een trein later …
Sonja	Hé, draai die kraan eens dicht als je toch klaar bent.
Hans	Jaja. Rustig maar!

12 Vocabulary

inpakken [pakte in, ingepakt]	to pack
opschieten [schoot op, opgeschoten]	to hurry (up)
zich aankleden [kleedde aan, aangekleed]	to get dressed
anders	or else
de tas [–sen]	bag
eerder	earlier, sooner
roepen [riep, geroepen]	to call
vriendelijk	friendly
doen alsof	to pretend
alsof	as if
de zeep	soap
de handdoek [–en]	towel
de tandenborstel [–s]	toothbrush
de kam [–en]	comb
douchen [douchte, gedoucht]	to take a shower
de tand [–en]	tooth
poetsen [poetste, gepoetst]	to clean, to brush
gauw	quick(ly)
het gat [–en]	hole
vuil	dirty
de knoop [knopen]	button
van	*here*: off

dichtdraaien [draaide dicht, dichtgedraaid]	to turn off
de kraan	tap, faucet
rustig maar	take it easy

13 True or false?

Text C03 'Inpakken'.
First read the statements. Then listen.

1	Sonja vindt dat Hans aardig doet.	waar/niet waar
2	Hans wil zijn tanden nog poetsen.	waar/niet waar
3	Hans neemt een trein later.	waar/niet waar

14 Matching

1	de trein	a	dichtdraaien	1 =
2	je haar	b	inpakken	2 =
3	de kraan	c	nemen	3 =
4	je tanden	d	wassen	4 =
5	je tas	e	poetsen	5 =

15 Fill in:

Change the form of the words when required.
dichtdraaien / douchen / inpakken / knoop / kraan / laat / opschieten / rustig / tas / wachten

1 Er zitten misschien wel twaalf ____________ aan mijn jas.

2 Ga je alleen ____________ of wil je ook nog je haar wassen?

3 Laten we nog even ____________ met eten. Misschien komt hij nog.

4 Schiet nou toch op. We komen nog te ____________.

5 Zal ik dit voor u ____________ of neemt u het zo mee?

6 Heb je de ramen van de auto ____________?

7 ____________! De taxi staat al voor de deur.

8 Wilt u een plastic ____________ voor de boodschappen of hebt u er zelf een?

9 Het water uit deze ____________ kun je gerust drinken.

10 ____________ maar. Waarom heb je zo'n haast?

16 Fill in:

Change the form of the words when required.
aankleden / alsof / anders / eerder / gat / gauw / roepen / tand / vriendelijk / vuil / zeep

1 Ach, ____________ jij Sandra even dat ze moet binnenkomen voor het eten.

2 Ik ga ____________ weg, want ik moet snel naar mijn werk.

3 Ik moet echt stoppen met roken. ____________ blijf ik niet gezond.

4 Het lijkt net ____________ ik dikker ben dan toen ik nog rookte.

5 Het ontbijt is klaar! Of wil je je eerst nog ____________?

6 Ik heb een heel aardige buurman. Hij is altijd heel ____________ tegen me.

7 Johan, weet jij waar de ____________ ligt? Ik wil me wassen.

8 Ik ben gevallen en nu is er een ____________ uit mijn mond.

9 Wat zijn je kleren ____________! Ik zal ze meteen wassen.

10 Ach, ben je gevallen? Er zit een groot ____________ in je broek.

11 Zeg, heb ik je al niet eens ____________ gezien? Ken je me nog?

17 Packing

You're packing a suitcase for a short trip.
Which of the following items would you take along?

een handdoek – een tandenborstel – een gat – een kam – een kraan – een tas – zeep – een knoop – een steen

18 What could it be?

Example: a 'tandenborstel' is a 'toothbrush'. What is a 'haarborstel'?
Answer: a hairbrush

		Wat is dit?	
1	dichtdraaien	opendraaien	____________
2	inpakken	uitpakken	____________
3	aankleden	uitkleden	____________
4	betaalautomaat	koffieautomaat	____________
5	kippensoep	tomatensoep	____________
6	neusdruppels	oogdruppels	____________

7	tramhalte	bushalte	______
8	zwembad	zwempak	______

19 Grammar

Kleed je aan, anders *mis* je de trein.
Get dressed or you'll miss the train.

For this indication of time see grammar section 27.

20 Now or later?

Look at the following sentences from 'Inpakken'. Determine from each of them if the event/situation is going to happen now or later.

1	Kleed je aan.	now/later
2	Anders mis je de trein.	now/later
3	Ik help je toch?	now/later
4	Je bent erg laat.	now/later
5	Ik neem wel een trein later	now/later

21 / C04 Listen to C03 'Inpakken'

Determine in what order Hans is probably doing things in C02 'inpakken'.

a	aankleden	1 =
b	kraan dichtdraaien	2 =
c	tas inpakken	3 =
d	douchen	4 =
e	de trein nemen	5 =

22 Text / C05 • Au!

Jaap is playing with his three–year–old son.

Jaap	Toe maar! Gooi die bal naar papa.
Omar	Au! Waaaaa!
Jaap	Wat een verdriet. Kusje erop. Over. Is je hand vies? Kom maar, dan zal ik hem even afvegen.

23 Vocabulary

toe maar!	go on!
gooien [gooide, gegooid]	to throw
de bal [–len]	ball
papa	daddy
het verdriet	grief, distress
het kusje [–s]	(little) kiss
over	over, gone

vies	dirty
afvegen [veegde af, afgeveegd]	to wipe

24 What would you say?

1 Ik kan het echt niet. Het is zo hoog

a Gauw dan maar.
b Kusje erop.
c Toe maar.

2 Heb je nog hoofdpijn?

a Bah, wat vies.
b Dat is niet nodig.
c Nee, het is over.

25 Fill in:

Change the form of the words when required.
afvegen / bal / gooien / vallen / vies / verdriet

1 Kom maar bij mama. Heb je zo'n __________?

2 Wat is er? Ben je __________?

3 Bah, je broek is __________.

4 Ik zal hem even __________.

5 Waar is je __________?

6 Nee, niet __________.

Doe hem maar in mijn tas.

26 Grammar

Wat een verdriet. Kusje erop. Over.

For *diminutives* see Grammar Section 28.

27 Look at the following sentences

Does **je** turn the word into something smaller or does the word mean something different?
Example: Lust je een **ijsje**? small/different (ijs – ice; ijsje – ice cream cone)

1 Mag ik nog een broodje met ham? small/different
2 Mijn zoontje wordt morgen zes. small/different
3 Ik heb hier een briefje van € 500,–. small/different
4 Au, er zit een steentje in mijn schoen. small/different
5 Kijk eens, een cadeautje voor je. small/different

28 Text / C06 • Langzaam slank

Veel mensen zijn in de winter zwaarder dan in de zomer. Dat komt omdat ze in de wintermaanden wat vetter eten en minder bewegen. Aan het begin van de zomer merken ze ineens dat er een aantal ponden af moet. Maar hoe?
Minder eten natuurlijk. Voordat je echter aan een bepaald dieet begint,
moet je je afvragen of je echt wel te zwaar bent en of je goed gezond bent.
Vrouwen volgen tweemaal zo vaak een dieet als mannen. En dat terwijl dikke mannen meestal meer problemen krijgen met hun gezondheid dan vrouwen die te zwaar zijn. Het blijkt dat minder dan de helft van de mensen die een dieet volgt, dit korter dan een jaar doet. Slechts 10–20 procent houdt het lagere gewicht. De rest wordt weer dikker en kan opnieuw beginnen. Sommige mensen worden zelfs dikker dan ze ooit geweest zijn.

Dik zijn is ook een sociaal probleem. Maar dat is het alleen in landen waar genoeg te eten is. 'Slank is mooi' vindt men daar en wie te dik is, is dom: ieder pondje gaat door 't mondje.
De enige manier om slank te worden en te blijven is een goed dieet, genoeg lichaamsbeweging en de motivatie om door te gaan, mogelijk voor de rest van je leven. Je moet niet alleen de manier waarop je eet bekijken en deze langzaam maar zeker veranderen, maar ook wandelen, fietsen of zwemmen.

29 Vocabulary

slank	slim
de winter [–s]	winter
de zomer [–s]	summer
dat komt, omdat ...	... that comes from ...
de wintermaand [–en]	winter month
vet	fat, fatty
het begin	the beginning
merken [merkte, gemerkt]	to notice
ineens	suddenly
het aantal [–len]	number
af	off
bepaald	particular(ly)
het dieet [diëten]	diet
(zich) afvragen [vroeg af, afgevraagd]	to wonder
tweemaal zo ... als	twice as ... as
blijken [bleek, gebleken]	to appear
de helft [–en]	half
volgen [volgde, gevolgd]	to follow
kort	short
de gezondheid	health
slechts	only, just
laag	low

de rest	rest
opnieuw	again
ooit	ever
sociaal	social
door	through
enig(e)	only
de manier [–en]	way, manner
de lichaamsbeweging	exercise
de motivatie	motivation
mogelijk	possibly, possible
langzaam maar zeker	slowly but surely
veranderen [veranderde, veranderd]	to change

30 True or false?

First read text 28 'Langzaam slank'
Then read the statements and the questions.
Finally try to find the answers in the text.

1 In de winter beweegt men minder. waar/niet waar
2 Wat moet je je afvragen als je aan een dieet begint? a ______ b ______
3 Vrouwen volgen vaker een dieet dan mannen. waar/niet waar
4 10–20 procent van de mensen wordt na het dieet weer dikker. waar/niet waar
5 Als je slank wilt blijven, moet je waarschijnlijk altijd voorzichtig eten. waar/niet waar

Now you can listen to C06 and read along.

31 Matching opposites

1 vet	a eind	1 =
2 dom	b dik	2 =
3 gezond	c hoog	3 =
4 slank	d mager	4 =
5 minder	e ziek	5 =
6 kort	f slim	6 =
7 laag	g meer	7 =
8 begin	h lang	8 =

32 Matching synonyms

1	echter	a	plotseling	1 =
2	ieder	b	maar	2 =
3	opnieuw	c	elk	3 =
4	lichaamsbeweging	d	nog eens	4 =
5	slechts	e	sport	5 =
6	ineens	f	alleen	6 =

33 Fill in:

Change the form of the words when required.
aantal / bepaald / bewegen / echter / ineens / kort / merken / rest / vaak / zomer

1 In Nederland zijn in de winter de dagen kort, en in de ____________ de nachten kort.

2 Piet kijkt niet zo veel tv. Hij kijkt alleen naar ____________ programma's.

3 Er is een groot ____________ boeken over de geschiedenis van Amsterdam geschreven.

4 Als u ____________ dat u dikker wordt, moet u minder gaan eten.

5 Pas op. Niet ____________ anders zien ze je.

6 Hoe ____________ moet ik het nog zeggen? Doe de deur dicht!

7 Ik heb al twee glazen wijn gedronken. Drink jij de ____________ maar op.

8 Ik was Noor aan het zoeken en ____________ stond ze voor me!

9 We wilden graag dat prachtige, oude huis bekijken. Dat was ____________ niet mogelijk.

10 Ik heb ____________ tijd bij de gemeente gewerkt en toen ben ik zelf een bedrijf begonnen.

34 Fill in:

Change the form of the words when required.
zich afvragen / begin / blijken / enig / helft / maand / manier / minder / mogelijk / veranderen / volgen

1 Ik ga één keer per ____________ naar de kapper.

2 Ik eet ____________ dan Paulien; daarom ben ik niet zo dik.

3 In het ____________ was de wedstrijd niet zo leuk, maar later werd hij beter.

4 Ik ____________ of het nou wel zo leuk is om slank te zijn.

5 Ik heb deze appel maar voor de ____________ opgegeten. Wil jij de rest?

6 De ____________ middag dat ik vrij heb, regent het weer! Wat vervelend.

7 Veel lachen, dat is mijn ____________ om gezond te blijven.

8 Is het ____________ om morgen wat eerder op je werk te komen?

9 Ze heeft haar naam ____________. Eerst heette ze Kiki. Nu noemt ze zich Frederiek.

10 Toen ik op het feest kwam, ____________ dat iedereen er al was.

11 Als u naar het station wilt, moet u deze weg ____________.

35 Finish the following sentences

Example: Een kilo is duizend gram. Een pond is vijfhonderd gram. Een kilo is **twee keer zo zwaar als** een pond.

1 Ik ben 20. Hij is 40. Hij is ____________ ik.

2 Zij is 60 cm. Ik ben 1 meter 80. Ik ben ____________ zij.

3 Hij weegt 100 kilo. Ik weeg 53. Hij weegt bijna ____________ ik.

4 Deze agenda kost € 7,50 en die zwarte € 24,95. Die zwarte kost dus meer dan ____________ deze.

36 C07 Listen to the following words and repeat

37 C08 Maanden en seizoenen

De maanden van het jaar:
januari – februari – maart – april – mei – juni – juli – augustus – september – oktober – november – december

De seizoenen:
lente, voorjaar – zomer – herfst, najaar – winter

38 Vocabulary

de maand [–en]	month
het seizoen [–en]	season
de lente	spring
het voorjaar	spring
de herfst	autumn, fall
het najaar	autumn, fall

39 Fill in:

Example: Mei is in de lente.

1 Augustus is in de ____________.

2 Februari is in de ____________.

3 November is in de ______.

4 April is in de ______.

5 In september begint de ______.

40 Finish by filling in the names of the months

Winter	Herfst	Zomer	Lente
1 december	1 ______	1 ______	1 ______
2 ______	2 ______	2 ______	2 ______
3 ______	3 ______	3 ______	3 ______

QUIZ

PART 1 WHAT WOULD YOU SAY?

1 Denkt u dat u nog op tijd bent?
- a Gauw dan maar.
- b Ik hoop het.
- c Wacht even.

2 Ik hoop niet dat hij de trein gemist heeft.
- a Nee, ik ook niet.
- b Nee, 't gaat wel.
- c Ja, toe maar.

3 Heb je geen zin?
- a Jawel!
- b Lukt 't?
- c Toe maar!

4 Moet al het werk nu opnieuw?
- a Ik hoop het niet.
- b O,'t gaat wel.
- c Opschieten!

PART 2 FILL IN.

Change the form of the words when required.
dragen / eerder / enige / foto / helft / kort / mogelijk / nat / vriendelijk

Rob, Gert and Sonja are preparing for a holiday in the mountains. They will leave in two weeks' time.

1 R Nou, inpakken doe ik niet ______ dan de laatste avond voor ons vertrek. Jullie?

2 S Ja, ik ook. We moeten wel proberen echt zo weinig ______ mee te nemen.

3 G Ja. Vooral niet te veel kleren. Meestal gebruik je maar de ______ van wat je bij je hebt.

4 R Het __________ wat ik meeneem is een lange broek, een trui, twee T–shirts en twee ..... broeken.

Dat is het.

5 S Lijkt me prima. Of heb je zin om __________ te worden? Neem je geen jack mee?

6 R Ja, een jack natuurlijk ook. Maar niet meer, je moet het allemaal maar op je rug __________, hè?

7 G Wie gaat er trouwens __________ maken? Als één van ons het doet, is dat genoeg, toch?

Sonja, jij misschien?

8 S Nou, omdat je het zo __________ vraagt.

PART 3 CHOOSE THE RIGHT WORD.

1 A Het eten is wel erg **vet** / **vuil** hè?
2 B Laat het **aantal** / **de rest** maar staan.
3 A Je haar is **kort** / **slank** zeg!
4 B Ja, vreselijk hè? Ik **bewoog** / **merkte** het te laat. Ik ga nooit meer naar die kapper.
5 A Hè, er gaat een **gat** / **knoop** van m'n jas!
6 B Doe maar even een andere aan dan. We moeten **opschieten** / **veranderen**, want Hans staat buiten al met de auto te wachten.
7 A Ik kom **gauw** / **opnieuw** terug hoor!
8 B Ja, en dan heb ik je trui **anders** / **klaar**.

PART 4 LISTEN TO TEXT C03 'INPAKKEN'. COMPLETE THE SENTENCES.

Sonja Opschieten! Kleed je aan anders mis je __________ trein.

Hans Ik moet m'n tas ook nog __________. Waarom heb je me niet eerder geroepen?

Sonja __________ ben jij vriendelijk, zeg. Jij deed alsof __________ me niet hoorde. Ik help je toch?

__________: zeep, handdoek, tandenborstel, kam.

Hans Wacht, ik moet __________ even douchen en mijn tanden poetsen.

Sonja Gauw __________ maar. Je bent erg laat.

Hans Er zit __________ gat in mijn sok en mijn overhemd __________ vuil. En nou is de knoop ook

__________ van mijn broek. Ik neem wel een __________ later...

Sonja Hé, draai die kraan eens dicht als __________ toch klaar bent.

Hans Jaja. Rustig maar!

LES 17 - LESSON 17

17 / C01 Een nieuw huis

Els is visiting her old friend Titia who recently moved into a new house.

1 Text • Een nieuw huis

Titia	Hè, hè, eindelijk ben je er. Kon je het niet vinden?
Els	Nou, met moeite. Ik heb anderhalf uur in de auto gezeten.
Titia	O, dat is wel erg lang. Doe je jas uit. Wil je direct het huis bekijken of eerst koffie?
Els	Nee, eerst het huis.
Titia	Hier is de keuken.
Els	Goh, lekker licht en zulke warme kleuren...
Titia	De gang is een beetje donker. Dat is de deur naar de kelder.
Els	Wat een grote!
Titia	En dan is hier de woonkamer.
Els	O, wat mooi! Is die vloer van hout?
Titia	Ja, dat is het werk van Martijn.
Els	Prachtig. En wat een mooie klok hangt daar!
Titia	Die is nog van mijn grootouders geweest net als die kast en de bank. Martijn vindt die klok heel lelijk, maar ik vind hem mooi, dus blijft hij daar hangen. ... En dan is hier de wc. Boven is er nog een. De trap is nog niet helemaal klaar. Zullen we meteen naar boven gaan? ... Hier is de kamer van de meisjes en deze is van Bas. En dit is onze slaapkamer.
Els	Grote kamers, zeg.
Titia	En hier is de badkamer: met douche én bad.
Els	Wat een verschil met jullie vorige huis, hè!
Titia	Ja, en het feit dat het ons eigen huis is, is voor ons heel belangrijk. We hadden veel eerder iets moeten kopen, maar we durfden het nooit: zoveel geld. Maar nu ben ik blij dat we het gedaan hebben.
Els	Hoe zijn de buren?
Titia	Wel aardig, geloof ik. Een gezin met vier kinderen. Alleen hun katten komen steeds in onze tuin en dat vind ik vervelend. Kom, we gaan naar beneden. Ik ga koffie zetten.

2 Vocabulary

het huis [huizen]	house
hè, hè!	phew!
eindelijk	finally, at last
de moeite	effort
anderhalf	one and a half
direct	direct(ly), immediate(ly)
licht	light, bright
zulk(e)	such
de gang [–en]	hall, corridor
de kelder [–s]	cellar
een grote	a big one
de (woon)kamer [–s]	(living)room
de vloer [–en]	floor
(van) hout	(made of) wood
de klok [–ken]	clock
hangen [hing, gehangen]	to hang
grootouders (opa en oma)	grandparents
de kast [–en]	cupboard (also closet)
de bank [–en]	couch, bench
lelijk	ugly
de wc [–'s]	toilet
(naar) boven	upstairs
de trap [–pen]	stairs, staircase
het meisje [–s]	girl
de slaapkamer [–s]	bedroom
de badkamer [–s]	bathroom
de douche [–s]	shower
het bad [–en]	bath
het verschil [–len]	difference
vorig	last, previous
het feit [–en]	fact
ons eigen huis	a house of our own
eigen	own
durven [durfde, gedurfd]	to dare

zoveel	so much/many
blij	glad
de buren	neighbours
het gezin [–nen]	family
de kat [–ten]	cat
steeds	always, all the time
de tuin [–en]	garden
(naar) beneden	downstairs
koffie zetten [zette, gezet]	to make coffee

3 True or false?

Text C01 'Een nieuw huis'.
First read the statements. Then listen.

1 Els krijgt meteen koffie. waar/niet waar

2 Wat bekijken Titia en Els? Zet in de goede volgorde:

a	de badkamer	1 =
b	de kast in de woonkamer	2 =
c	de keuken	3 =
d	de slaapkamer van de meisjes	4 =
e	de slaapkamer van Bas	5 =
f	de wc	6 =
g	de woonkamer	7 =

3 De kast van Titia is nog van haar grootouders geweest. waar/niet waar

4 Els vindt de woonkamer erg groot. waar/niet waar

5 Titia is erg tevreden over haar nieuwe buren. waar/niet waar

4 Matching opposites

1 boven	a donker	1 =
2 licht	b later	2 =
3 meisje	c mooi	3 =
4 vorig	d koud	4 =
5 warm	e jongen	5 =
6 eerder	f beneden	6 =
7 lelijk	g volgend	7 =

5 Fill in:

Change the form of the words when required.
anderhalf / bad / badkamer / eigen / licht / meisje / moeite / trap / tuin / wc

1 Kun je even op me wachten? Ik moet naar de ____________.

2 Mijn moeder wordt erg oud en ze kan niet goed meer lopen. Ze kan nu niet meer alleen met de ____________ naar boven.

3 Is dat Wilma? Die had vroeger toch donker haar, en nu is het ____________.

4 Als ik moe ben, vind ik het heerlijk om een uur lang in een warm ____________ te zitten.

5 ____________ jaar geleden hebben we een nieuw huis gekocht.

6 Wil je je even wassen? Kijk, daar is de ____________.

7 Ik heb er erg veel ____________ mee om elke dag op tijd op mijn werk te komen.

8 Nee, mijn kam geef ik je liever niet. Gebruik je ____________ kam maar.

9 Waarom blijf je binnen? Kom toch lekker in de ____________.

10 Twee jaar geleden was Aafke nog een ____________, maar nu is het een echte vrouw geworden.

6 Fill in:

Change the form of the words when required.
beneden / direct / eindelijk / feit / grootouders / hangen / kamer / klok / lelijk / zulk

1 Het ____________ dat we een auto hebben, betekent niet dat we die altijd gebruiken.

2 Monica vindt het nieuwe briefje van € 100 mooi, maar ik vind het ____________.

3 Ik kan bijna geen schoenen voor mezelf vinden. Ik heb ____________ grote voeten!

4 We hebben een groot huis gekocht, want we willen dat alle kinderen hun eigen ____________ hebben.

5 Na twee uur wachten kwam ____________ de trein.

6 Elsje, wil je naar ____________ komen? We gaan eten.

7 Bij Rijk en Lina ____________ wel twintig foto's aan de muur.

8 Wat een mooie ____________! Alleen jammer, dat je er zo moeilijk op kunt zien hoe laat het is.

9 De ouders van mijn ouders zijn allemaal dood: ik heb dus geen ____________ meer.

10 Toen ik hoorde dat Michael Jackson naar Nederland kwam, heb ik ____________ kaartjes besteld.

7 Fill in:

Change the form of the words when required.
boven / buren / douche / durven / gezin / hout / kast / kat / verschil / vorig / zetten

1 Hebben we geen suiker meer? Ach, vraag even bij de ______ of ze ons wat suiker kunnen geven.

2 We hebben een nieuwe, grote auto gekocht. Onze ______ auto was kapot.

3 Ben je naar de kapper geweest? Het spijt me, ik zie geen ______.

4 Ik ______ het bijna niet te zeggen, maar ik heb wel vijf biertjes gedronken.

5 De glazen? Oh, die staan in die ______ daar.

6 Een hond en een ______ zijn meestal geen grote vrienden.

7 Heb je al koffie ______? Ik heb dorst.

8 Als je een ______ neemt, moet je er niet te lang onder staan.

9 Veel ______ dat in Nederland voor bijvoorbeeld deuren wordt gebruikt, komt uit Zweden.

10 Theo, kom je even naar ______? Ik wil het bed ergens anders zetten.

11 We zijn met het hele ______ op vakantie geweest, alleen kleine Nathalie is bij oma gebleven.

8 List the words

List all the words from text 1 'Een nieuw huis' which have to do with house and furniture.

keuken, ______

9 C02 What does Titia's new house look like?

Listen to C01 'Een nieuw huis' and try to fill in the gaps.

1 de keuken: lekker ______ en zulke ______ kleuren.

2 de gang: een beetje ______.

3 de woonkamer: de vloer is van ______, de ______, de ______ en de ______ zijn van Titia's grootouders geweest.

4 er zijn twee wc's: één beneden en één ______.

5 De kamers van de kinderen zijn ______.

6 In de badkamer is een bad en een ______.

10 Ik heb een huis

Ik heb
een huis.

Het huis
dat ik heb
is mijn leven.

Wat ik gedaan heb.
Wat ik ben.

Ik vraag
geen mensen
bij mij thuis.

Ik weet
dat wie koffie
bij mij drinkt
zich later ophangt.

Jan Arends (1925–1974)

11 Text / C03 • Een huisje huren

Josien is talking with her friend Wiebe.

Josien	Wij zijn van plan in oktober een paar dagen de stad uit te gaan. Zo af en toe moet je er echt eens uit, vind ik.
Wiebe	Waar gaan jullie naar toe?
Josien	Ik weet het nog niet, maar we dachten eraan om een huisje te huren of een hotel te zoeken in de buurt van Maastricht. Hebben jullie geen zin om mee te gaan?
Wiebe	Even denken... Ik geloof dat Fred toevallig nog een paar vakantiedagen over heeft. Ik zal het hem vragen. Voor mij is het geen probleem. Behalve in de laatste week van oktober. Dan kan ik niet.
Josien	Ik moet wel onmiddellijk iets reserveren, want ik ben bang dat in de herfstvakantie alles vol is. Als ik iets heb, bel ik je.
Wiebe	Wiebe Anema.
Josien	Hoi, met Josien. Ik heb wat gevonden.
Wiebe	Echt waar? Vertel eens.
Josien	Het is een huisje in de buurt van Maastricht, in de richting van de Belgische grens. Toen ik belde, zeiden ze dat normaal alles al vol was geweest maar ze hadden gelukkig nog een huisje over. Het is heel eenvoudig: twee kamers en een keukentje, een tafel met vier stoelen, bedden. Meer niet. Maar er is wel verwarming. Ik heb beloofd dat we vandaag zullen beslissen.
Wiebe	Nou lijkt me prima. Dat betekent dat we geen tv kunnen kijken. Kan ik eindelijk weer eens een boek lezen.
Josien	Het adres is...
Wiebe	Dat kan ik niet onthouden. Wacht, ik pak even pen en papier, dan kan ik het opschrijven.

12 Vocabulary

van plan zijn	to be going to, to intend to
het plan [–nen]	plan
de stad uit	out of town
de stad [steden]	town, city
eruit gaan	to get away
(zo) af en toe	now and then
het huisje [–s]	*here*: bungalow, cottage
het hotel [–s]	hotel
vakantiedagen	holidays, vacation
over	left over
behalve	except (for)
onmiddellijk	immediately
reserveren [reserveerde, gereserveerd]	to make a reservation
bang	afraid
de herfstvakantie	autumn half–term, fall break
de richting [–en]	direction
Belgisch(e)	Belgian
de grens [grenzen]	border
toen	when
normaal	normally
de stoel [–en]	chair
meer niet	no more, that's all
de verwarming	heating
beloven [beloofde, beloofd]	to promise
beslissen [besliste, beslist]	to decide
betekenen [betekende, betekend]	to mean
Kan ik = Dan kan ik	
onthouden [onthield, onthouden]	to remember
het papier	paper

13 True or false?

Text C03 'Een huisje huren'.
First read the statements. Then listen.

1 Wiebe kan alleen in de laatste week van oktober op vakantie. waar/niet waar
2 Josien, Wiebe en Mark gaan in de herfstvakantie op vakantie. waar/niet waar
3 Het huisje ligt in België. waar/niet waar
4 Wiebe vindt het vervelend dat er geen tv in het huisje is. waar/niet waar

14 Fill in:

Change the form of the words when required.
af en toe / behalve / grens / huisje / over / plan / richting / stad / toen / toevallig

1 Utrecht is een ____________ in het midden van Nederland.

2 Luister, ik heb een ____________: we gaan meteen weg en we betalen niet.

3 Vroeger, ____________ ik nog geen kinderen had, maakte ik verre reizen.

4 – Loop je even met me mee?

– Nee, ik moet de andere ____________ op.

5 Ik kijk niet vaak naar de tv, maar ____________ vind ik het wel leuk.

6 Kijk, hier is de ____________ tussen Nederland en Duitsland.

7 Er is nog een koekje ____________ . Wil jij het?

8 Hé Simone, wat ____________! Ik wist niet dat je ook kon komen.

9 Ik heb alle cd's van De Beatles, ____________ 'Rubber Soul'.

10 Wij gaan naar België op vakantie. Daar hebben we een klein ____________ gehuurd.

15 Fill in:

Change the form of the words when required.
bang / beloven / beslissen / betekenen / normaal / onmiddellijk / onthouden / papier / reserveren / stoel / verwarming

1 Hier ben ik en op tijd zelfs. Dat had ik je toch ____________!

2 Rita, kom ____________ hier! We gaan eten.

3 Als klein kind was ik altijd heel ____________ in het donker.

4 € 100,– voor een tafel en vier ____________? Dat is goedkoop!

5 ____________ het nu eens. Je vergeet ook altijd alles.

6 Ik heb nog nooit een ____________ gesprek gehad met Rob. Hij zegt altijd van die gekke dingen.

7 Wat is het hier koud. Is de ____________ kapot?

8 Er is een goede film in de bioscoop. Zal ik kaartjes ____________?

9 Ik ga misschien een nieuw huis kopen. Morgen moet ik __________

10 – Wat __________ 'a.u.b.'?

– 'Alstublieft'.

11 Pak nu uw pen en __________ en schrijf op.

16 *om/ø* or dat?

1 We zijn van plan __________ een paar dagen de stad uit te gaan.

2 We dachten eraan __________ een huisje te huren.

3 Hebben jullie geen zin __________ mee te gaan?

4 Ik geloof __________ Fred nog wat vakantiedagen heeft.

5 Ik ben bang __________ in die tijd alles al vol is.

6 Ik heb beloofd __________ we vandaag zullen beslissen.

7 Dat betekent __________ we geen tv kunnen kijken.

17 C04 Look and listen

Look at the following list and listen to C03 'Een huisje huren'.
Which items are in the bungalow?
Mark the words you hear.

1 tafel
2 glazen
3 verwarming
4 bad
5 tv
6 bank
7 stoelen
8 bedden
9 keukentje
10 borden

18 Text / C05 • Wat is het hier mooi

Sixteen–year–old Wouter is reluctantly showing his cousin Eileen a typical area of the Dutch countryside.

Eileen	Wat een mooi gezicht. Die lucht: je kunt zo ver kijken! Het lijkt werkelijk wel of de aarde toch plat is. Zo ziet Nederland er ook uit op foto's. Dorpjes aan de horizon. Kerktorens, boerderijen met rode daken en hoge bomen eromheen. Koeien. En wat zijn dat voor dieren?
Wouter	Sufferd, dat zijn paarden.
Eileen	Ja, dat weet ik wel, maar ik was het woord vergeten. Het gras blijft het hele jaar groen, hè?
Wouter	Ja. Hoewel... in droge zomers...

Eileen	Kijk eens omhoog. Wat zijn dat voor vogels?
Wouter	Geen idee.
Eileen	Zullen we nog even langs dat water lopen? Ik zie daar zulke bijzondere planten.
Wouter	Dan moeten we wel over die sloot heen springen.
Eileen	Ik heb de indruk dat jij op dit moment liever iets anders had gedaan.
Wouter	Dat is waar. Meestal oefen ik op zondag met de band.

19 Vocabulary

het gezicht	sight
de lucht [–en]	sky
werkelijk	really
de aarde	earth
plat	flat
het dorpje [–s]	'small' village
de horizon	horizon
de (kerk)toren [–s]	(church) tower
de boerderij [–en]	farm; *here:* farmhouse
het dak [–en]	roof
de boom [bomen]	tree
eromheen	round/around it
de koe [koeien]	cow
het dier [–en]	animal
sufferd!	idiot, fool!
het paard [–en]	horse
het gras	grass
hoewel	although
droog	dry
omhoog	up
de vogel [–s]	bird
langs	along
de plant [–en]	plant
de sloot [sloten]	ditch
springen [sprong, gesprongen]	to jump
de indruk [–ken]	impression
oefenen [oefende, geoefend]	to practise
de band	band

20 True or false?

Text C05 'Wat is het hier mooi'.
First read the statements. Then listen.

1 Eileen heeft nog nooit paarden gezien. waar/niet waar
2 Wouter weet de naam van de vogels niet. waar/niet waar
3 Wouter wilde liever iets anders doen. waar/niet waar

21 Fill in:

Change the form of the words when required.
dier / gras / hoewel / indruk / koe / oefenen / paard / plant / plat / vogel

1 Ik heb geen ____________ in huis; die moet je iedere dag water geven.

2 Mijn opa had vroeger nog een ____________ om op te rijden.

3 Oh, wat een mooie tuin! En wat is het ____________ mooi groen.

4 Ze zeggen weleens dat Nederland zo '____________ als een dubbeltje' is. Daarom kun je er zo lekker fietsen.

5 Ik had de ____________ dat tante Ans niet zo blij was met haar cadeau.

6 – Mama, geven bruine ____________ ook witte melk?

– Ja, kind.

7 Ze hebben bij onze buren wel zes ____________: vier katten en twee honden.

8 Ik ga toch op vakantie, ____________ ik daar eigenlijk geen tijd voor heb.

9 Nou Frans, als je een goede voetballer wilt worden, moet je nog veel ____________.

10 – Mama, waarom kunnen ____________ vliegen en honden niet?

– Dat is een moeilijke vraag.

22 Fill in:

Change the form of the words when required.
boom / dak / dorp / droog / gezicht / langs / omhoog / springen / werkelijk / woord

1 Kijk eens ____________. Een vliegtuig.

2 Hoe komt dit water in de kamer? Zit er soms een gat in het ____________?

3 Ik weet nog niet wat ik wil kopen. Zullen we eerst even ____________ de winkels lopen?

4 In de tuin van mijn ouders staat een ____________, en die was vroeger even hoog als ik, en nu is hij zo hoog als het huis.

5 Dames en heren, ik drink even wat water. Ik heb zo'n ____________ mond.

6 – Heeft het Engels een ____________ dat precies hetzelfde betekent als 'gezellig'?

– Nee, ik geloof het niet.

7 – Wat is dat voor lawaai?

– Oh, dat zijn de kinderen. Die zijn boven op hun bed aan het ____________

8 Is het nu ____________ zo dat je nergens meer mag roken?

9 Ik woon nu in een stad, maar ik ben geboren in een ____________.

10 Wat een gek ____________! Paultje met de hoed van zijn vader.

23 Fill in:

aarde / boerderij / dak / horizon / lucht / toren / vogels / water

1 Er zit ____________ in de sloot.

2 In de lucht vliegen ____________.

3 Op het huis zit een rood ____________.

4 De ____________ is rond.

5 De ____________ is laag.

6 In de ____________ hangt een klok.

7 Koeien vind je bij een ____________.

8 Aarde en ____________, water en vuur.

24 C06 Look at the picture

Listen to C05 'Wat is het hier mooi' and write down what is missing in the picture.

QUIZ

PART 1 A, B OR C? FINISH THE FOLLOWING SENTENCES.

1 Ik ben blij
 a dat je toch gekomen bent.
 b je bent toch gekomen.
 c om toch te komen.

2 Het lijkt wel
 a dat hier geen mensen wonen.
 b hier wonen geen mensen.
 c of hier geen mensen wonen.

3 Ik heb de indruk
 a dat je geen zin hebt om naar huis te gaan.
 b geen zin te hebben naar huis te gaan.
 c je hebt geen zin om naar huis te gaan.

PART 2 FILL IN. CHANGE THE FORM OF THE WORDS WHEN REQUIRED.

bang / behalve / dorpje / hoewel / onthouden / plan / stad / vakantie-dagen / verschil / vorig / zin hebben

Wiebe praat met zijn collega Fred. Freds ouders hebben een boerderij.

1 F Kom je uit de ____________?

2 W Nee, ik kom uit een heel klein ____________ We woonden er trouwens buiten, want mijn ouders hebben een boerderij.

3 F O, wat leuk! ____________, 't is hard werken zeker?

4 W Ja, precies. Je hebt natuurlijk geen ____________, hè, zoals wij. Nou ja, ____________ als je een zoon hebt die zo gek is als ik.

5 F Ben je van ____________ om het bedrijf straks over te nemen?

6 W Ik weet het nog niet. Ik weet niet of ik het alleen kan. Bovendien ben ik ____________ dat mijn vriendin het niet wil.

7 F Ja, het is wel een ____________ met het leven in Amsterdam. Is het trouwens een oude boerderij, die van je ouders?

8 W Ja, heel oud. De boerderij is prachtig, en ligt heel mooi, met een prachtige tuin. ____________ jaar heeft mijn vader er een nieuwe keuken en badkamer in gemaakt.

9 W Als je ____________, moet je eens langskomen als ik er ook ben. Dat vinden mijn ouders ook gezellig.

10 F Ja, leuk. Dat zal ik ____________

PART 3 CHOOSE THE RIGHT WORD.

1 A Zullen we die klok maar hier **hangen** / **reserveren**?
2 B Ja, **beneden** / **boven** de bank lijkt me prima.
3 A Hé, waarom ben je niet **direct** / **langs** na je werk gekomen?
4 B Ik had Paul toch **beloofd** / **beslist** te helpen bij zijn nieuwe vloer. Dat heb ik je trouwens gisteren nog gezegd.
5 A Is het al zo laat? Dan moet ik **onmiddellijk** / **steeds** weg!
6 B Als je in de **grens** / **richting** van het centraalstation moet, kan je wel met mij meerijden.
7 A Ik weet niet precies wat dat woord **bedoelt** / **betekent**.
8 B Je **bedoelt** / **betekent** dat je dat woord niet kent?

PART 4 LISTEN TO TEXT C05 'WAT IS HET HIER MOOI'. COMPLETE THE SENTENCES.

Eileen	Wat een mooi gezicht. Die lucht: je ________ zo ver kijken! Het lijkt werkelijk wel ________ de aarde toch plat is. Zo ziet ________ er ook uit op foto's. Dorpjes aan ________ horizon. Kerktorens, boerderijen met rode daken en ________ bomen er omheen. Koeien. En wat zijn ________ voor dieren?
Wouter	Sufferd, dat zijn paarden.
Eileen	Ja, ________ weet ik wel, maar ik was het ________ vergeten. Het gras blijft het hele jaar ________, hè?
Wouter	Ja. Hoewel... in droge zomers...
Eileen	Kijk ________ omhoog. Wat zijn dat voor vogels?
Wouter	Geen ________.
Eileen	Zullen we nog even langs dat water ________. Ik zie daar zulke bijzondere planten.
Wouter	Dan ________ we wel over die sloot heen springen.
Eileen	________ heb de indruk dat jij op dit ________ liever iets anders had gedaan.
Wouter	Dat is ________ Meestal oefen ik op zondag met de ________.

LES 18 - LESSON 18

18 / C01 Wat een weer!

1 Text • Wat een weer!

A	Wat een weertje, hè buurman!
B	Ja heerlijk. Lekker zonnetje. Niet te warm.
A	Goedemorgen. Wat een wind!
B	Nou. Ze zeggen dat het morgen nog harder gaat waaien. Maar het blijft gelukkig wel droog.
Oom Jan	Wat ben je nat!
Marvin	Bah. Wat een regen.
Oom Jan	Had je geen paraplu bij je?
Marvin	Nee, die ben ik kwijt. Houdt die regen nooit op?
Oom Jan	Ja jongen, dit is Nederland. Het regent hier meer dan bij jullie.

2 Vocabulary

het weer	weather
wat een weertje	what a beautiful day
de zon [het zonnetje]	sun
de wind [–en]	wind
waaien [waaide/woei, gewaaid]	to blow
de regen	rain
de paraplu ['s]	umbrella
kwijt (zijn)	(to have) lost
ophouden [hield op, opgehouden]	to stop
regenen [regende, geregend]	to rain

3 True or false?

Text C01 'Wat een weer'.
First read the statements. Then listen.

Oom Jan en Marvin.

1 Marvin heeft geen paraplu meer. waar/niet waar
2 Marvin woont in Nederland. waar/niet waar

4 Fill in:

Change the form of the words when required.
kwijt / ophouden / paraplu / regenen / waaien / weer / wind / zon

1 Wat ____________ het vandaag hard! Maar gelukkig is het droog.

2 Als je niets meer weet te zeggen, kun je altijd nog een gesprek over het ____________ beginnen.

3 Ik ga morgen niet op de fiets naar mijn werk. Het zal de hele dag ____________ en ik heb geen zin om nat te worden.

4 Karel, wil je ____________ met praten? Ik wil dat het rustig is.

5 Ik ben mijn pen ____________. Ik heb al overal gezocht.

6 O nee! Wat een regen. En ik heb geen ____________ bij me.

7 – Hoe kom je aan die rode neus?
– Oh, ik heb gisteren te lang in de ____________ gelopen.

8 Houd je paraplu goed vast! Anders waait hij weg door de ____________.

5 Fill in:

Find the words you need in 2, Vocabulary.

1 In Nederland ____________ het vaak. Daarom is het er zo groen.

2 Vooral in de herfst kan het ook nog hard ____________.

3 Sommige mensen houden ervan in de ____________ te lopen of te fietsen. 'Uitwaaien' heet dat.

6 Het weer

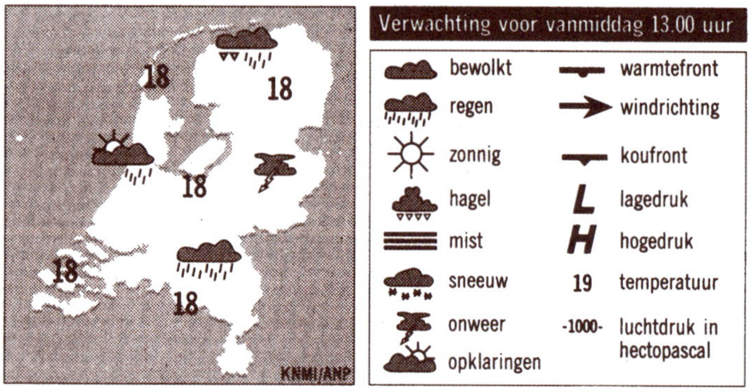

7 Vocabulary

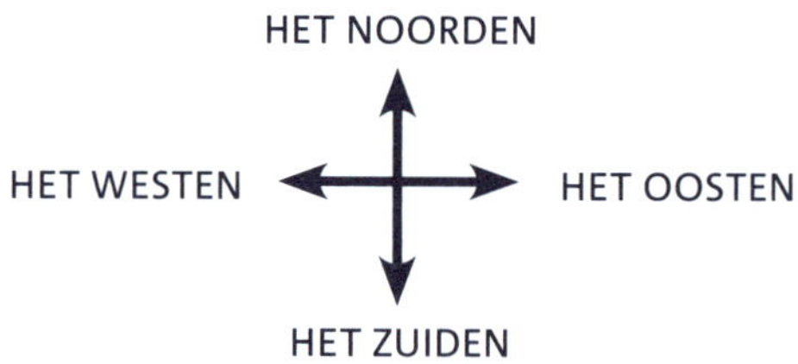

de verwachting	forecast
bewolkt	cloudy
zonnig	sunny
de hagel	hail
de mist	fog
de sneeuw	snow
de temperatuur [temperaturen]	temperature
het onweer	thunderstorm
opklaringen	bright periods

8 Centigrade and Fahrenheit

C = 5/9 (F – 32°) (subtract 32, multiply by 5, and divide by 9)
F = 9/5 C + 32° (multiply by 9, divide by 5, and add 32)
Look at the weather forecast in chart 6. Then fill in.

1 Hoe warm wordt het in het hele land? ____________ °C. Dat is ____________ °F.

2 In het noorden verwacht men ____________ en ____________.

3 In het zuiden verwachten ze ____________.

4 In het westen gaat het niet alleen regenen maar zijn er ook ______________.

5 In het oosten komt er ______________.

9 C02 Listen to C01 'Wat een weer!' and repeat

10 Strip

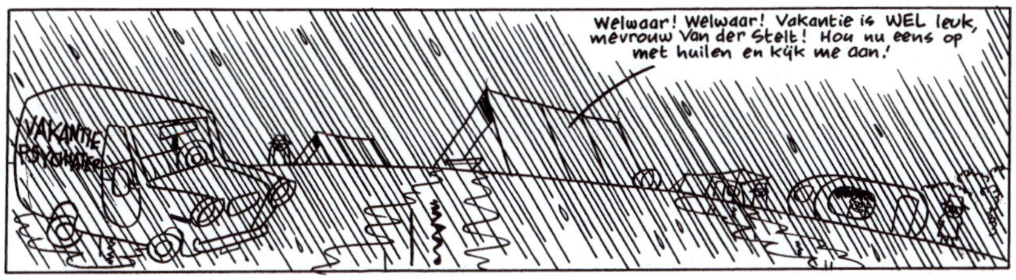

11 Vocabulary

ophouden [hield op, opgehouden]	to stop
huilen [huilde, gehuild]	to cry
aankijken [keek aan, aangekeken]	to look at

12 Text / C03 • Naar het strand

Joan and Kiki are spending a day on the beach.

Kiki	Zo, leg de handdoeken maar hier en zet de tassen er maar op.
Joan	Heb je de auto wel op slot gedaan?
Kiki	Ja hoor. Ik doe de sleutels in jouw tas. Okay? Goh, jij wordt nu al rood. Als de zon zo blijft schijnen, moet je wel iets aantrekken.
Joan	Ik heb wel een dun blousje bij me.
Kiki	In ieder geval is het strand lekker leeg. Gewoonlijk ga ik op zondag en dan is het heel druk. We hebben trouwens echt geluk met het weer vandaag. Ze zeggen dat het morgen verandert...
Joan	Is de zee hier diep?
Kiki	Mm.
Joan	Geef eens antwoord. Is de zee hier diep?
Kiki	Ik sliep bijna. Nee, het is nu laag water maar je moet toch wel voorzichtig zijn.
Joan	Ik ga even zwemmen.
Kiki	Kijk uit! De zee is bij eb sterker dan je denkt.

13 Vocabulary

het strand [–en]	beach
leggen [legde, gelegd]	to lay, put
zetten [zette, gezet]	to set, put
op slot doen	to lock
het slot [sloten]	lock

de sleutel [–s]	key
schijnen [scheen, geschenen]	to shine
dun	thin
leeg	empty
gewoonlijk	usually
geluk hebben	to be lucky
het geluk	luck, happiness
de zee [–ën]	sea
diep	deep
het antwoord [–en]	answer
kijk uit! [uitkijken, keek uit, uitgekeken]	watch out!
laag	low
bij eb	at low tide

14 True or false?

Text C03 'Naar het strand'.
First read the statements. Then listen.

1 Joan is vergeten de auto op slot te doen. waar/niet waar
2 Meestal is het erg druk als Kiki naar het strand gaat. waar/niet waar
3 Kiki zegt dat Joan niet in zee moet gaan. waar/niet waar

15 Matching opposites

1 leeg	a dik	1 =
2 laag	b hoog	2 =
3 dun	c droog	3 =
4 druk	d koud	4 =
5 hard	e rustig	5 =
6 nat	f vol	6 =
7 warm	g zacht	7 =

16 Find the appropriate words in 12, Naar het strand

1 Als je zware dingen wilt dragen, moet je ____________ zijn.

2 Als je in ____________ water springt, moet je kunnen zwemmen.

3 Als het koud is, trek ik geen ____________ kleren aan.

4 Als die flessen ______ zijn, mag je ze naar de supermarkt brengen.

5 Als een man een ______ stem heeft, heeft hij een basstem.

17 Fill in:

Change the form of the words when required.
schijnen / strand / temperatuur / weg / zee / zon

Naar zee

Op zonnige dagen in de zomer gaan veel Nederlanders naar ______. Vooral de ______ van Zandvoort en Scheveningen worden dan heel druk bezocht. Op de ______ naar het strand staan de auto's lang te wachten. Als de ______ rond de dertig graden is, is dat heel vervelend.

Maar op het strand is het heerlijk. Je kunt er zwemmen of in de ______ liggen. Ook kun je er patat, ijs en haring eten. Het is alleen jammer dat de zon in Nederland niet vaker ______.

18 Fill in:

geluk / gewoonlijk / op slot / sleuteltje / slot / terwijl

1 Gisteren was ik vergeten mijn fiets ______ te doen.

2 Het ______ zat vanmorgen nog in het ______.

3 En dat ______ de fiets buiten voor de deur stond.

4 ______ zet ik hem in de stalling.

5 Ik had echt ______ dat niemand hem had meegenomen.

6 Volgens mijn moeder ben ik een geluksvogel.

19 Fill in:

antwoord / in (2x) / naar / op / rood / slecht

1 We gaan met de auto ______ zee.

2 We liggen ______ het strand.

3 Als ik te lang ______ de zon lig, word ik ______.

4 Als ik het erg warm heb, ga ik ______ zee.

5 Gisteren vroeg iemand me of ik wist dat veel zon ______ voor je is.

6 Mijn ______ was: roken en vet eten zijn ook al slecht. Mag ik dan helemaal niets meer?

20 *zet/zetten* or *leg/legt/leggen*?

1 Joan ______________ de handdoek op de grond.

Daarna ______________ ze de tas op de handdoek.

2 Ik ______________ mijn fiets buiten tegen de muur.

Mijn fietssleuteltje ______________ ik binnen op tafel.

3 ______________ je zonnebril maar op de tas en ______________ je schoenen naast de stoel.

4 Zal ik je koffie op tafel ______________?

5 Je kunt de baby wel in ons bed ______________.

21 Look at the following words:

diep – ondiep *(shallow)*
bewolkt – onbewolkt *(cloudless)*
weer – onweer *(thunderstorm)*

The meaning of **on**– is usually **not**. Sometimes it adds a negative aspect.
Could you guess the meaning of the underlined words?

1 Je zegt altijd zulke **onaardige** dingen tegen je zus.
2 Je moet niet zo vet eten. Dat is **ongezond**.
3 De hond is zo **onrustig**. Misschien loopt er iemand in de tuin.
4 Vroeger was het **onbeleefd** als je 'jij' en 'jou' tegen je ouders zei.
5 Heeft ze in één maand Nederlands geleerd? Maar dat is toch **onmogelijk**?
6 Wat is het hier **ongezellig**. Kun je niet wat planten voor het raam zetten?

22 C04 Listen to the following words and repeat

23 De zee

De zee kun je horen
met je handen voor je oren,
in een kokkel, *cockle*
in een mosterdpotje, *mustard jar*
of aan zee

Judith Herzberg (1934)

24 Text • Verslag van een gesprek met Ronald van den Berg

Ronald van den Berg is vogelaar. Bijna elke zaterdag kun je hem vinden in het Gaasperplaspark of in het gebied van Klarenbeek. En als hij naar zijn werk fietst, luistert hij altijd of hij tussen de bladeren en ander groen ook vogels hoort.
'Na jaren weet je welke vogel welk geluid maakt. Dat leer je door er heel veel mee bezig te zijn.' Ronald zegt dat hij altijd en overal vogels hoort en ziet. 'Net als iemand die van katten houdt overal katten ziet. In een boekje schrijf ik op wanneer en waar ik een bijzonder soort vogels gezien heb. Gewone soorten noteer ik niet. Het is echt een hobby van me. Ik zou het trouwens ook wel voor mijn beroep willen doen. Voor de gemeente of zo.'

Wie vogels wil kijken, moet 's morgens vroeg opstaan, want vogels zingen meestal al vóór de zon opkomt. Waarom ze dat doen, weet de vogelaar precies. 'Zo'n drie kwartier voor zonsopgang beginnen ze. Alleen de mannetjes zingen. Ze laten de anderen merken dat ze er zijn, vooral de vrouwtjes natuurlijk.'
Volgens Ronald van den Berg is het het leukste om met een klein groepje, niet meer dan vijf personen, vogels te gaan kijken. De een ziet dit, de ander dat. Maar met meer dan vijf mensen maak je te veel lawaai. Je moet je wel heel stil kunnen houden, want dan zie je het meest. Het beste is te lopen. Op de fiets beweeg je meer en dan schrikken de vogels.
Ronald vindt het jammer dat er in dit gebied steeds meer huizen gebouwd worden. 'Als de huizen er staan, komen er misschien wel weer andere soorten vogels, maar dan wordt het wat gewoner, denk ik.'

(Uit: Amsterdams Stadsblad)

25 Vocabulary

het verslag [–en]	report
de vogelaar [–s]	bird–watcher
elk(e)	each
het gebied [–en]	area, field
tussen	between, among
het blad [bladeren]	leaf
het groen	foliage
het geluid [–en]	sound
leren [leerde, geleerd]	to learn
bezig	busy
de soort [–en]	kind; *here*: species
noteren [noteerde, genoteerd]	to note down
zou willen doen	would like to do
het beroep [–en]	profession
's morgens	in the morning
de morgen [–s]	morning
opkomen [kwam op, opgekomen]	to rise
zo'n	about
het kwartier	15 minutes
de zonsopgang [–en]	sunrise
het mannetje/vrouwtje	male/female
laten merken	to make clear
anderen	the others
de groep [–en]	group
de persoon [personen]	person
de een... de ander	some ... some ...

stilhouden	to keep quiet
het meest	(the) most
steeds meer	more and more
blad [bladen]	magazine, paper

26 True or false?

Read 'Verslag van een gesprek met Ronald van den Berg'.
Then read the question and statements.
Finally try to find the answers in the text.

1 Waar komt dit interview vandaan? ______________

2 Ronald van den Berg is vogelaar van beroep. waar/niet waar
3 Ronald van den Berg noteert alle soorten vogels. waar/niet waar
4 Hij gaat het liefst vogels kijken met een paar andere mensen. waar/niet waar
5 Hij vindt dat je met vijf mensen te veel lawaai maakt. waar/niet waar
6 Van den Berg vindt dat je beter kunt lopen dan fietsen als je vogels wilt zien. waar/niet waar

Now you can listen to C05 and read along.

27 Fill in:

's avonds / 's middags / 's morgens /'s nachts

______________ om zeven uur sta ik op.

Dan werk ik tot ______________ vijf uur.

______________ kijk ik televisie.

______________ slaap ik.

28 Fill in:

Change the form of the words when required.
blad / bloem / sneeuw / vogel

1 In de lente zingen de ______________.

2 In de zomer zijn er veel ______________.

3 In de herfst vallen de ______________ van de bomen.

4 In de winter ligt er soms ______________.

29 Fill in:

Change the form of the words when required.
elk / gebied / geluid / groep / leren / 's morgens / soort / steeds

1 Ben je weleens in de Flevopolder geweest? Daar is een ______ waar veel vogels zijn.

2 Er komen ______ meer auto's terwijl de wegen al vol zijn.

3 Leo en Anneke hebben veel geld, ze gaan ______ jaar drie keer op vakantie.

4 Wil je het ______ van de tv wat zachter zetten? Ik ben aan het telefoneren.

5 Als je veel vogels wilt horen en zien, moet je ______ vroeg naar buiten gaan.

6 Komen er morgen 100 mensen? Laten we dan vier ______ van 25 maken.

7 – Hoeveel ______ katten zijn er eigenlijk?

– Dat weet ik niet precies, maar volgens mij wel meer dan 100.

8 Vanavond heb ik geen tijd, ik moet voor school nog mijn geschiedenis ______.

30 Fill in:

Change the form of the words when required.
anderen / beroep / bezig / kwartier / persoon / tussen / verslag

1 Heb jij de krant van vandaag? Ik wil het ______ van Ajax – AC Milan graag lezen.

2 Joan en ik gingen naar het strand. De ______ wilden liever naar Amsterdam.

3 – Dorien, wat wil je later worden?

– Dokter, dat lijkt me een mooi ______.

4 Volgens mij is Dirk niet de juiste ______ om mee op vakantie te gaan.

5 Kun je even stil zijn? Ik ben ______ met een belangrijk telefoongesprek.

6 Okay, dan kom ik morgen ______ twee en drie even bij je langs.

7 Wist je dat de wedstrijd een ______ later begint dan in de krant staat?

31 Water bij dag en bij nacht

Bij dag is het water iets lichter	
groen dan de bossen, iets lichter	*woods*
blauw dan de hemel, iets lichter	*sky*
dan je wilt zeggen, dat is water.	
De maan rijst, het water is zwarter	*the moon is rising*
dan de bossen die grijs zijn, zwarter	*grey*
dan de hemel die grijs is. De maan	
daalt in het water, zilveren	*is sinking*
gulden in spaarpot van dichter.	*money box; poet*
Wolken schuiven voor de maan	*clouds are blotting out the moon*
en alles is weg.	

Rutger Kopland (1934)

QUIZ

PART 1 WHAT WOULD YOU SAY?

1 Wat een regen, hè!
   - a Ja hoor.
   - b Kijk uit.
   - c Nou, zeg.

2 Lekker zonnetje, hè!
   - a Ja en weinig wind.
   - b Morgen wordt het beter
   - c Nou, wat een wolken.

PART 2 FILL IN:

geluid / hobby / kat / stil / soort

1 A Wat hoor ik daar voor ______?

2 B Een vogel. Maar wel een bijzonder ______, denk ik.

1 Vogels kijken is mijn ______.

2 Als we heel ______ zijn, zien we hem misschien.

3 A Ach joh, dat is gewoon een ______.

PART 3 FILL IN: CHANGE THE FORM OF THE WORDS WHEN REQUIRED.

leeg / sterk / strand / waaien / wind / zonnig

Als het hard ________, is het vaak mooier aan het strand dan op een ________ dag in de zomer.

Het strand is dan heel ________. Alleen een paar mensen die ook van ________ houden.

Soms is de wind zo ________ dat je niet op je benen kunt blijven staan.

De meeste mensen echter gaan in de winter liever naar het ________ in warmere landen.

PART 4 LISTEN TO TEXT C01 'WAT EEN WEER!' COMPLETE THE SENTENCES.

A	Wat een ________, hè buurman!
B	Ja heerlijk. Lekker ________ Niet te warm.
A	Goedemorgen. Wat een wind!
B	Nou. Ze zeggen dat ________ morgen nog harder gaat waaien.
	Maar het ________ gelukkig wel droog.
Oom Jan	Wat ben ________ nat!
Marvin	Bah. Wat een regen.
Oom Jan	Had je geen paraplu ________ je?
Marvin	Nee, die ben ik kwijt.
	________ die regen nooit op?
Oom Jan	Ja jongen, dit is Nederland.
	Het ________ hier meer dan bij jullie.

GRAMMATICA / GRAMMAR SECTION

Contents

1 subject pronouns + verb: regular conjugation

singular

1	ik	werk	I work
2	je / jij	werk**t** (wer**k** je)	you work [informal]
	u	werk**t**	you work [formal]
3	hij	werk**t**	he works
	ze / zij	werk**t**	she works
	het	werk**t**	it works

plural

1	we / wij	werk**en**	we work
2	jullie	werk**en**	you work
3	ze / zij	werk**en**	they work

When the verb precedes the subject **je** or **jij**, as in questions, it has no **-t**.

2 object pronouns

singular

1	hij ziet **me** / **mij**	he sees me
2	hij ziet **je** / **jou**	he sees you [informal]
	hij ziet **u**	he sees you [formal]
3	hij ziet **hem**	he sees him
	hij ziet **haar**	he sees her
	hij ziet **het**	he sees it

plural

1	hij ziet **ons**	he sees us
2	hij ziet **jullie**	he sees you
3	hij ziet **ze** / **hen**	he sees them

3 je / jij, ze / zij, we / wij, me / mij, je / jou, ze / hen

In case of emphasis or contrast you use a slightly different set of pronouns.

	subject			object		
Emphasis or contrast:	jij	zij	wij	mij	jou	hen
Otherwise:	je	ze	we	me	je	ze

Examples:

No contrast		Contrast
Hoe gaat het met **je**?	–	Goed, en met **jou**?
(How are you?	–	*Fine, how are you?)*
Ik hou van **je**.	–	Maar **jij** houdt niet van **mij**.
(I love you.	–	*But you don't love me.)*
We gaan naar huis.	–	Maar **wij** niet.
(We are going home.	–	*But we aren't.)*

4 word order

A In a simple main clause the conjugated verb takes second position. (Examples 1-5)
The subject in the examples is printed in *italics*.

conjugated verb

1	*Ik*	**kom**	uit Frankrijk.	(I am from France.)
2	*Dat*	**is**	Michel.	(That is Michel.)
3	Daar	**woon**	*ik* vlakbij.	(I live close to that.)
4	Waar	**komt**	*u* vandaan?	(Where are you from?)
5	*We*	**gaan**	iets drinken.	(We are going to have a drink.)
6	**Mag**	*ik*	je even voorstellen?	(May I introduce you?)
7	**Is**	*het*	al drie jaar geleden?	(Is it already three years ago?)

B In compound sentences the conjugated verb of the dependent clause is always at the end.

			subject	*rest*	*verb(s)*
1	Weet je	of	**we**	nog messen	**hebben**?
	(Do you know whether we still have any knives?)				
2	Ik ga niet naar school	omdat	**ik**	ziek	**ben**.
	(I'm not going to school because I am ill.)				
3	Hij zegt	dat	**hij**	morgen	**komt**.
	(He says that he will come tomorrow.)				
4	Hij vindt	dat	**hij**	genoeg	**heeft gedaan**.
	(He thinks that he has done enough.)				

In case of example 4 **heeft gedaan** and **gedaan heeft** are both correct.

C When the dependent clause precedes the main clause, the subject follows the conjugated verb in the main clause.

Omdat ik ziek ben,	**ga**	***ik***	niet naar school.
(Because I am ill, I won't go to school.)			
Als ik hard loop,	**ben**	***ik***	er op tijd.
(If I walk fast, I will be there on time.)			

5 numbers

	cardinal		*ordinal*
0	nul		
1	een	1e	eerste
2	twee	2e	tweede
3	drie	3e	derde
4	vier	4e	vierde
5	vijf	5e	vijfde
6	zes	6e	zesde
7	zeven	7e	zevende
8	acht	8e	achtste
9	negen	9e	negende
10	tien	10e	tiende
11	elf	11e	elfde
12	twaalf	12e	twaalfde
13	dertien	13e	dertiende
14	veertien	14e	veertiende
15	vijftien	15e	vijftiende
16	zestien	16e	zestiende
17	zeventien	17e	zeventiende
18	achttien	18e	achttiende
19	negentien	19e	negentiende
20	twintig	20e	twintigste
21	eenentwintig	21e	eenentwintigste
22	tweeëntwintig	22e	tweeëntwintigste
23	drieëntwintig	23e	drieëntwintigste
24	vierentwintig	24e	vierentwintigste
25	vijfentwintig	25e	vijfentwintigste
26	zesentwintig	26e	zesentwintigste

27	zevenentwintig	27e	zevenentwintigste
28	achtentwintig	28e	achtentwintigste
29	negenentwintig	29e	negenentwintigste
30	dertig	30e	dertigste
40	veertig	40e	veertigste
50	vijftig	50e	vijftigste
60	zestig	60e	zestigste
70	zeventig	70e	zeventigste
80	tachtig	80e	tachtigste
90	negentig	90e	negentigste
100	honderd	100e	honderdste
200	tweehonderd	200e	tweehonderdste
300	driehonderd	300e	driehonderdste
400	vierhonderd	400e	vierhonderdste
500	vijfhonderd	500e	vijfhonderdste
600	zeshonderd	600e	zeshonderdste
700	zevenhonderd	700e	zevenhonderdste
800	achthonderd	800e	achthonderdste
900	negenhonderd	900e	negenhonderdste
1000	duizend	1000e	duizendste

125	honderd vijfentwintig
1512	vijftienhonderd twaalf
5088	vijfduizend achtentachtig

100.000	honderdduizend
1.000.000	een miljoen
1.000.000.000	een miljard

6 spelling

The spelling of the vowels is related to the pronunciation. You could listen to the vowels in the following exercises:

[a] and [aa] in lesson 1, exercise 23/C05.
[o] and [oo] in lesson 2, exercise 11/C03.
[ee] in lesson 4, exercise 13/C02.
[e] in lesson 2, exercise 30/C09.
[uu] in lesson 3, exercise 46/C15.
[u] in lesson 6, exercise 37/C08.

1 The sounds [aa], [oo], [ee] and [uu] are written as **a**, **o**, **e**, **u** when the syllable ends in a vowel.

de str**aa**t *the street*	str**a**-ten *streets*
Ik w**oo**n in Edam. *I live in Edam.*	Wij w**o**-nen in Edam. *We live in Edam.*
Ik w**ee**t het. *I know.*	Wij w**e**-ten het. *We know.*

Je st**uu**rt een e-mail.	Jullie st**u**-ren een e-mail.
You send an e-mail.	*You send an e-mail.*

2 After the sounds [a], [o], [e], [u] or [i]: the consonant is doubled if a vowel follows:

de ma**n**	ma**nn**en	the man	men
Hij is do**m**.	een do**mm**e man	He is stupid.	a stupid man
ik ze**g**	wij ze**gg**en	I say	we say
de bu**s**	bu**ss**en	the bus	buses
ik li**g**	wij li**gg**en	I am lying	we are lying

3 **f** or **s** at the end of a word or before a consonant change into **v** or **z** before a vowel:

ik blij**f**	wij blij**v**en
I stay	*we stay*
het hui**s**	hui**z**en
the house	*houses*

7 articles: de, het, een

In Dutch there are two categories of nouns. Some nouns take **de** as the definite article, other nouns **het**. There are no good rules for knowing which nouns take **het** and which take **de**, so you should always memorize each new noun you learn together with the article. Both noun categories take the article **de** in the plural. Diminutive nouns take always **het**: **het** straatje (the little street), **het** woordje (the little word) etc. (see Section 28)

de moeder	**de** moeders	**een** moeder	moeders
the mother	the mothers	a mother	mothers
het woord	**de** woorden	**een** woord	woorden
the word	the words	a word	words

8 verbs

the conjugation of some irregular verbs
hebben (to have), **zijn** (to be), **gaan** (to go), **zullen** (shall, will), **kunnen** (can), **willen** (to want), **mogen** (may)

1	ik	heb	I have
2	je	hebt (heb je)	you have [informal]
	u	hebt / heeft	you have [formal]
3	hij	heeft	he has
	ze	heeft	she has
	het	heeft	it has
	we, jullie, ze	hebben	we, you, they have

1	ik	ben	I am
2	je	bent (ben je)	you are [informal]
	u	bent	you are [formal]
3	hij	is	he is
	ze	is	she is
	het	is	it is

	we, jullie, ze	zijn	we, you, they are
1	ik	ga	I go
2	je	gaat (ga je)	you go [informal]
	u	gaat	you go [formal]
3	hij	gaat	he goes
	ze	gaat	she goes
	het	gaat	it goes
	we, jullie, ze	gaan	we, you, they go

1	ik	zal
2	je	zult, zal (zul je, zal je) [either form is correct] [informal]
	u	zult, zal [either form is correct] [formal]
3	hij	zal
	ze	zal
	het	zal
	we, jullie, ze	zullen

1	ik	kan
2	je	kunt, kan (kun je, kan je) [either form is correct]
	u	kunt, kan [either form is correct] [formal]
3	hij	kan
	ze	kan
	het	kan
	we, jullie, ze	kunnen

1	ik	wil
2	je	wil, wilt (wil je) [either form is correct] [informal]
	u	wilt [formal]
3	hij	wil
	ze	wil
	het	wil
	we, jullie, ze	willen

1	ik	mag
2	je	mag [informal]
	u	mag [formal]
3	hij	mag
	ze	mag
	het	mag
	we, jullie, ze	mogen

Word order: **gaan**, **kunnen**, **zullen**, **willen**, **mogen**, **moeten** (see also Section 4, examples 5 and 6)

Pardon mevrouw, **mag** ik u iets **vragen**?	Excuse me madam, may I ask you something?
U **kunt** het beste de tram **nemen**.	You'd better take a tram.

9 question words

wie	– Wie is dat?	– Dat is Kathy.
who	– Who is that?	– That is Kathy.
wat	– Wat ga je doen?	– Ik ga familie bezoeken.
what	– What are you going to do?	– I am going to visit relatives.
hoe	– Hoe oud ben je?	– Vijf. Bijna zes.
how	– How old are you?	– Five. Nearly six.
waar	– Waar ga je naar toe?	– Naar Den Haag.
where	– Where are you going?	– To The Hague.
wanneer	– Wanneer ben ik in Londen?	– Om acht uur 's avonds.
when	– When will I be in London?	– At 8 pm.
welk(e)	– Welke tram moet ik nemen?	– Zestien of vijfentwintig.
which/what	– Which tram should I take?	– Sixteen or twenty-five.
	– Op welk nummer woon je?	– Op nummer vijftien.
	– At what number do you live?	– At number fifteen.

Welk / **welke** behave like adjectives. See Grammar Section 15.

10 nouns / plurals

The regular plural ending is -**en** or -**s**. The majority of nouns end in -**en**. Nouns ending in -**el**, -**er**, -**en**, -**je** or -**ie** take -**s**. Nouns ending in -**a**, -**i**, -**o**, -**u**, -**y** take -**'s**.

singular	*plural*		
trein	trein**en**	train	trains
fiets	fiets**en**	bicycle	bicycles
lep**el**	lepel**s**	spoon	spoons
numm**er**	nummer**s**	number	numbers
jong**en**	jongen**s**	boy	boys
kaart**je**	kaartje**s**	ticket	tickets
vakant**ie**	vakantie**s**	holiday	holidays
tax**i**	taxi**'s**	taxi	taxis
aut**o**	auto**'s**	car	cars

Some exceptions:

kind	kind**eren**	child	children
ei	ei**eren**	egg	eggs

In some words the vowel changes:

st**a**d	st**e**den	city/town	cities/towns
d**a**g	d**a**gen	day	days

(see Grammar Section 6 on spelling)

Sometimes the spelling of a noun changes when you add the plural form -**en**.
In these cases you should apply the spelling rules from Grammar Section 6.

straat	stra-ten	street	streets
boot	bo-ten	boat	boats
uur	u-ren	hour	hours
week	we-ken	week	weeks

If you are in doubt about the plural of a noun, you could look it up in a dictionary.

11 demonstratives: deze, die, dit, dat

Deze, **die**, **dit** and **dat** refer to something that is known or that has been mentioned before. We also use **dit** and **deze** to talk about things near the speaker, **dat** en **die** about things that are farther away from the speaker. **Deze** and **die** are used with nouns that take the article **de**; **dit** and **dat** are used for nouns that take the article **het**. Both type of nouns use **deze** and **die** in the plural.

singular	*plural*	
Is **deze** plaats vrij? Is **this** seat taken?	Zijn **deze** plaatsen vrij? Are **these** seats taken?	(**de** plaats)
Hoeveel kost **dit** kaartje? How much is **this** ticket?	Hoeveel kosten **deze** kaartjes? How much are **these** tickets?	(**het** kaartje)
Is **die** plaats vrij? Is **that** seat taken?	Zijn **die** plaatsen vrij? Are **those** seats taken ('free')?	(**de** plaats)
Hoeveel kost **dat** kaartje? How much is **that** ticket?	Hoeveel kosten **die** kaartjes? How much are **those** tickets?	(**het** kaartje)

Sometimes you'll hear **die** used as a pronoun instead of the pronouns mentioned in Grammar Section 1:

- Ik ken alleen het Rijksmuseum en het Van Goghmuseum.
- **Die** zijn in Amsterdam, hè?
  (they)

- Ken je de zus van Jan?
- Annelies? Natuurlijk.
- **Die** gaat ook mee.
  (she)

12 dit is, dat is, dit zijn, dat zijn

- **Dit** is mijn dochter.
- This is my daughter.

- **Dit** zijn mijn kinderen.
- These are my children.

- Hé, **dat** is Michel.
- Hey, that is Michel.

- **Dat** zijn onze plaatsen.
- Those are our seats.

13 negation: niet en geen

Geen corresponds more or less with **no**: it is used with nouns.

– Heb je geld bij je?	– Ik heb helemaal **geen** geld bij me.
(– *Have you money on you?*	– *I've no money on me I'm afraid.)*
– Heb je een fiets?	– Ik heb **geen** fiets.
(– *Do you have a bike?*	– *I don't have a bike.)*

Niet is used in about the same way as **not**. Generally speaking **niet** is placed after the conjugated verb (examples 1–2) but its position may be different because it also depends on other words in the sentence (examples 3–6).

1	– Ik rook **niet**.	I don't smoke.
2	– Ga je mee fietsen?	
	– Nee, ik kan **niet** mee.	No, I can't come.
3	– Ga je mee?	
	– Ik weet het **niet**.	I don't know.
4	– Ken je de zus van Jan?	
	– Nee, die ken ik **niet**.	No, I don't know her.
5	– Ik weet het nog **niet**.	I don't know yet.
6	– (..) Je mag hier **niet** roken.	(..) You're not allowed to smoke here.

14 possessive pronouns

1	mijn	my
2	je, jouw	your [informal]
	uw	your [formal]
3	zijn	his
	haar	her
1	ons, onze	our
2	jullie	your [informal]
3	hun	their

– Pas op, **mijn** bril.	Be careful, my glasses.
– Kijk eens, **je** pils.	Look, your beer.

Ons is used with nouns that take het; **onze** is used with nouns that take de. Both type of nouns take **onze** in the plural.

Dit is **ons** huis en dit zijn **onze** kinderen. This is our house and these are our children.

Jouw is used in case of emphasis or contrast and **je** in more neutral situations.

– Is dat **jouw** koffer?	Is that your suitcase?
– Nee, die is van mijn moeder.	No, that's my mother's.

15 adjectives

A Most adjectives have a long form (adjective + e) and a short form (adjective without extra e).

	singular	*plural*
de	**het**	**de** / **het**
de ***nieuwe*** haring *(the new herring)*	het ***bruine*** broodje *(the brown roll)*	de ***nieuwe*** haringen *(the new herrings)* de ***bruine*** broodjes *(the brown rolls)*
een ***nieuwe*** haring *(a new herring)*	een ***bruin*** broodje *(a brown roll)*	***nieuwe*** haringen *(new herrings)* ***bruine*** broodjes *(brown rolls)*

However:

de haring is zacht — the herring is soft
de haringen zijn zacht — the herrings are soft

het broodje is bruin — the roll is brown
de broodjes zijn bruin — the rolls are brown

de koffie — lekker**e** koffie
nice coffee

het brood — lekker brood
nice bread

The extra **e** may cause a change in the spelling of the adjective. For the rules see Grammar Section 6.

groot	gro-te glazen	large glasses
dik	dikke mannen	fat men

B Some adjectives always keep the same form so there is no extra -**e**:
Examples:

het houten	huis	the wooden house
een katoenen	broek	a pair of cotton trousers
de zilveren	lepels	the silver spoons
nylon	kousen	nylon stockings
een roze	bloem	a pink flower

16 er, daar

A

– Kent u **Neptunus**?	Do you know Neptunus?
– Je kunt **er** ook prima lunchen.	You can have a nice lunch there, too. [there: unstressed]
– Om één uur **in de Blauwe Kip**?	At one o'clock in de Blauwe Kip?
– Goed. Dan zien we elkaar **daar** om één uur.	O.k. Then we will meet there at one o'clock. [there: stressed]

B
Er is also used with an indefinite subject:

Er is een programma over muziek.	**There** is a programme about music.
Er zijn nog plaatsen voor het concert.	**There** are still seats for the concert.
Er is geen melk in huis.	**There** is no milk in the house.

17 imperative

When you want to express a command, a warning or encourage someone to do something you use the stem of the verb. The stem of the verb equals the first person singular. (i.e. the stem from the verb 'spreken' is *spreek*.)

– **Pas** op, het is heet!	Be careful, it is hot!

When you want to be less direct you could use **jij** [informal] or **u** [stem of the verb + t = formal] and/or additional words like **eens**, **maar**, **hoor** or **even**.

Herman, **ga jij maar** naast Ilse zitten.	Herman, please sit next to Ilse.
Meneer Van Dam, **gaat u** zitten.	Mr. Van Dam, take a seat, please.
Geef me het zout en de peper **eens**.	Please, pass me the salt and pepper.

18 verbs – tenses

infinitive	*present*	*imperfect*	*perfect*
to work	I work/ I am working	I worked I was working	I have worked / I have been working
werken	ik werk	ik werk**te**	ik heb **ge**werk**t**
	je werk**t**	je werk**te**	je hebt **ge**werk**t**
	u werk**t**	u werk**te**	u hebt **ge**werk**t**
	hij werk**t**	hij werk**te**	hij heeft **ge**werk**t**
	ze werk**t**	ze werk**te**	ze heeft **ge**werk**t**
	het werk**t**	het werk**te**	het heeft **ge**werk**t**
	we, jullie, ze werk**en**	we, jullie, ze werk**ten**	we, jullie, ze hebben **ge**werk**t**
wandelen	ik wandel	ik wandel**de**	ik heb **ge**wandel**d**
	je wandel**t**	je wandel**de**	je hebt **ge**wandel**d**
	u wandel**t**	u wandel**de**	u hebt **ge**wandel**d**
	hij wandel**t**	hij wandel**de**	hij heeft **ge**wandel**d**
	ze wandel**t**	ze wandel**de**	ze heeft **ge**wandel**d**
	het wandel**t**	het wandel**de**	het heeft **ge**wandel**d**
	we, jullie, ze wandel**en**	we, jullie, ze wandel**den**	we, jullie, ze hebben **ge**wandel**d**

A *Perfect tense*

hebben/zijn + *past participle*

There are two types of verbs: regular and irregular.

The past participle of regular verbs consists of: **ge** + stem + **t/d**
(The stem equals the first person singular.)
If the stem ends in the letters –t, –k, –f, –s, –ch, –p, the past participle ends in a **t**:

ge + stem + **t**

If the stem ends in other letters, the past participle ends in a **d**:

ge + stem + **d**

Examples:

	fietsen	roken	wonen	spellen
	to cycle	to smoke	to live	to spell
stem	fiets	rook	woon	spel
past partciple	**ge**fiets**t**	**ge**rook**t**	**ge**woon**d**	**ge**spel**d**

ik heb **be**taald — from 'betalen' (to pay)
we hebben **ge**bruikt — from 'gebruiken' (to use)
ze heeft **ver**diend — from 'verdienen' (to earn)
hij heeft **ont**houden — from 'onthouden' (to remember)

Irregular verbs have a different pattern. They frequently change the vowel in the stem of the past participle.

We hebben veel ge**daan**. — We did lots of things.
[from **doen**]
See the list of irregular verbs on p. 278-280 for more examples.

The majority of verbs take *hebben* in the perfect tense.

Ik **heb** een sigaret **gerookt**. — I smoked a cigarette.
Ik **heb** drie jaar in Rotterdam **gewoond**. — I have lived in Rotterdam for three years.

B *Imperfect tense*

singular: stem + **te/de**

ik werk**te** — I worked
ik wandel**de** — I went for a walk

plural: stem + **ten/den**

wij werk**ten** — we worked
wij wandel**den** — we went for a walk

stem + **te(n)**: if the stem ends in –t, –k, –f, –s, –ch, –p

stem + **de(n)**: other endings
Other verbs change the vowel in the stem of the imperfect (and/or past participle).

lopen	ik loop	ik liep	ik heb gelopen

For more examples see the list of irregular verbs on p. 278-280.

Note that English and Dutch do not always use the imperfect and the perfect tense in the same way.
In Dutch the perfect tense is used more frequently.
Wat hebben jullie gedaan in de vakantie? — What did you do in your vacation?

19 negation of *moeten*

For the negation of **moeten** (to have to) the words **niet/geen** + **hoeven (te)** are used:

A	**Moet** ik dat doen?	A	Do I have to do that?
B	Nee, dat **hoef** je **niet te** doen.	B	No, you don't have to do that.
A	**Moet** je nog brood halen?	A	Do you still have to buy bread?
B	Nee, ik **hoef geen** boodschappen meer **te** doen.	B	No, I 've no more shopping to do.

20 verbs - passive form

Active	*Passive*
Hij verkoopt dat huis.	Dat huis wordt (door hem) verkocht.
He is selling that house.	*That house is being sold (by him).*
Hij verkocht dat huis.	Dat huis werd (door hem) verkocht.
He sold that house.	*That house was being sold (by him).*
Hij heeft dat huis verkocht.	Dat huis is (door hem) verkocht.
He has sold that house.	*That house has been sold (by him).*

When a sentence has a passive form, you often don't mention explicitly who is performing the action.

We worden naar het station gebracht.	We are being taken to the railway station.

21 al / alle

non-countable nouns		*countable nouns*	
alle melk	**de** melk	alle bloemen	**de** bloem
alle muziek	**de** muziek	alle kinderen	**het** kind
al het bier	**het** bier		
al het geld	**het** geld		

22 reflexive pronouns

Some verbs take a reflexive pronoun.

zich wassen	to wash oneself
zich voelen	to feel

Here are the forms:

1	ik was	**me**
2	je wast	**je** / was je **je**? [informal]
	u wast	**u** /**zich** [either form is correct] [formal]
3	hij wast	**zich**
	ze wast	**zich**
1	we wassen	**ons**
2	jullie wassen	**je**
3	ze wassen	**zich**

A number of verbs always occur with a reflexive pronoun (zich afvragen), other verbs may or may not occur with it (wassen, snijden).

Ik vraag **me** af of ze komen.	I wonder if they'll come.
Hij wast **zich** niet vaak.	He doesn't often wash.
Hij wast zijn kleren niet vaak.	He doesn't often wash his clothes.
Ik heb **me** in mijn vinger gesneden.	I cut my finger.
Ik heb de uien gesneden.	I cut the onions.

23 adjectives

		comparatives		*superlatives*	
groot	big	**groter**	bigger	**grootst**	biggest
lang	long	**langer**	longer	**langst**	longest

Note some irregular forms:

goed	good	**beter**	better	**best**	best
veel	many	**meer**	more	**meest**	most
weinig	little/few	**minder**	less	**minst**	least
graag		**liever**		**liefst**	

As in:

Ik wil **graag** koffie.	I would like to have coffee.
Ik drink **liever** thee.	I'd prefer tea.
Ik drink het **liefst** water.	I like water most of all.

Irregular in the *comparative* only:

duu**r**	expensive	duu**rd**er	more expensive
ve**r**	far	ve**rd**er	farther

24 compound verbs

Many so-called compound verbs consist of two elements, for example:

simple verb		*compound verb*	
eten	to eat	**op**eten	to eat **up**
zetten	to put	**neer**zetten	to put **down**
vullen	to fill	**in**vullen	to fill **in**
trekken	to pull	**aan**trekken	to put **on**

The two elements of compound verbs take various forms and positions, as shown below:

1 Conjugated compound verbs in main clauses:

Hij **eet** het broodje niet helemaal **op**.	He 's not eating up the roll.
De trein **komt** om tien uur **aan**.	The train arrives at ten.

2 Conjugated compound verbs in dependent clauses:

Hij zegt dat hij het broodje **opeet**.	He says he'll eat up the roll.
Ik weet dat de trein om tien uur **aankomt**.	I know (that) the train will arrive at ten.

3 Infinitive:

Hij wil het broodje niet **opeten**.	He doesn't want to eat up.
De trein zal pas om tien uur **aankomen**.	The train won't arrive till ten.

4 Infinitive with **te**:

Hij hoeft het broodje niet **op** te **eten**.	He doesn't have to eat up the roll.
De trein hoeft niet **aan** te **komen** om tien uur.	The train doesn't have to arrive at ten.

5 Past participle of compound verbs:

Hij heeft het broodje niet **opgegeten**.	He hasn't eaten up the roll.
De trein is om tien uur **aangekomen**.	The train arrived at ten.

25 prepositional constructions

The words **er**, **daar**, and **waar** sometimes form a combination with a preposition (words such as **in**, **op**, **uit**, **over**, **van** etc). Sometimes the two elements are next to each other and sometimes they are separated.

erin / er ... in	in it
daarin / daar ... in	in it
waarin? / waar ... in?	in what?
waarin / waar ... in	in which

– Die doos is voor jou.	– That box is for you.
– Wat zit **erin**?	– What's in it?
– Houd jij van voetbal?	– Do you like soccer?
– Nee, **daar** houd ik niet **van**.	– No, I don't like it.
– **Waar** gaat dit boek **over**?	– What's this book about?

Note:

Dit is de pen **waar** ik altijd **mee** schrijf.	This is the pen I always write with.
Dit is de pen **waarmee** ik altijd schrijf.	

26 om + te + infinitive

Ik heb 25 euro **om** een boek **te kopen**.
(I have 25 euro's to buy a book.)
Hij gaat naar huis **om** geld **te halen**.
(He is going home to get some money.)
Hij was zo dom **(om)** over een steen **te vallen**.
(He was stupid enough to stumble over a stone.)

27 the future

To indicate something is going to happen in the future, Dutch has the tendency to use the present tense where English would use an auxiliary verb.
Compare:

Ik **doe** het morgen wel.	(I'll **do** it tomorrow.)
Peter **verhuist** volgende week.	(Peter **will move** next week.)
Ik **zie** je donderdag, waarschijnlijk.	(I'll probably **see** you on Thursday.)

28 Diminutive nouns

Diminutives are nouns ending in -**je**, -**tje**, -**etje**, -**pje**, or -**kje**. They are used to refer to 'small' things.

(de) hond	>	(het) hond**je**	dog	>	little dog, doggie
(de) lepel	>	(het) lepel**tje**	spoon	>	small spoon, tea spoon
(de) zon	>	(het) zonn**etje**	sun	>	little sun, sunshine
(de) boom	>	(het) boom**pje**	tree	>	small tree
(de) haring	>	(het) harin**kje**	herring	>	small herring

Sometimes however the diminutive ending makes an noun countable or turns it into a word with a different meaning:

pils	een pilsje	beer	a glass of beer
brief	briefje	letter	note, bill
brood	broodje	loaf of bread	roll, bun
man	mannetje	man	little man, male animal
kaart	kaartje	card, map	ticket

ONREGELMATIGE WERKWOORDEN / LIST OF IRREGULAR VERBS

- When you find **zijn** behind a past partiple, the verb takes 'zijn' in the perfect tense:
  Hoe lang **zijn** jullie **gebleven** op het feest?

- You'll find few verbs with separable parts (Grammar Section 24: compound verbs) in this list. Instead you should look for the verb without the separable part. For example, when you are looking for the verb 'aandoen', see **doen**.

Infinitive	*Imperfect*	*Perfect*	
aantrekken	trok aan, trokken aan	aangetrokken	to put on
bakken	bakte, bakten	gebakken	to fry
beginnen	begon, begonnen	begonnen (zijn)	to begin
begrijpen	begreep, begrepen	begrepen	to understand
besluiten	besloot, besloten	besloten	to decide
bestaan uit	bestond uit, bestonden uit	bestaan uit	to consist of
bewegen	bewoog, bewogen	bewogen	to move
bezoeken	bezocht, bezochten	bezocht	to visit
bijten	beet, beten	gebeten	to bite
blijken	bleek, bleken	gebleken (zijn)	to appear
blijven	bleef, bleven	gebleven (zijn)	to stay
breken	brak, braken	gebroken	to break
brengen	bracht, brachten	gebracht	to bring
buigen	boog, bogen	gebogen	to bend
denken	dacht, dachten	gedacht	to think
doen	deed, deden	gedaan	to do
doorverbinden	verbond door, verbonden door	doorverbonden	to put through
dragen	droeg, droegen	gedragen	to wear, carry
drinken	dronk, dronken	gedronken	to drink
dwingen	dwong, dwongen	gedwongen	to force
eten	at, aten	gegeten	to eat
gaan	ging, gingen	gegaan (zijn)	to go
geven	gaf, gaven	gegeven	to give
hangen	hing, hingen	gehangen	to hang
hebben	had, hadden	gehad	to have
helpen	hielp, hielpen	geholpen	to help
heten	heette, heetten	geheten	to be called
houden	hield, hielden	gehouden	to keep
kiezen	koos, kozen	gekozen	to choose

kijken	keek, keken	gekeken	to look
komen	kwam, kwamen	gekomen (zijn)	to come
kopen	kocht, kochten	gekocht	to buy
krijgen	kreeg, kregen	gekregen	to get
kunnen	kon, konden	gekund	to be able
lachen	lachte, lachten	gelachen	to laugh
laten	liet, lieten	gelaten	to let
lezen	las, lazen	gelezen	to read
liggen	lag, lagen	gelegen	to lie
lijken	leek, leken	geleken	to seem, appear
lopen	liep, liepen	gelopen	to walk
moeten	moest, moesten	gemoeten	to have to
mogen	mocht, mochten	gemogen	to be allowed
nemen	nam, namen	genomen	to take
onthouden	onthield, onthielden	onthouden	to remember
opschieten	schoot op, schoten op	opgeschoten (zijn)	to hurry up
oversteken	stak over, staken over	overgestoken (zijn)	to cross
rijden	reed, reden	gereden	to ride, drive
roepen	riep, riepen	geroepen	to call
schijnen	scheen, schenen	geschenen	to seem, appear
schrijven	schreef, schreven	geschreven	to write
schrikken	schrok, schrokken	geschrokken (zijn)	to be shocked
slapen	sliep, sliepen	geslapen	to sleep
sluiten	sloot, sloten	gesloten	to close
snijden	sneed, sneden	gesneden	to cut
spijten	speet, –	gespeten	to be sorry
spreken	sprak, spraken	gesproken	to speak
springen	sprong, sprongen	gesprongen	to jump
staan	stond, stonden	gestaan	to stand
stelen	stal, stalen	gestolen	to steal
stijgen	steeg, stegen	gestegen (zijn)	to rise
vallen	viel, vielen	gevallen (zijn)	to fall
vergelijken	vergeleek, vergeleken	vergeleken	to compare
vergeten	vergat, vergaten	vergeten (zijn/hebben)	to forget
verkopen	verkocht, verkochten	verkocht	to sell
verliezen	verloor, verloren	verloren	to lose
verstaan	verstond, verstonden	verstaan	to understand
vertrekken	vertrok, vertrokken	vertrokken (zijn)	to leave
vinden	vond, vonden	gevonden	to find
vliegen	vloog, vlogen	gevlogen	to fly
vragen	vroeg, vroegen	gevraagd	to ask
wassen	waste, wasten	gewassen	to wash
wegen	woog, wogen	gewogen	to weigh
weten	wist, wisten	geweten	to know
willen	wilde/wou, wilden	gewild	to want
winnen	won, wonnen	gewonnen	to win

worden	werd, werden	geworden (zijn)	to become
zeggen	zei, zeiden	gezegd	to say
zien	zag, zagen	gezien	to see
zijn	was, waren	geweest (zijn)	to be
zingen	zong, zongen	gezongen	to sing
zitten	zat, zaten	gezeten	to sit
zoeken	zocht, zochten	gezocht	to look for
zwemmen	zwom, zwommen	gezwommen	to swim

WOORDENLIJST / WORDLIST

- This list contains all the Dutch used from Dutch for Selfstudy, including about 1000 words which are the most useful words in the Dutch language. Some words can only be translated in context; these are marked with an asterisk *.
- The number after each Dutch word is the lesson number. In this lesson the word is introduced for the first time.
- The G–numbers refer to the Grammar Section that will give you more information on a particular word:

  G1 = Grammar Section 1 (Subject pronouns)
- Numbers, cardinal ('two') and ordinal ('second') are in Grammar Section 5, not in the Wordlist.

aan (3)	at, on, to
aandoen (8)	to put on
aanhebben (14)	to wear
aankleden (16)	to get dressed
aankijken (18)	to look at
aankomen (13)	to arrive
aannemen (10)	to accept, to presume
aantal (16)	number
aantrekken (8)	to put on, to wear
aardappel (5)	potato
aarde (17)	earth
aardig (5)	nice(ly)
abonnee-nummer (2)	subscriber number
accu (12)	battery
achter (2)	behind
achternaam (2)	surname, last name
adres (2)	address
af (16)	off
af en toe (17)	now and then
afstand (8)	distance
afvegen (16)	to wipe
afvragen (16)	to wonder
agenda (2)	diary, calendar
agent (11)	policeman/woman; officer
al (1)	already
al, alle (12)	all
alcohol (5)	alcohol
alcoholvrij (5)	non-alcoholic
alfabet (2)	alphabet
allebei (10)	both
alle drie (10)	all three
alleen (4)	only, just
alleen (14)	alone
allemaal (10)	all, everybody, everything
alles (5)	all, everything
als (8)	when, if; as
als (14)	as, like
alsjeblieft (2)	please
alsjeblieft! (5)	here you are!
alsof (16)	as if
alstublieft (2)	please
alstublieft! (3)	here you are!
altijd (7)	always
ander (7)	other
anderen (18)	other people
anderhalf(17)	one and a half
anders (11)	otherwise, or else
antwoord (18)	answer
apotheek (15)	the chemist's, pharmacy
appel (5)	apple
architect (10)	architect
arm (15)	poor
arm (15)	arm
aspirientje (15)	aspirin
assistente (15)	assistant (female)
atlete (8)	female athlete
au! (12)	ouch!
auto (4)	car
autorijden (15)	to drive
avond (3)	evening
's avonds (3)	in the evening
baan (13)	job
baas (13)	boss
baby (13)	baby
bad (17)	bath
badkamer (17)	bathroom
bah! (12)	yech!
bakken (6)	to fry, to bake
bakker (11)	bakery
bal (16)	ball
band (12)	tyre, tire

band (17)	band
bang (17)	afraid
bank (1)	bank
bank (17)	couch, bench
bed (15)	bed
bedanken (13)	to thank
bedankt! (2)	thanks!
bedoelen (2)	to mean
bedrijf (13)	company
bedrijfsleven (13)	business
been (15)	leg
een beetje (9)	a little bit
begin (16)	beginning
beginnen (14)	to begin, to start
begrijpen (13)	to understand
behalve (17)	except (for)
beide (14)	both
bekijken (4)	to look at
belangrijk (7)	important
beleefd (10)	polite(ly)
bellen (2)	to phone, to call
beloven (17)	to promise
beneden (17)	downstairs
benzine (12)	petrol, gas
bepaald (16)	particular(ly)
beroemd (10)	famous
beroep (18)	profession
beslissen (17)	to decide
besluiten (13)	to decide
bestaan uit (2)	to consist of
best (3)	best; G23
beste (13)	dear
bestellen (6)	to order
betaalautomaat (12)	cash point
betalen (4)	to pay
betekenen (17)	to mean
beter (12)	better; G23
bewegen (14)	to move
bewolkt (18)	cloudy
bezig (18)	busy
bezoek (5)	visitor(s)
bezoeken (4)	to visit
bier (5)	beer
bij (1)	at, near, by
bijna (2)	nearly, almost
bijten (12)	to bite
bijvoorbeeld (8)	for instance, for example
bijzonder (10)	particular(ly), special
biljet (9)	note
binnen (11)	in(side), within
binnenkomen (5)	to come in(side)
bioscoop (8)	cinema, movie theater
blad (18)	leaf; paper, magazine
blauw (6)	blue
blij (17)	glad, happy
blijken (16)	to appear, to seem
blijven (13)	to stay
bloem (5)	flower
blouse (10)	blouse
boek (10)	book
boekverkoper (10)	bookseller
boekwinkel (10)	bookshop, bookstore
boerderij (17)	farm(house)
boodschappen doen (5)	to go shopping
boom (17)	tree
boot (3)	boat, ferry
bord (9)	dish
borrel (5)	drink, party
bos (18)	woods
boter (5)	butter
bouwen (10)	to build
boven (15)	over, above
boven (17)	upstairs
bovendien (9)	moreover, besides
breken (16)	to break
brengen (2)	to bring
brief (11)	letter
briefje (9)	note, bill
bril (5)	glasses
broek (10)	trousers, pants
broer (4)	brother
brood (6)	(loaf of) bread
broodje (6)	roll, bun
brug (11)	bridge
bruiloft (14)	wedding
bruin (6)	brown
bruinbrood (6)	brown bread
buigen (16)	to bend
buik (15)	belly
buiten (15)	outside
buitenland (11)	(a) foreign country
buitenlands (9)	foreign
buren (15)	neighbours
bus (5)	bus
buurman (14)	neighbour (man)
buurt (11)	neighbourhood
buurvrouw (14)	neighbour (woman)
cadeautje (13)	present
café (5)	pub, bar
cappuccino (6)	cappuccino
capsule (15)	capsule
cd (7)	cd
centrum (10)	centre, downtown
centimeter (14)	centimeter
chauffeur (14)	driver
cheque (11)	cheque, check

citroen (5)	lemon
club (7)	club
collega (14)	colleague
concert (7)	concert
concurrent (8)	competitor
congres (13)	congress, conference
contant (12)	cash
controleren (12)	to check
creditcard (12)	credit card
x maal daags (15)	x times a day
daar (1)	there; G16
daarmee (8)	with/by that; G25
daarna (6)	then, after that
daarom (12)	so, that's why
daarvoor (4)	for that, before that
dag! (1)	hello!
dag! (1)	(good) bye!
dag (3)	day
dagkaart (4)	day ticket
dak (17)	roof
dame (7)	lady
dan (2)	then
dan (13)	than
dank je/u (1)	thank you
geen dank! (2)	you're welcome!
dansen (14)	to dance
das, (strop-) (10)	tie
dat (1)	that; G11,12
dat (7)	that; G4B
de (1)	the; G7
deel (8)	part
dekken (6)	to cover, to lay
denken (1)	to think
derde	third; G5
deur (12)	door
deze (4)	this, these; G11
dicht (15)	closed
dichtbij (8)	nearby
dichtdoen (15)	to close
dichtdraaien (16)	to turn off
die (2)	that, those; G11
die (2)	it, he etc. G11
dieet (16)	diet
dienst (16)	service, duty
diep (18)	deep
dier (17)	animal
dik (6)	thick, fat
ding (7)	thing
dinsdag (4)	Tuesday
direct (17)	direct(ly), immediate(ly)
dit (1)	this
dit (4)	this; G11,12

dochter (13)	daughter
doen (4)	to do
doen alsof (16)	to pretend
dokter (15)	doctor, GP
dol zijn op (5)	to be fond of
dollar (9)	dollar
dom (2)	stupid, silly
donderdag (4)	Thursday
donker (15)	dark
dood (14)	dead
door (14)	by
door (16)	through
doorgaan (16)	to continue
doorverbinden (12)	to put through, to connect
doosje (15)	(small) box
dorpje (17)	small village
dorst hebben (15)	to be thirsty
douche (17)	shower
douchen (16)	to take a shower
draad (12)	thread, wire
draaien (7)	to turn
dragen (14)	to wear
dragen (16)	to carry
drank (15)	drink
drinken (1)	to drink
drogist (15)	the chemist's, drugstore
droog (17)	dry
droom (15)	dream
drop (15)	liquorice, licorice
druk (9)	busy
drukken (7)	to push, to press
drukwerk (11)	printed matter
duidelijk (15)	clear(ly)
dun (18)	thin
duren (8)	to last
durven (17)	to dare
dus (8)	so
duur (9)	expensive
dwingen (12)	to force
eb (18)	low tide
echt (8)	real(ly)
echter (14)	however
een (1)	a, an; G7
de een ... de ander (18)	some ... some
eens (3)	'just'*
eens zijn (8)	to agree
eenvoudig (10)	simple
eerder (16)	earlier, sooner
eerst (6)	first; G5
eh ... (9)	er ...
ei (5)	egg
eigen (17)	own

eigenlijk (2)	really, exactly*
eind (13)	end
eindelijk (17)	finally, at last
elk (8)	each
elkaar (6)	each other
e-mailadres (2)	e-mail address
en (1)	and
enig (16)	only
enkel (16)	ankle
enkele reis (3)	single, one-way ticket
envelop (11)	envelope
enzovoort (12)	et cetera, and so on
er (6)	there, G16; G25
erg (5)	very
ergens (11)	somewhere, anywhere
eruitzien (14)	to look
espresso (6)	espresso
eten (4)	to eat
euro (3)	euro
eurobenzine (12)	unleaded petrol/gas
even (2)	just*
eventjes (12)	for a moment
extra large (10)	extra large

familie (4)	relatives
fantastisch (7)	fantastic, great
feest(je) (1)	(small) party
feit (17)	fact
fiets (4)	bicycle, bike
fietsen (4)	to cycle, to bike
fijn (13)	nice, great
film (8)	film, movie
een film draaien (8)	to show (a film)
fles (13)	bottle
flink (13)	big, firm
formulier (2)	form
foto (10)	photograph, picture
foto (16)	x-ray
fotoboek (10)	book of photographs
fout (7)	wrong
fout (11)	mistake
fris (5)	fresh, refreshing
frisdrank (5)	fizzy drink, pop
fruit (5)	fruit

gaan (3)	to go; G8
't gaat wel (16)	I'm OK
ga je gang (6)	go ahead
gallon (12)	gallon
gang (17)	hall, corridor
garage (12)	garage
gat (16)	hole
gauw (16)	quick(ly)
geachte (13)	dear
gebeuren (11)	to happen
gebied (18)	area, field
geboorte (13)	birth
geboortedatum (2)	date of birth
geboorteland (2)	country of origin
geboorteplaats (2)	place of birth
geboren (13)	born
gebouw (12)	building
gebruiken (4)	to use
geel (6)	yellow
geen (4)	no, not any; G13
gefeliciteerd! (5)	congratulations!
gek (9)	crazy, funny, odd
geld (9)	money
geldautomaat (11)	cash dispenser
geleden (1)	ago
gelijk hebben (7)	to be right
geloven (13)	to believe
geluid 18)	sound
geluk hebben (18)	to be lucky
gelukkig (14)	happy, fortunately
gemeente (13)	municipality
gemiddeld (14)	average
genoeg (6)	enough
gerust (4)	'without any problem'*
geschiedenis (10)	history
geslacht (2)	sex, gender
gesprek (2)	talk, conversation
in gesprek (2)	engaged
gevaar (14)	danger
gevaarlijk (14)	dangerous
in ieder geval (8)	anyway
geven (2)	to give
gevoel (8)	feeling
gewicht (11)	weight
gewoon (6)	regular(ly), ordinary
gewoon (8)	just...
gewoonlijk (18)	usually
gezellig (2)	nice, enjoyable, cosy
gezicht (15)	face
gezicht (17)	sight
gezin (17)	family
gezond (16)	healthy
gezondheid! (5)	cheers!
gezondheid (16)	health
gisteren (14)	yesterday
glas (5)	glass
glazen (9)	glass
goed (1)	fine, good, well, alright
goedemiddag! (1)	good afternoon!
goedemorgen! (1)	good morning!
goedenavond! (1)	good evening!

goedkoop (9)	cheap
gooien (16)	to throw
gouden (9)	golden
graag! (2)	yes please!
graag (5)	'with pleasure'*
graag gedaan! (2)	you're welcome!
gras (17)	grass
grens (17)	border
grijs (18)	grey
groeien (13)	to grow
groen (6)	green
groen (18)	foliage
groente (5)	vegetables
groep (18)	group
groeten (13)	greetings, regards
groetjes (14)	see you
grond (16)	ground
groot (6)	large, big
grootouders (17)	grandparents

haar (1, 6)	her; G2,14
haar (15)	hair
haast hebben (10)	to be in a hurry
hagel (18)	hail
halen (12)	to get, to fetch
half (3)	half
hallo (1)	hello
halte (3)	stop
ham (6)	ham
hand (15)	hand
een hand geven (15)	to shake hands
handdoek (16)	towel
handig (9)	handy
hangen (17)	to hang
hard (7)	hard, loud, fast
haring (6)	herring
hart (15)	heart
hartstikke leuk (13)	fantastic
hé! (1)	hey! hello!
hè? (1)	right?
hè nee! (5)	oh no!
hebben (2)	to have; G8
heel (6)	very, completely
heen (4)	'to'
heer (7)	Mr.
heerlijk (6)	delightful, delicious, great
heet (6)	hot
hekel hebben (5)	to hate
heel, hele (4)	whole, all
helemaal (12)	completely
helft (16)	half
helpen (2)	to help
hem (1)	him; G2
hemel (18)	sky
hen (1)	them; G2,3
heren (6)	gentlemen
herfst (16)	autumn, fall
herfstvakantie (17)	autumn/fall break
het (2)	the; G7
het (1)	it; G1,2
heten (1)	to be called
hetzelfde (6)	the same
hier (1)	here
hij (1)	he; G1
hobby (7)	hobby
hoe (2)	how; G9
hoed (10)	hat
hoek (11)	corner
hoeveel (3)	how much/many
hoeven (+niet/geen) (8)	don't have to; G19
hoewel (17)	although
hoi! (5)	hi!
hond (15)	dog
honger hebben (9)	to be hungry
hoofd (15)	head
hoofdpijn (15)	headache
hoog (13)	high
hoogachtend (13)	sincerely
een hoop (8)	a lot, heaps
hopen (7)	to hope
horen (7)	to hear
horizon (17)	horizon
horloge (9)	watch
hotel (17)	hotel
houden (14)	to keep
houden van (5)	to like, to love
hout (17)	wood
huis (2)	house
naar huis (1)	home
huisnummer (2)	number
hun (5)	their; G14
huren (4)	to rent, to hire

idee (5)	idea
ieder (8)	each, every, any
in ieder geval (8)	anyway
iedereen (8)	everybody/-one
iemand (11)	somebody/-one
iets (3)	something
ijs (5)	ice, icecream
ik (1)	I; G1
in (1)	in
inderdaad (10)	indeed
indruk (17)	impression
ineens (16)	suddenly
informatie (3)	information

ingang (8)	entrance
inlichtingen (2)	information, Directory Enquiries
inpakken (16)	to pack
insgelijks (6)	'and the same to you'
instappen (12)	to get in/on, to board
interessant (13)	interesting
internationaal (13)	international
internetcafé (2)	Internet cafe
internetten (2)	to access the Internet
interviewer (7)	interviewer
ja (1)	yes
ja hoor (4)	sure
ja zeker (3)	of course, sure
jaar (1)	year
wat jammer! (7)	what a pity!, too bad!
jarig zijn (5)	to have one's birthday
jas (11)	coat
jasje (10)	jacket
jawel (16)	certainly, oh yes
jazz (7)	jazz
je (2)	your; G14
je (1)	you; G1,2,3
jenever (13)	Dutch gin
jeugd (7)	youth
jij (1)	you; G1,3
joggen (8)	to jog
jong (14)	young
jongen (7)	boy, guy
jongens (6)	folks
jou (1)	you; G2,3
jouw (5)	your; G14
juffrouw (5)	waitress, saleswoman, miss
juist (9)	right, exactly
jullie (1)	you; G1,2
jullie (5)	your; G14
jurk (10)	dress
kaart (11)	postcard
kaartje (3)	ticket
kaas (5)	cheese
kam (16)	comb
kamer (17)	room
kant (14)	side
kantoor (11)	office
kapot (12)	broken (down)
kapper (11)	hairdresser's
kast (17)	cupboard, closet
kat (17)	cat
keer (3)	time
nog een keer (3)	again
kelder (17)	cellar
kennen (4)	to know
kennis (14)	acquaintance
kenteken (12)	registration/licensenumber
kerk (4)	church
kerktoren (17)	church tower
keuken (6)	kitchen
kiezen (10)	to choose
kijk eens (5)	here you are
kijken (7)	to watch
kijken (8)	to look
kijk uit! (18)	watch out!
kilo, kg (13)	kilogram
kind (3)	child
kip (6)	chicken
kippensoep (6)	chicken soup
klaar (6)	ready
klaarstaan (7)	to be ready
klank (2)	sound
klassiek (7)	classical
klein (10)	small
kleren (8)	clothes
kleur (9)	colour
klok (17)	clock
kloppen (12)	to knock
dat klopt (11)	that's right
knoop (16)	button
koe (17)	cow
koekje (5)	biscuit, cookie
koffer (4)	suitcase
koffie (5)	coffee
koffie zetten (17)	to make coffee
koken (6)	to cook, to boil
komen (1)	to come
kop (6)	cup
kopen (9)	to buy
kort (16)	short
kosten (3)	to cost
koud (15)	cold
kous (9)	stocking
kraan (16)	tap, faucet
krant (7)	newspaper
krijgen (4)	to get
kruiden (6)	herbs and spices
kunnen (2)	can, to be able to; G8
kus(je) (16)	kiss
kussen (15)	pillow
kwart (3)	quarter
kwartier (18)	15 minutes
kwijt (18)	lost
laag (16)	low
laars (10)	boot
laat (3)	late

hoe laat (3)	what time
laatste (10)	last
lachen (14)	to laugh
land (2)	country
lang (1)	long
langs (17)	along
langsgaan (13)	to drop in
langzaam (2)	slow(ly)
last hebben (12)	to be bothered
laten (4)	to let
laten zien (4)	to show
later (4)	later
lawaai (15)	noise
leeftijd (14)	age
leeg (18)	empty
leggen (18)	to lay, put
lekker (4)	nice(ly), well, delicious
lelijk (17)	ugly
lengte (14)	height
lente (16)	spring
lepel(9)	spoon
leren (18)	to learn
letter (2)	letter
leuk (1)	nice
leven (10)	life
leven (14)	to live, to be alive
lezen (7)	to read
lichaam (15)	body
lichaamsbeweging (16)	exercise
licht (17)	light, bright
lid (7)	member
lied (14)	song
liefs (13)	love from...
liefst (7)	rather, preferably* G23
lieve (13)	dear
liever (5)	rather* G23
liggen (2)	to lie
lijken (9)	to seem, to appear
lijken op (13)	to be/look (a)like
lijn (3)	line
linkerkant (11)	left-hand side
links (11)	left
linksaf (11)	to the left
liter (12)	litre
loket (4)	window, ticket office
loket (11)	counter
lokettist (4)	counter clerk (male)
lokettiste (11)	counter clerk (female)
loon (14)	wages
lopen (8)	to walk, to run
los (12)	loose
lucht (12)	air
lucht (17)	sky

luchtpost (11)	air mail
luisteren (1)	to listen
lukken (16)	to succeed, manage
lunchen (6)	to have lunch
lusten (5)	to like
m/v (2)	male/female
x maal (15)	x times
tweemaal (16)	twice
maan	moon
maand (16)	month
maandag (4)	Monday
maar (1)	but
maat (10)	size
mager (13)	slim, thin
mailen (2)	to send an e-mail
maken (5)	to make
makkelijk (6)	easy
man (2)	man, husband
manier (16)	way, manner
mannetje (18)	male
markt (9)	market
marktkoopman (9)	market vendor, trader
maximum (14)	maximum
me (1)	me; G2,3
mee (1)	along
meedoen (8)	to participate
meegaan (4)	to join, to come with
meenemen (10)	to take along
meer (8)	more; G23
meer niet(17)	no more, that's all
meest (18)	most; G23
meestal (14)	usually, mostly
meisje (17)	girl
melk (5)	milk
men (14)	one, they
meneer (1)	Mr, sir
mensen (13)	people, human beings
merken (16)	to notice
laten merken (18)	to make clear
mes (9)	knife
met (1)	with
meteen (7)	immediately, straight away
zo meteen (6)	in a minute
meter (8)	metre
mevrouw (1)	Mrs., madam
middag (3)	afternoon
's middags (3)	in the afternoon
midden op/in (14)	in the middle (of)
mij (1)	me; G2,3
mijn (1)	my; G14
miljoen (12)	million

minder (8)	less; G23
minst	least; G23
minuut (3)	minute
misschien (9)	maybe, perhaps
missen (13)	to miss
mist (18)	fog
mmm (5)	yummy
mode (10)	fashion
moe (13)	tired
moeder (1)	mother
moeilijk (8)	difficult
moeite (17)	effort
moeten (4)	to have to, must; G19
mogelijk (16)	possible, possibly
mogen (3)	may, to be allowed to; G8
molen (16)	mill
moment (12)	moment
mond (15)	mouth
monteur (12)	mechanic
mooi (5)	beautiful
morgen (4)	tomorrow
morgen (3)	morning
‘s morgens (3)	in the morning
motivatie (16)	motivation
munt (9)	coin
muntje (9)	coin
museum (4)	museum
muur (12)	wall
muziek (7)	music
na (7)	after
naam (2)	name
naar (1)	to
naartoe (4)	‘to’
naast (6)	next to
nacht (3)	night
‘s nachts (3)	at night
najaar (16)	autumn, fall
namelijk (12)	the fact is ...
nasi goreng (6)	Indonesian fried rice
nat (16)	wet
nationaliteit (2)	nationality
natuurlijk (4)	naturally, of course
nee (1)	no
ach nee! (14)	oh dear!
nee zeg (7)	come on
nemen (3)	to take
nergens (11)	nowhere, not anywhere
net (4)	just
net (8)	neat, decent
netnummer (2)	dialling/area code
neus (15)	nose
neusdruppels (15)	nose drops
niemand (11)	nobody, no one
niet (1)	not; G13
niet alleen (12)	not only
niet meer (8)	no more, not anymore
niets (7)	nothing, not anything
nieuw (6)	new
nieuws (13)	news
niks (15)	nothing
nodig (16)	necessary
nodig hebben (9)	to need
noemen (13)	to call, to mention
nog (4)	still, yet*
nog (3)	another
nog een keer (3)	again
nog eens (3)	again
nog niet (4)	not yet
nogal (3)	rather, quite
nooit (4)	never
noorden (18)	north
normaal(17)	normal(ly)
noteren (18)	to note down
nou (2)	well*
nou en of (14)	you bet
nou nee (5)	well, no
nou, nou (14)	my goodness
nu (1)	now
nummer (1)	number
nylon (9)	nylon
o, (1)	oh,
o jee! (2)	Oh no! Oh dear!
ober (6)	waiter
ochtend (3)	morning
’s ochtends (3)	in the morning
oefenen (17)	to practise
of (2)	or
of (9)	if, whether
officieel (14)	official(ly)
ogenblikje (2)	(just a) moment
okay (5)	OK
olie (6)	oil
om (3)	at, around
om te (7)	(in order) to; G26
omdat (8)	because
omheen (17)	(a)round
omhoog (17)	up
onder (10)	under, underneath
ondergoed (9)	underwear
ongeluk (14)	accident
onmiddellijk (17)	immediate(ly)
ons (1)	us; G2,14,21
ons (5)	our; G14
ontbijt (13)	breakfast

onthouden (17)	to remember
onweer (18)	thunderstorm
onze (5)	our; G14
oog (15)	eye
ooit (16)	ever
ook (1)	too, also
oom (13)	uncle
oor (15)	ear
oorlog (10)	war
oorlogsjaren (10)	war years
oorpijn (15)	earache
op (1)	on, at
open (15)	open
openbaar (12)	public
opera (7)	opera
opeten (12)	to eat (up)
ophouden (18)	to stop
opklaringen (18)	bright periods
opkomen (18)	to rise
opnieuw (16)	again
opschieten (16)	to hurry (up)
opschrijven (3)	to write down
opstaan (15)	to get up
opsturen (10)	to send
oranje (6)	orange
oud (2)	old
ouder (13)	parent
over (3)	over, past, after
over (7)	about
over (17)	left, over
overal (11)	everywhere
overhemd (8)	shirt
overkant (3)	other side, across
oversteken (11)	to cross
een paar (15)	a couple of
paard (17)	horse
pak (8)	suit
pakken (11)	to get
pan (6)	pan
papa (16)	daddy
papier (17)	paper
paracetamol (15)	paracetamol
paraplu (18)	umbrella
pardon (3)	excuse me
park (16)	park
parkeren (12)	to park
pas op (5)	be careful
pas (9)	recently
pasje (11)	I.D. card
paspoort (4)	passport
passen (10)	to try on, to fit
pasta (5)	pasta
patatje (9)	portion of chips,fries
pen (11)	pen
peper (6)	pepper
per (3)	per, a
persoon (18)	person
pijn (15)	pain
pijn doen (16)	to hurt
pils (5)	beer
pilsje (5)	glass of beer
plaats (1)	place, town
plaats (4)	seat, place
plan (17)	plan
van plan zijn (17)	to be going to, to intend to
plant (17)	plant
plat (17)	flat
plattegrond (10)	(street) map
plein (10)	square
plezier (1)	fun
veel plezier! (1)	have fun!
plotseling (13)	sudden(ly)
poetsen (16)	to clean, to brush
politiebureau (11)	police station
pompbediende (12)	service station attendant
pond (9, 13)	pound
popmuziek (7)	rock/pop music
post (11)	mail
postcode (2)	postal/zip code
postkantoor (11)	post office
postzegel (11)	stamp
prachtig (10)	splendid, beautiful
praten (2)	to talk, to speak
precies (1)	exactly
precies (2)	right
prettig (9)	comfortable, pleasant
prijs (4)	price
prima (1)	fine, excellent
proberen (10)	to try (on)
probleem (12)	problem
procent (12)	percent
proeven (6)	to taste, to try
programma (7)	programme
proost! (5)	cheers!
punt (2)	full stop, point, dot
quiz (7)	quiz
raam (6)	window
radio (7)	radio
raken (14)	to hit
rand (9)	rand
rauw (6)	raw
recept (15)	prescription, recipe
receptioniste (12)	receptionist (woman)

recht (11)	straight
rechtdoor (11)	straight on
rechts (11)	(to the) right
rechtsaf (11)	to the right
reden (14)	reason
regen (18)	rain
regenen (18)	to rain
reis (4)	trip
goede reis! (4)	have a nice trip!
reiziger (12)	traveller, passenger
rekenen (12)	to figure
rekening (6)	bill
repareren (12)	to repair
reserveren (17)	to make a reservation
rest (16)	rest
restaurant (6)	restaurant
retourtje (3)	return/round-trip ticket
richting (17)	direction
rijbewijs (4)	driving licence, driver's license
rijden (14)	to drive, ride
rijk (8)	rich
rijst (6)	rice
roepen (16)	to call
rok (10)	skirt
roken (4)	to smoke
roker (12)	smoker
rond (14)	(a)round
rondkijken (10)	to look around, tobrowse
rood (5)	red
roze (9)	pink
rug (15)	back
rusten (13)	to rest
rustig (10)	quiet(ly)
ruzie (13)	quarrel, argument
salaris (13)	salary
samen (6)	together
scheidsrechter (7)	referee
scheuren (16)	to tear
schijnen (13)	to seem, to appear
schijnen (18)	to shine
schoen (10)	shoe
school (10)	school
schrijven (3)	to write
schrikken (14)	to get a shock
seizoen (16)	season
sfeer (13)	character
shirt (10)	shirt
sigarenwinkel (10)	tobacconist's
sinaasappel (5)	orange
sinds (7)	since
situatie (14)	situation
sjaal (9)	scarf
sla (5)	salad, lettuce
slaapkamer (17)	bedroom
slager (12)	butcher's
slagroomklopper (9)	kitchen utensil
slank (16)	slim
slapen (12)	to sleep
slecht (8)	bad
slechts (16)	only, just
sleutel (18)	key
slim (11)	clever(ly)
slipje (9)	panties, briefs
sloot (17)	ditch
slot (18)	lock
op slot doen (18)	to lock
sluiten (11)	to close, shut
smakelijk eten! (6)	enjoy your meal!
smaken (6)	to taste
sms'je (2)	SMS message
sneeuw (18)	snow
snel (6)	quick, fast
snijden (6)	to cut
sociaal (16)	social
soep (6)	soup
sok (9)	sock
sommige (8)	some
soms (14)	sometimes
soort (18)	kind, species
sorry! (5)	I am sorry!
spelen (7)	to play
speler (7)	player
spellen (2)	to spell
spiegel (10)	mirror
spijkerbroek (8)	jeans
spijten (3)	to be sorry
sporten (8)	to play a sport
sporthal (12)	sports centre
spreken (1)	to speak
springen (17)	to jump
ssst! (12)	sh!
staan (2)	to be
staan (16)	to stand
stad (17)	town, city
stalling (4)	storage
starten (12)	to start
station (3)	station
steeds (17)	always, all the time
steeds meer (18)	more and more
steen (16)	stone
stelen (11)	to steal
een vraag stellen (7)	to ask a question
stem (7)	voice
sterk (15)	strong

stijgen (14)	to rise
stil (18)	quiet(ly)
stil eens! (7)	be quiet!
stoel (17)	chair
stoppen (14)	to stop
straat (1)	street
straks (2)	later
strand (18)	beach
streep (10)	line, stripe
stropdas (10)	tie
studeren (8)	to study
per stuk (9)	each, apiece
stukje (16)	a little bit
sturen (2)	to send
sufferd! (17)	idiot! fool!
suiker (6)	sugar
supermarkt (5)	supermarket
sympathiek (5)	pleasant
tafel (6)	table
tafel dekken (6)	to lay the table
tand (16)	tooth
tandenborstel (16)	tooth brush
tank (12)	tank
tanken (12)	to fill up
tante (13)	aunt
tarief (11)	rate
tas (16)	bag
taxi (3)	taxi
te (1)	to
te (6)	too
tegen (7)	against
tegenover (11)	opposite
tegenwoordig (8)	nowadays
tekenen (11)	to sign, to draw
tekst (10)	text
telefoniste (2)	operator (woman)
telefoonnummer (2)	phone number
televisie (7)	television
tellen (1)	to count
temperatuur (18)	temperature
tenminste (8)	at least
ten slotte (6)	finally
terugbellen (12)	to call back
terwijl (14)	while
tevreden (7)	satisfied, content
thee (5)	tea
thuis (2)	at home
tientje (9)	tenner
tijd (3)	time
vrije tijd (7)	spare time
tijdens (13)	during
tjonge! (4)	my word! wow!

toch (8)	right? 'isn't it'*, etc.
toen (11)	then, when
toestand (14)	situation
toetje (5)	dessert
toevallig (10)	by chance, as it happens
tomaat (5)	tomato
toren (17)	tower
tot (1)	(up) to, until
tot ziens (1)	goodbye, see you later
tram (3)	tram, streetcar
tramhalte (3)	tram stop
trap (17)	stairs
trein (3)	train
trouwen (14)	to get married
trouwens (5)	actually, besides
trui (10)	pullover, sweater
tuin (17)	garden
tussen (18)	between, among
u (1)	you; G1,2
ui (5)	onion
uit (1)	from, out (of)
uitdoen (16)	to take off
uitgaan (8)	to go out
uitgang (10)	exit
uitleggen (8)	to explain
uitnodigen (5)	to invite
uitstappen (4)	to get out
uitstekend (1)	excellent, fine
(er)uitzien (14)	to look
uur (3)	hour
uw (3)	your; G14
vaak (15)	often, frequently
vader (2)	father
vakantie (4)	vacation, holiday
vakantiedagen (17)	vacation, holidays
vallen (14)	to fall
van (2)	of, from, off
vanavond (5)	tonight
vandaag (7)	today
vandaan (1)	from
vanmiddag (13)	this afternoon
vanmorgen (13)	this morning
vannacht (14)	tonight, last night
vanochtend (14)	this morning
vast (7)	certainly
vast (13)	fixed, permanent
veel (4)	a lot (of)
veel (8)	much; G23
ver (3)	far
veranderen (16)	to change
verboden (12)	forbidden, no ...

verder (13)	further, for the rest
verder (16)	farther
verdienen (13)	to earn
verdriet (16)	grief, distress
vergelijken (14)	to compare
vergeten (15)	to forget
verhaal (4)	story
verhuizen (13)	to move
verkeer (14)	traffic
verkeerd (15)	wrong
verkopen (9)	to sell
verkoper (10)	shop assistant (man)
verkoopster (10)	shop assistant (woman)
verkouden zijn (15)	to have a cold
verlichting (12)	lights
verliezen (11)	to loose
verschil (17)	difference
verschillend (13)	several, different
verslag (18)	report
verstaan (3)	to understand
vertellen (4)	to tell
vertrekken (3)	to leave
vervelend (11)	annoying
verwachten (14)	to expect
verwachting (18)	expectation, forecast
verwarming (17)	heating
verzekeren (15)	to insure
vet (16)	fat, fatty
via (3)	through
vies (16)	dirty
vinden (6)	to think
vinden (11)	to find
vinger (15)	finger
vis (5)	fish
visrestaurant (6)	seafood restaurant
vlakbij (1)	close by
vlees (5)	meat
vliegen (4)	to fly
vliegtuig (4)	plane
vloer (17)	floor
vlug (13)	fast, quick(ly)
(zich) voelen (13)	to feel; G22
voet (15)	foot
voetbal (7)	soccer
voetballer (7)	soccer player
vogel (17)	bird
vogelaar (18)	bird-watcher
vol (12)	full
volgen (16)	to follow
volgend (4)	following, next
volgens (8)	according to
volgens mij (8)	in my opinion, I think
voluit (2)	in full
voor (3)	for, before, in front of
vooral (15)	particularly, especially
voorbij (13)	past, over
voorbijganger (11)	passerby
voordat (10)	before
voordeel (8)	advantage
voorjaar (16)	spring
voornaam (1)	first name
voorstellen (1)	to introduce
voorzichtig (15)	careful
vorig (17)	last, previous
vork (9)	fork
vorm (9)	shape
vraag (3)	question
vrachtwagen (14)	lorry, truck
vragen (3)	to ask
vreemd (14)	strange, odd
vreselijk (14)	awful(ly)
vriend (14)	friend (man)
vriendelijk (16)	friendly
vriendin (14)	friend (woman)
vrij (4)	free
vrijdag (4)	Friday
vroeg (13)	early
vroeger (8)	formerly, previous
vrouw (1)	wife
vrouw (2)	female
vrouw (14)	woman
vrouwtje (18)	female
vuil (16)	dirty
vullen (6)	to fill
vuur (6)	fire, stove

waaien (18)	to blow
waar (1)	where; G9
waar (8)	true, right
waar .. heen (4)	where
waarom (7)	why
waarschijnlijk (12)	probably
wachten (8)	to wait
wakker (15)	awake
wakker worden (15)	to wake up
wandelen (4)	to walk, to hike
wanneer (3)	when; G9
want (10)	because, for
warenhuis (9)	department store
warm (15)	warm, hot
wassen (15)	to wash
wat (1)	something
wat...! (1)	how...!
wat (2)	a bit
wat (2)	what; G9
water (15)	water

wc (17)	toilet
we (1)	we; G1,3
wedstrijd (7)	match, game
week (4)	week
weekend (8)	weekend
weer (9)	again
weer (18)	weather
weg (11)	gone, away
weg (12)	road, way
wegen (13)	to weigh
weggaan (13)	to leave, to go away
weinig (9)	not much, little; G23
wel (5)	opposite of 'niet /geen'*
weleens (4, 11)	sometimes, ever
welk(e) (1)	which, what; G9
welnee (8)	of course not
welterusten (15)	sleep well
wereldkampioenschap (7)	world championship
werk (13)	work
werkelijk (17)	real(ly)
werken (1)	to work
weten (2)	to know
wie (3)	who; G9
wij (1)	we; G1,3
wijn (5)	wine
willen (2)	could, to want; G8
wind (18)	wind
winkel (10)	shop
winnen (7)	to win
winter (16)	winter
wintermaand (16)	winter month
wisselen (11)	to change (money)
wit (6)	white
witbrood (6)	white bread
woensdag (4)	Wednesday
wolk (18)	cloud
wonder (14)	miracle
wonen (1)	to live
woning (10)	house
woonkamer (17)	living room
woonplaats (2)	place of residence
woord (2)	word
worden (8)	to get, to become
worden (12)	to be; G20

zacht (6)	soft(ly), slow(ly)
zak (11)	pocket
zaterdag (4)	Saturday
ze (1)	she, they, them; G1,2,3
zee (18)	sea
zeep (16)	soap
zeg (1)	say
zeggen (2)	to say
zeker (3)	sure(ly), certain(ly)
zelf (7)	(...)self
zelfs (14)	even
zetten (6)	to put, place
zich (13)	G22
ziek (15)	ill, sick
ziekenhuis (12)	hospital
zien (1)	to see
tot ziens (1)	goodbye, see you later
zij (1)	she, they; G1,3
zijn (1)	to be; G8
zijn (5)	his; G14
zilveren (9)	silver
zin hebben (7)	to feel like
zingen (14)	to sing
zitten (4)	to sit
zo (2)	well, right
zo (5)	in a minute
zo (5)	so, like that
zo meteen (6)	in a minute
x maal zo .. als (16)	x times as .. as
zoals (6)	such as, as
zodat (14)	so (that)
zoeken (10)	to look for
zoeken (11)	to search
zoet (15)	sweet
zomer (16)	summer
zon (18)	sun
zo'n (14)	such (a), one of those
zo'n (18)	about
zondag (4)	sunday
zonder (4)	without
zonnig (18)	sunny
zonsopgang (18)	sunrise
zoon (13)	son
zorgen voor (14)	to look after
zou (18)	would
zout (6)	salt
zout (15)	salt, salty
zoveel (17)	so much/many
zulk(e) (17)	such
zullen (2)	will, shall; G8
zus(ter) (2)	sister
zwaar (10)	heavy
zwart (6)	black
zwembad (12)	pool
zwemclub (7)	swimming club
zwemmen (7)	to swim

LANDENLIJST / LIST OF COUNTRIES

Amerika	**America**
Amerikaans	**American**
Australië	Australia
Australisch	Australian
België	**Belgium**
Belgisch	**Belgian**
Bulgarije	Bulgaria
Bulgaars	Bulgarian
Canada	**Canada**
Canadees	**Canadian**
Cyprus	Cyprus
Cyprisch, Cypriotisch	Cypriot
Denemarken	**Denmark**
Deens	**Danish**
Duitsland	Germany
Duits	German
Engeland	**England, UK**
Engels	**English, British**
Estland	Estonia
Estlands	Estonian
Europa	**Europe**
Europees	**European**
Finland	Finland
Fins	Finnish
Frankrijk	**France**
Frans	**French**
Griekenland	Greece
Grieks	Greek
Groot-Brittannië	**Great Britain**
Brits	**British**
Hongarije	Hongary
Hongaars	Hungarian
Ierland	**Ireland**
Iers	**Irish**
Italië	Italy
Italiaans	Italian
IJsland	**Iceland**
IJslands	**Icelandic**
Letland	Latvia
Lets	Latvian
Litouwen	**Lithuania**
Lithouws	**Lithuanian**
Luxemburg	Luxembourg
Luxemburgs	Luxembourg
Nederland	**The Netherlands, Holland**
Nederlands	**Dutch**
Nieuw-Zeeland	New Zealand
Nieuw-Zeelands	New Zealand
Noorwegen	**Norway**
Noors	**Norwegian**
Oostenrijk	Austria
Oostenrijks	Austrian
Polen	**Poland**
Pools	**Polish**
Portugal	Portugal
Portugees	Portuguese
Roemenië	**Romania**
Roemeens	**Romanian**
Schotland	Scotland
Schots	Scottish
Slovenië	**Slovenia**
Sloveens	**Slovenian**
Slowakije	Slovakia
Slowaaks	Slovak(ian)
Spanje	**Spain**
Spaans	**Spanish**
Tsjechië	Czech Republic
Tsjechisch	Czech
Verenigde Staten	**United States**
Amerikaans	**American**
Zuid-Afrika	South Africa
Zuid-Afrikaans	South African
Zweden	**Sweden**
Zweeds	**Swedish**
Zwitserland	Switzerland
Zwitsers	Swiss

ANTWOORDEN / ANSWER KEYS

Answer keys Lesson 1

A KEY TO THE EXERCISES

Exercise 7
1 true 2 false 3 false
Exercise 13
1 meneer Dikkers 2 Teun 3 Eva's
Exercise 14
1 d, b 2 a 3 c, e 4 c, e 5 b, d
Exercise 15
1 leuk 2 moeder 3 huis 4 ook 5 plezier
Exercise 16
1 vrouw 2 dank u 3 Dag/Tot ziens 4 drinken
5 Tot ziens 6 feestje
Exercise 19
3, 6, 7, 9
Exercise 20
1 ik 2 het, jou 3 u 4 jij
Exercise 21
1 Hoe gaat het met je?
2 Mag ik je even voorstellen?
3 En dit is mijn moeder.
4 Hoe maakt u het?
5 Veel plezier en tot ziens.
6 Dag mevrouw.
Exercise 22
1.4
2.5
3.5
Exercise 23
1 x 3 x 4 x 6 x 8 x
Exercise 30
1 true 2 true 3 false 4 true
Exercise 31
1 d, e 2 a 3 e 4 b 5 c
Exercise 32
1 d 2 e 3 b 4 a 5 c
Exercise 33
1 werkt 2 woont 3 straat 4 gaat
Exercise 34
1 jaar 2 Nederlands 3 Nederland 4 lang
5 niet 6 ja
Exercise 35
1 Spreekt 2 denk 3 vlakbij 4 maar 5 goed
6 daar
Exercise 36
1.5
2.3
3.4
4.6
5.6
Exercise 38
1 Waar woon je? 2 Ik woon daar vlakbij.
3 Werk je ook in Amsterdam? 4 Ja, ik werk hier bij een bank. 5 Jij komt niet uit Nederland, hè? 6 Waar kom je vandaan? 7 Nu ga ik naar huis. 8 Ja, drie jaar, denk ik.
Exercise 41
1 tot 2 luistert 3 tellen
Exercise 43
See Grammar Section 5
Exercise 44
1 x 2 x 4 x 6 x 7 x 9 x

B KEY TO THE QUIZ

Part 1
1 a 2 a 3 b 4 b 5 a
Part 2
1 leuk 2 wat 3 voorstellen 4 bank 5 welk
6 het 7 jou
Part 3
1 is 2 Hij 3 Hij woont/werkt 4 naar 5 is
Part 4
See text 25 'Drie jaar geleden'. Check words and spelling.

Answer keys lesson 2

A KEY TO THE EXERCISES

Exercise 6
1 false 2 false 3 true 4 true
Exercise 7
1 internetcafé 2 naam 3 straks 4 helpen 5 bellen
Exercise 8
1 agenda 2 geven 3 Dank je wel 4 thuis
5 stuurt 6 Graag gedaan
Exercise 9
1 achter 2 Weet 3 ogenblikje 4 dom 5 spel **Exercise 10**
1. Kunt u me helpen, mevrouw?
2. Waar kan ik internetten?
3. We kunnen haar moeder bellen.
4. KPN Inlichtingen, goedemiddag.
5. Kunt u de naam spellen?
6. Dank u wel.
7. Dan bel je haar straks maar.
Exercise 11
1 x 3 x 4 x 6 x 7 x 8 x
Exercise 16
1 punt 2 woord, letters 3 alfabet 4 punt 5 zeg
Exercise 19
1 spreken 2 weten 3 spellen 4 sturen

5 liggen 6 geven

Exercise 24

1 false 2 false 3 true

Exercise 25

1 b, f 2 b, d, f 3 b, e 4 d 5 a 6 g 7 c

Exercise 26

1 f 2 d 3 e 4 c 5 a 6 b

Exercise 27

1 Uitstekend 2 woon 3 adres 4 woont 5 spreekt
6 langzamer

Exercise 28

1 oud, bijna 2 zus, vader 3 Bedoel

Exercise 29

1.4
2.5
3.4
4.2
5.4
6.4

Exercise 30

2 x 3 x 6 x 7 x 8 x

Exercise 33

1 ø 2 een 3 de 4 een 5 Het 6 het 7 een

B KEY TO THE QUIZ

Part 1

1 c 2 c 3 b 4 b 5 a

Part 2

1 stuur 2 bedoelt
3 woonplaats 4 bijna
5 zus 6 telefoonnummer
7 agenda 8 gezellig, Kun

Part 3

1 e 2 b 3 f
4 a 5 c 6 d

Part 4

See text 1 ' Mailen en bellen'.
Check words and spelling.

Answer keys lesson 3

A KEY TO THE EXERCISES

Exercise 5

1 false 2 false 3 true

Exercise 6

1 d 2 e 3 c 4 f 5 a 6 b 7 g

Exercise 7

1 vragen 2 Weet 3 aan de overkant 4 ver
5 zegt 6 Dank u wel

Exercise 8

1 nogal 2 neem, of 3 Pardon, iets 4 halte

Exercise 10

1 willen 2 willen, kunnen 3 zijn 4 hebben
5 mogen 6 kunnen 7 willen 8 zullen 9 gaan

Exercise 11

1 is 2 Gaat 3 kunt 4 is 5 is 6 kan 7 bent

Exercise 12

2 x 3 x 5 x 6 x 8 x 9 x 10 x

Exercise 17

1 false 2 false 3 false

Exercise 18

1 b 2 c, e 3 f 4 c, e 5 a 6 d

Exercise 19

1 trein 2 nog een keer 3 Pardon 4 kost 5 of, en

Exercise 20

1 enkele reis 2 versta 3 nog eens 4 kind 5 hoe

Exercise 21

1 Hoeveel 2 boot 3 retour 4 trein 5 euro

Exercise 24

1 hoeveel 2 goed 3 nog 4 zeggen 5 hier 6 gesprek
7 negen 8 geleden 9 heb 10 ogenblikje

Exercise 30

1 false 2 true 3 true

Exercise 31

1 b, c 2 b, c 3 e 4 a/d 5 d/a

Exercise 32

1 b, c 2 a, c 3 a

Exercise 33

1 vraag, Wanneer 2 keer, 's avonds 3 hoe 4 uur
5 informatie

Exercise 34

1 vertrekt, opschrijven 2 het, uur 3 om

Exercise 35

1 p.m. 2 p.m. 3 a.m. 4 a.m. 5 a.m. 6 p.m. 7 a.m.

Exercise 37

1 Hoe 2 Wanneer 3 Wat/Wanneer 4 Waar
5 Welke 6 Hoeveel/Wat 7 Wie

Exercise 38

1.5
2.5
3.6
4.4
5.5

Exercise 39

1 x 2 x 5 x 6 x 9 x 10 x

Exercise 45

1 – 2 kwart voor acht 3 vijf voor half twee
4 vijf voor twaalf 5 vijf over half zes 6 elf over drie
7 negen over half negen

Exercise 46

1 x 2 x 5 x 6 x 8 x

Exercise 48

1 om vijf (minuten) voor half vier (15.25)
2 om negen (minuten) voor half zes (17.21)
3 om één minuut voor zes (17.59)
4 vijf uur en drie minuten (Londen: + 1 uur)

5 om twee (minuten) voor half acht (19.28)
Exercise 50
treinen, stations, nummers, nachten, kinderen, vaders, agenda's, huizen, straten

B KEY TO THE QUIZ

Part 1
1 c 2 a 3 c 4 a 5 c
Part 2
1 nemen 2 Hoe laat 3 vraag 4 's avonds 5 versta 6 opschrijven
Part 3
1 Mag 2 Waar 3 Kun 4 Welke 5 wie 6 ga
Part 4
See text 13 'Op het centraalstation'. Check words and spelling.

Answer keys lesson 4

A KEY TO THE EXERCISES

Exercise 4
1 false 2 true 3 false
Exercise 5
1 c 2 e 3 d 4 a 5 b 6 f
Exercise 6
1 plaats 2 zitten 3 reis 4 uit, trein, ver 5 familie, broer
Exercise 7
1 zitten 2 vliegt 3 bekijken 4 bezoekt 5 roken 6 uitstappen
Exercise 8
1 vrij 2 koffer 3 Kent 4 bekijken 5 doen
Exercise 9
1 vandaan 2 net 3 ver, lange 4 naartoe
Exercise 11
Neutral: dit museum, dat vliegtuig, dit kaartje, dat kind
Exercise 12
1 deze/die 2 deze/die 3 deze/die 4 dat/dit 5 deze/die 6 dat/dit 7 Dat/Dit, dat/dit
Exercise 13
1 x 3 x 5 x 6 x 8 x 10 x
Exercise 20
1 true 2 false 3 false
Exercise 21
1 a 2 b, c 3 b, c 4 c 5 a 6 c
Exercise 22
2 weet ik nog niet 3 ja 4 ja 5 weet ik nog niet 6 nee 7 ja 8 nee
Exercise 23
1 e 2 b(e) 3 d 4 c 5 a
Exercise 24
1 fiets 2 Morgen, mee 3 Natuurlijk, nooit 4 fietsen, wandelen
Exercise 25
1 morgen/eten 2 nog niet 3 later 4 veel, eten
Exercise 26
1 vakantie 2 gefietst 3 gedaan 4 doen, gehad
Exercise 27
1 gaat 2 vertelt, (heeft) 3 eet 4 huur 5 doet 6 heeft
Exercise 28
3 x 4 x 8 x 9 x 10 x
Exercise 31
1 niet 2 geen 3 niet 4 niet 5 niet 6 geen 7 geen
Exercise 33
1. gehad – hebben, gedaan – doen, gefietst – fietsen, gewandeld – wandelen, gegeten – eten, gezien – zien, geweest – zijn,
2. irregular verbs: zijn – geweest, zien – gezien, gaan – gegaan, drinken – gedronken, denken – gedacht, komen – gekomen, spreken – gesproken, kunnen – gekund, weten – geweten, staan – gestaan, liggen – gelegen, geven – gegeven, hebben – gehad, zeggen – gezegd, willen – gewild, brengen – gebracht, mogen – gemogen, vragen – gevraagd, nemen – genomen, zeggen – gezegd, verstaan – verstaan, vertrekken – vertrokken, opschrijven – opgeschreven, schrijven - geschreven
   regular verbs: wonen – gewoond, werken – gewerkt, tellen – geteld, luisteren – geluisterd, mailen – gemaild, bellen - gebeld, internetten – geïnternet, spellen – gespeld, sturen – gestuurd, bedoelen – bedoeld, praten – gepraat, kosten – gekost

Exercise 34
1 c 2 g 3 a 4 e 5 b 6 f 7 d
Exercise 35
Kees Slagter, Geleenstraat 83, 1078 LH Amsterdam, 020–6829173;
Jantien van der Ploeg, Hortensiastraat 9, 3551 TR Utrecht, 030–5203855
Exercise 38
1 stalling 2 huren 3 loket 4 hele dag 5 laten zien
Exercise 39
1 betalen 2 volgende 3 paspoort 4 krijgt 5 gebruiken
Exercise 40
1 c 2 e 3 f 4 b 5 a 6 d 7 g
Exercise 41
1 € 7,30 2 € 52,40
Exercise 43
1 uur 2 dagen 3 weken
Exercise 44
1 Zonder 2 betalen 3 loket 4 kost 5 euro

Exercise 46
1 zaterdag, maandag 2 woensdag, vrijdag 3 maandag, woensdag 4 vrijdag, zondag 5 zondag, dinsdag 6 donderdag, zaterdag
Exercise 47
2 x 5 x 7 x 8 x 10 x

B KEY TO THE QUIZ

Exercise 1
1 b 2 c 3 c 4 c 5 b
Exercise 2
1 huren 2 natuurlijk 3 dag 4 hele 5 deze
6 later 7 rijbewijs 8 kerk 9 fietsen 10 bedankt
Exercise 3
1 deze 2 geen 3 deze 4 die 5 niet
Exercise 4
See text 1 'In de trein'. Check words and spelling.

Answer keys lesson 5

A KEY TO THE EXERCISES

Exercise 4
1 waar 2 niet waar 3 waar
Exercise 5
1 a 2 b 3 b
Exercise 6
1 d, e 2 c 3 f 4 a, e 5 b 6 a
Exercise 7
1 c 2 a, e, f 3 d 4 a, b, e 5 f 6 a, b, e
Exercise 8
1 laten, café 2 drinken 3 hekel 4 glas 5 vind 6 wel
Exercise 9
uitnodigen, jarig, borrel, nog
Exercise 10
1 zullen 2 nu, bezoek, boodschappen 4 zo 5 nog
Exercise 11
1, 3, 5, 7, 8
Exercise 19
1 niet waar 2 waar 3 waar
Exercise 20
1 d 2 c 3 e 4 b 5 a
Exercise 21
gegeten, supermarkt, lekker, toetje, liever
Exercise 22
groente: uien, sla; fruit: appels, citroenen, sinaasappels; ?: tomaten, aardappels
Exercise 23
melk, pils, wijn, frisdrank, borrel
Exercise 24
kaas, (ijs), boter
Exercise 25
fruit, boodschappen, idee, uien, sla, alles
Exercise 26
sla, tomaten, uien, aardappels, appels, sinaasappels, citroen, frisdrank, boter, kaas, eieren, melk, koekjes.
Exercise 27
1 x 3 x 5 x 6 x 9 x
Exercise 30
1 zijn 2 is 3 is 4 zijn 5 is 6 zijn
Exercise 36
1 waar 2 niet waar 3 waar
Exercise 37
1 d 2 b 3 e 4 c 5 a 6 f 7 g
Exercise 38
1 d 2 e 3 b 4 c 5 a
Exercise 39
koffie, thee, melk, iets fris, alcoholvrij bier
Exercise 40
binnen, bril, leuk, thee, lekkere, liever
Exercise 41
1 f 2 e 3 c 4 b 5 d 6 a
Exercise 43
1 hun, onze, jullie 2 haar 3 zijn
Exercise 44
1 b 2 e 3 f 4 a 5 d 6 c
Exercise 45

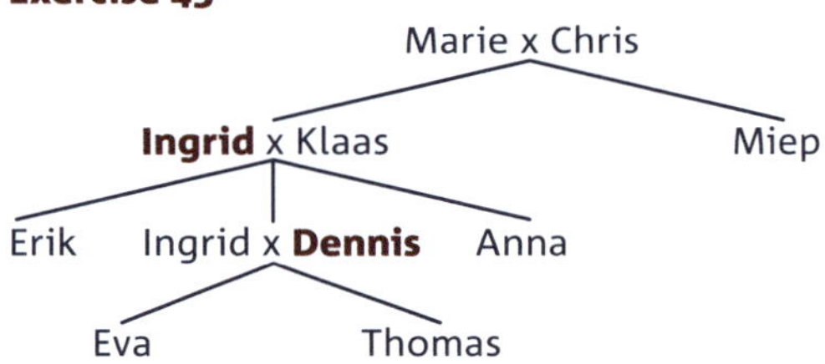

B KEY TO THE QUIZ

Part 1
1 a 2 c 3 c 4 c 5 b 6 a
Part 2
1 wil 2 liever 4 mooie 5 jarig 6 mijn
7 borrel 8 uitgenodigd 9 hekel 10 aardig
Part 3
1 mijn 2 je/jouw 3 haar 4 je/jouw, mijn 5 zijn
Part 4
See text 30 'Op de borrel'. Check words and spelling.

Answer keys lesson 6

A KEY TO THE EXERCISES

Exercise 5
1 waar 2 waar 3 niet waar 4 niet waar
Exercise 6
1 d, b, e 2 e, f 3 c 4 a 5 f 6 b
Exercise 7
1 c 2 b 3 f 4 d 5 a 6 e

Exercise 8
1 e 2 d 3 a 4 b 5 c
Exercise 9
1 koken 2 snel en makkelijk, zoals 3 zal, keuken, vuur 5 snijden, kruiden, olie, klaar 6 tafel
Exercise 10
1, 3, 6, 7
Exercise 14
1 niet waar 2 waar 3 niet waar 4 niet waar
Exercise 15
1 a 2 c 3 a
Exercise 16
1 d 2 e 3 a 4 b 5 c
Exercise 17
bruinbrood, ham/kaas, vissoep, brood, melk/koffie, suiker
Exercise 18
haring, vis, rauwe, smaakt, zacht, ui
Exercise 19
1 rood, wit, blauw 2 background of flag: white; rings: blauw, zwart, rood, geel, groen
Exercise 20
1 c 2 e 3 b 4 g 5 d 6 h 7 a 8 f
Exercise 22
a 1 mooie, oude 3 rode; gele 4 blauwe 8 lekkere
b 5 alcoholvrij 6 aardig 7 gezellig 9 lang
Exercise 23
zwarte, witte, alcoholvrij, nieuwe, rauwe, bruine, oude, grote
Exercise 25
1 Lucius en Kort 2 Lucius, Vandenberg, Lorreinen
3 Lucius 4 Lucius en Vandenberg
Exercise 27
Daar (De Rode Vis), er (De Rode Vis), Daar (de Maasstraat), er (in de Maasstraat), Daar (in de Maasstraat)
Exercise 31
1 niet waar 2 niet waar 3 waar 4 waar
Exercise 32
1 a (incorrect), c (offensive) 2 b (offensive)
3 a (offensive), b (incorrect) 4 b (offensive)
5 b (incorrect)
Exercise 33
1 c 2 f 3 a 4 d 5 e 6 b
Exercise 34
1 proef 2 heet 3 zout, peper 4 raam
5 heerlijk 6 vul 7 naast
Exercise 35
1 Zo jongens 2 genoeg 3 nog wat 4 geef 5 dik
6 zo meteen
Exercise 36
1 tafel 2 daar, raam, 3 maakt, uit 4 naast zitten
5 jongens 6 heet 7 heerlijk
8 gemaakt
Exercise 37
1 x 2 x 5 x 6 x 9 x 10 x
Exercise 39
ga jij (dan) maar ..., vul jij (...) eens, ga je gang, pas op, geef me (...) eens, neem ...

B KEY TO THE QUIZ
Part 1
1 a 2 a, b 3 c 4 b 5 b 6 a
Part 2
1 vullen 2 heerlijke 3 gevonden 4 snel 5 genoeg
6 nog wat 7 Eerst 8 elkaar
Part 3
1 oude 2 gewone 3 mooi 4 oude 5 lang 6 nieuwe
Part 4
See text 28 'Aan tafel'. Check words and spelling.

Answer keys lesson 7

A KEY TO THE EXERCISES
Exercise 5
1 niet waar 2 niet waar 3 waar
Exercise 6
1 c 2 e 3 d 4 a 5 b
Exercise 7
1 no 2 yes 3 no 4 no 5 yes
Exercise 8
1 stil eens 2 hoor 3 muziek 4 altijd 5 radio
Exercise 9
1 geeft 2 hoort 3 houdt, van 4 gaat/gaan 5 belt
6 leest
Exercise 10
1 nog 2 plaatsen, meteen 3 programma
4 concert, krant
Exercise 11
1 op 2 over, na, tot, van 3 naar, in
Exercise 12
1.4
2.7
3.6
4.7
5.5
Exercise 15
1 Er is 2 Er is 3 Er zijn 4 Er is 5 Er zijn
Exercise 16
1 € 89,-, 2 0900 3001250
3 In de Ahoy in Rotterdam 4 15:00 (drie uur)
Exercise 19
1 waar 2 niet waar 3 niet waar

Exercise 20
1 no 2 yes 3 yes
Exercise 21
1 c 2 f 3 d 4 e 5 b 6 a
Exercise 22
1 hou, lid 2 vrije tijd 3 keer, sinds 4 conditie, dingen 5 stem
Exercise 23
1 hobby 2 jazz, klassieke muziek, popmuziek 3 per 4 Het liefst 5 vrije tijd 6 andere
Exercise 24
1 b 2 e 3 c 4 a 5 d
Exercise 25/26
1 Meneer Brakel, heeft u hobby's?
2 En doet u ook nog andere dingen in uw vrije tijd?
3 Wat voor muziek?
4 Klassiek, popmuziek, jazz?
5 Wat was de eerste opera van Mozart?
6 Kent u deze stem?
Exercise 30
1 niet waar 2 waar 3 niet waar
Exercise 31
1 b, d 2 f 3 a 4 c, e
Exercise 32
1 Wat is dat? 2 Wat zijn dat? 3 Wie is dat? 4 Wie zijn dat? 5 Wat is dat? 6 Wie is dat?
Exercise 33
1 speler, (spelen) 2 wedstrijd 3 wereldkampioenschap 4 voetbal 5 scheidsrechter 6 voetballer 7 (winnen)
Exercise 34
1 d 2 c 3 a 4 e 5 b
Exercise 35
1 Dames 2 fantastische 3 hoor 4 speelt 5 krant 6 wint 7 drukken 8 belangrijke
Exercise 36
1 voetbal 2 Waarom 3 niets 4 harder 5 Wedstrijden 6 vandaag 7 tegen 8 draaien
Exercise 37
1 hoop 2 hele, voetballers 3 jongens, fantastisch 4 tevreden

B KEY TO THE QUIZ
Part 1
1 a 2 c 3 b 4 b 5 c 6 b
Part 2
1 zwemmen 2 wedstrijd 3 muziek 4 fantastisch, vrije tijd 5 altijd, hobby 6 opera 7 tot 8 na 9 programma 10 goed
Part 3
1 c 2 a 3 e 4 b 5 d
Part 4
See text 1 'Een concert'. Check words and spelling.

Answer keys lesson 8

A KEY TO THE EXERCISES
Exercise 5
1 niet waar 2 waar
Exercise 6
1 c 2 a 3 b
Exercise 7
1 c 2 b 3 a
Exercise 8
1 Moet 2 hoeft 3 Hoef 4 Moet 5 hoef 6 moet 7 hoeft
Exercise 9
1 d 2 a 3 e 4 c 5 b
Exercise 10
1 kleren 2 Als 3 zo 4 Iedereen 5 spijkerbroek 6 echt 7 pak
Exercise 12
1 zondag 2 13.30 (half twee) 3 Amstel 3, Amsterdam 4 € 105,00
Exercise 15
1 waar 2 niet waar 3 waar
Exercise 16
1 c 2 e 3 a 4 f 5 b 6 d
Exercise 17
1 d 2 c 3 b 4 e 5 a
Exercise 18
1 rijk 2 liever 3 minder 4 uitleggen 5 loopt 6 omdat 7 gevoel 8 Als 9 tenminste 10 moeilijke
Exercise 19
1 e 2 d 3 f 4 a 5 g 6 b 7 c
Exercise 20
1 rijk 2 winnen 3 goede 4 leuk 5 vroeger 6 liever
Exercise 25
1 waar 2 niet waar 3 waar
Exercise 26
1 b 2 d 3 e 4 f 5 c 6 a
Exercise 27
1 voordeel, studeren 2 gewacht 3 weekend 4 bijvoorbeeld 5 gekeken 6 reden 7 sommige
Exercise 28
1 ingang 2 bioscoop 3 iedereen 4 film 5 volgens
Exercise 29
1 e 2 d 3 a 4 b 5 c
Exercise 32
1 liep 3 werd 5 heb gezien 6 was 7 heeft gewonnen 8 heb gezien 9 studeerde 10 wachtte, zag
Exercise 33
1 gingen 2 had 3 was, duurde 4 vond 5 zei, ging 6 wilde
Exercise 34
1 Pan's Labyrinth en Das Leben der Anderen
2 16.30 uur 3 Telefoon 0900-1458

B KEY TO THE QUIZ

Part 1

1 a 2 c 3 b 4 a 5 a 6 b

Part 2

1 kleren, uitgaan 2 natuurlijk 3 in ieder geval, spijkerbroek 4 tegenwoordig 5 Een hoop, wachten 6 vindt 7 gevoel 8 slecht

Part 3

1 was 2 kregen 3 hadden 4 dronken 5 wilden, konden 6 zei, had, wilde 7 vertrok

Part 4

See text 1 'Wat doe jij aan?' Check words and spelling.

Answer keys lesson 9

A KEY TO THE EXERCISES

Exercise 6

1 waar 2 niet waar 3 waar 4 niet waar

Exercise 7

1 kosten 2 is 3 kosten 4 kost 5 kost 6 zijn

Exercise 8

1 horloge 2 echt 3 Wat 4 tientjes 5 andere 6 goedkoop, Doet

Exercise 9

1 druk, lijkt 2 prettig, wachten 3 nodig 4 bovendien 5 honger 6 weer, pas

Exercise 11

1 handig 2 leuke, gek 3 prettig 4 nieuw, gouden/ zilveren, gekke 5 goedkoop, goedkope, goed

Exercise 12

1, 2, 4, 5, 7

Exercise 17

1 niet waar 2 niet waar 3 waar

Exercise 18

1 waar 2 niet waar 3 niet waar 4 waar 5 waar

Exercise 19

1 lepel 2 per stuk 3 nog 4 of 5 duur 6 Misschien

Exercise 20

1 borden 2 een beetje 3 misschien 4 vorm 5 natuurlijk 6 weinig

Exercise 21

1 mes 2 lepel 3 vork 4 glas 5 kop 6 pan 7 bord

Exercise 22

You might have done it this way: 1 b 2 e 3 d 4 c 5 a

Exercise 24

2 weet, hebben 3 weet, is 4 vindt, hebben 5 denk, aantrek 6 weet, gaat 7 zeggen, is 8 zei, wilde, kopen 9 sport, wil, winnen 10 koopt, houdt

Exercise 25

1 borden 2 duur 3 (zo) mooi 4 drie 5 drie

Exercise 28

b, c, d, f

Exercise 33

1 1.25 2 1.40 3 0.63 4 1.50 5 niet waar

B KEY TO THE QUIZ

Part 1

1 a 2 a 3 a

Part 2

1 kopen 2 ook alweer 3 nodig heeft 4 sjaal 5 druk, gek 6 roze 7 Misschien 8 een beetje 9 veel te weinig 10 weer

Part 3

1 a 2 b 3 b 4c

Part 4

1 katoenen 2 zilveren 3 rode, groene 4 gouden

Answer keys lesson 10

A KEY TO THE EXERCISES

Exercise 6

1 niet waar 2 40 3 42 4 niet waar 5 waar

Exercise 7

1 e 2 f 3 c 4 b 5 a 6 d

Exercise 8

1 maat 2 past 3 winkel 4 haast 5 staat 6 spiegel 7 rok

Exercise 9

1 goed, pas 2 aannemen, neem, prachtige

Exercise 10

1 klein 2 Voordat 3 beleefd 4 toevallig 5 mode 6 probeer 7 rondkijk

Exercise 11

1 rondkijken 2 rok 3 mode 4 klein 5 precies 6 goed 7 duur

Exercise 14

1 42 2 14 3 ?

Exercise 19

1 niet waar 2 waar 3 niet waar

Exercise 20

Verkoper: a Martin: b

Exercise 21

1 allebei 2 onder 3 strepen 4 zoeken 5 gekocht 6 trui

Exercise 22

1 d 2 f 3 e 4 g 5 a 6 c 7 b

Exercise 23

1 c 2 e 3 g 4 a 5 f 6 h 7 b 8 i 9 d

Exercise 24

Kunt u me misschien helpen?
Ja zeker, meneer.
Nee meneer, het spijt me heel erg.
Wat jammer.
Een ogenblikje, alstublieft.

Anders nog iets?
Nee, dank u.

Exercise 27

Man: een overhemd, een stropdas, een broek, een jasje, sokken, schoenen
Vrouw: een jurk, een hoed, laarzen, een blouse, een jasje, een rok

Exercise 32

1 niet waar 2 waar 3 niet waar

Exercise 33

1 c 2 c 3 b

Exercise 34

1 meenemen 2 geschiedenis 3 centrum, plattegrond 4 bekijken 5 zwaar 6 uitgang 7 Dus

Exercise 35

1 oorlog 2 bijzonder 3 plein 4 kiezen 5 foto 6 leven 7 rustig 8 bouwen

Exercise 36

1 c 2 f 3 d 4 b 5 a 6 e

Exercise 37

1 sigarenwinkel 2 architect 3 boekwinkel 4 opsturen 5 plattegrond 6 school

Exercise 38

1 woning 2 zoeken 3 oorlog, want 4 Inderdaad, duur

Exercise 39

1 allemaal 2 bestaat uit, geschiedenis 3 schrijf 4 meenemen, rustig

Exercise 40

1 f 2 b 3 c 4 g 5 e 6 a 7 d

Exercise 41

1 geschiedenis 3 centrum 4 oorlogsjaren 5 woningen 6 alle drie / allemaal

B KEY TO THE QUIZ

Part 1

1 a 2 b 3 c 4 a 5 b 6 b

Part 2

1 toevallig 2 rondkijken 3 Voordat 4 inderdaad, architect 5 beroemde 6 rustig 7 centrum, school 8 winkels 9 plein 10 want

Part 3

Personal

Part 4

See text 15 'Een trui kopen'. Check words and spelling.

Answer keys lesson 11

A KEY TO THE EXERCISES

Exercise 4

1 niet waar 2 waar 3 niet waar

Exercise 5

1 c 2 e 3 a 4 b 5 d

Exercise 6

1 verloren 2 tekent 3 pen 4 gebeurt 5 vinden 6 iemand 7 weg 8 fout 9 jassen 10 zak

Exercise 7

Toen, gestolen, pakken, pinpas, zak, heel erg, politiebureau

Exercise 8

1 f 2 e 3 a 4 d 5 c 6 b

Exercise 9

1 d 2 e 3 f 4 c 5 a 6 b 7 g

Exercise 10

1.6
2.4
3.5
4.4
5.7
6.6

Exercise 15

1 niet waar 2 waar 3 niet waar 4 niet waar 5 waar

Exercise 16

1 b 2 b 3 a 4 a

Exercise 17

1 bakker 2 oversteken 3 kapper 4 buurt 5 ergens 6 recht tegenover 7 gesloten 8 vervelende 9 brug 10 hoek

Exercise 18

a = 3
b = 4
c = 1
d = 2

Exercise 19

1 b 2 c 3 e 4 a 5 g 6 f 7 d

Exercise 20

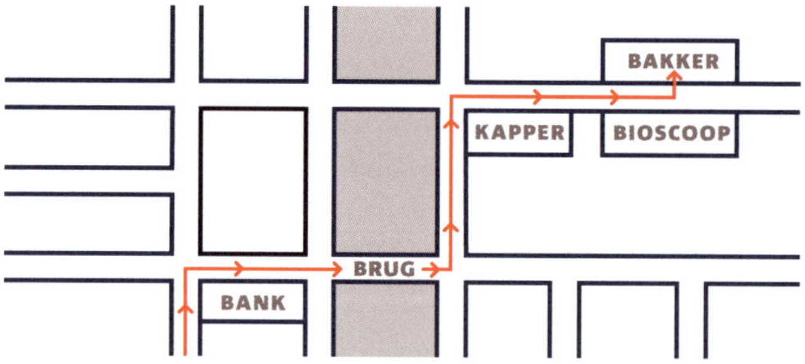

Exercise 26

1 niet waar 2 niet waar 3 waar

Exercise 27

1 Kunt u 2 U kunt 3 Kunnen we 4 ik kan 5 Kan ik 6 kunt u

Exercise 28

1 postkantoor 2 Europa 3 wisselen 4 postzegel 5 loket 6 binnen 7 brief 8 post 9 kaarten

Exercise 31
1 €1,54 2 €0,77 3 €5,70 4 €2,20 5 €2,31
Exercise 32
1 brief 2 buitenland 3 priority 4 gram
5 brievenbus
Exercise 33
2x 3x 6x 9x 10x

B KEY TO THE QUIZ
Part 1
1 a 2 b 3 c 4 c 5 c 6 c
Part 2
1 vinden, ergens 2 gepakt 3 overal, weg 5 brief
6 postzegel 7 slim 8 zwaarder 9 anders 10 sluit
Part 3
1 c 2 a 3 e 4 b 5 d
Part 4
See text 12 'Is er een bank in de buurt?'. Check words and spelling.

Answer keys lesson 12

A KEY TO THE EXERCISES
Exercise 3
1 niet waar 2 waar 3 niet waar
Exercise 4
1 muur 2 benzine 3 lucht 4 bij doen 5 rekenen
6 deur 7 contant 8 band 9 tanken
Exercise 6
1, 3, 4, 5, 6, 10
Exercise 10
1 niet waar 2 niet waar 3 waar
Exercise 11
kapot, helemaal, starten, verlichting, garage, monteur, kenteken, repareren, beter
Exercise 12
1 bellen 2 telefoon 3 Met 4 Spreek 5 nummer
Exercise 13
1 met 2 doorverbinden, in gesprek, terugbellen 3 Dag
Exercise 14
1 controleren 2 draden 3 wegen 4 repareren
5 terugbellen 6 halen 7 vol 8 losser 9 auto
10 probleem
Exercise 15
1 Boersma 2 Op de Middenweg bij nummer 230
3 6839233 4 LX–08–KT
Exercise 16
1 x 3 x 5 x 6 x 8 x 9 x
Exercise 23
1 Au 2 Hé 3 Bah 4 Sst/Hé 5 Binnen 6 niet instappen
Exercise 24
1 parkeren 2 slager 3 slapen 4 zonder 5 Reizigers
6 opeten 7 genoeg 8 kloppen 9 beet
Exercise 27
1 te, ø 2 ø, te 3 ø, te
Exercise 30
1 niet waar 2 waar 3 ziekenhuizen, zwembaden, sporthallen, (scholen) 4 15 5 c 6 waar
Exercise 31
1 verboden 2 ziekenhuis 3 zwembad 4 school
5 enzovoort 6 namelijk 7 slecht 8 dwingen
9 op dit moment
Exercise 32
1 zwemmen 2 sporten 3 roken 4 procent 5 miljoen
6 openbaar
Exercise 34
1 alle, alle, alle, al het 2 alle 3 al het 4 alle
5 alle
Exercise 36
3 worden gerepareerd 4 werd doorverbonden
6 is gestolen 8 is gemaakt 9 werd gedwongen

B KEY TO THE QUIZ
Part 1
1 c 2 a 3 a 4 c 5 a 6 b
Part 2
1 vol 2 plaatsen genoeg 3 parkeren
4 gebouw, verboden 5 kenteken, slechte
6 waarschijnlijk (namelijk) 7 haal 8 dat kan niet
9 namelijk 10 beter
Part 3
1 al het 2 moet 3 al het 4 hoef 5 alle
6 hoeft
Part 4
See text 1 'Benzine tanken'. Check words and spelling.

Answer keys lesson 13

A KEY TO THE EXERCISES
Exercise 4
1 niet waar 2 waar 3 niet waar
Exercise 5
8.8 lbs.
Exercise 6
1 zoon 2 zwaar 3 weegt 4 heet 5 noemen
6 langsgaan, vanmorgen 7 vroeg 8 hartstikke leuk
Exercise 7
1 baby 2 oom 3 geboren 4 vanmorgen 5 vlug
6 geloof 7 noemt 8 voel 9 moe 10 flinke
Exercise 8
1 e 2 f 3 b 4 c 5 a 6 d
Exercise 11
1 Bouwman 2 23 juli 2010 3 niet waar 4 waar
Exercise 14
1 zich 2 je je 3 me, me 4 ons 5 zich

Exercise 18
1 niet waar 2 niet waar 3 waar 4 waar
Exercise 19
1 baas 2 weggaan 3 verhuist 4 baan 5 bedrijf
6 plotseling 7 ruzie 8 dochter 9 verdienen 10 schijnt
Exercise 20
1 hoog 2 gemeente 3 vaste 4 blijft 5 begrijpen
6 cadeau 7 fles 8 op het werk
Exercise 21
1 d 2 f 3 e 4 a 5 b 6 c
Exercise 24
1 hoogste 2 beter dan 3 meer ... dan
4 minder dan, zwaarste 5 rijkste
Exercise 29
1 d 2 e 3 a 4 g 5 b 6 c 7 f
Exercise 30
1 tante 2 aankom 3 fijn 4 voorbij 5 mager
6 groeien 7 Tijdens 8 internationale 9 Daarom
Exercise 31
1 besloten 2 eind 3 verschillende 4 landen 5 ontbijt
6 missen 7 volgens 8 verder
Exercise 32
1 mensen 2 heerlijke, bedanken 3 sfeer
4 interessante 5 Verder, nieuws 6 Groeten

B KEY TO THE QUIZ

Part 1
1 c 2 a 3 c 4 b 5 c 6 b
Part 2
1 besloten 2 baan 3 sfeer, begrijp 4 missen
5 dan, mensen 6 verhuizen 7 eind 8 hartstikke leuk
9 schijnt 10 bij ons
Part 3
1 leuker 2 leuker 3 duur 4 de duurste 5 het zwaarst
6 zwaarder 7 goedkopere 8 de goedkoopste
Part 4
See text 1 'Een baby'. Check words and spelling.

Answer keys lesson 14

A KEY TO THE EXERCISES

Exercise 4
1 niet waar 2 niet waar 3 waar 4 niet waar
Exercise 5
1 b 2 b 3 b
Exercise 6
1 c 2 b 3 a 4 b 5 a
Exercise 7
1 g 2 d 3 f 4 e 5 b 6 a 7 c
Exercise 8
1 droeg, zo'n 2 vreselijk 3 collega 4 familie, beide
6 zelfs, lied 7 kant 8 groetjes
Exercise 9
1 gisteren 2 vriendin 3 trouwen 4 deel 5 draag
6 zelfs 7 gelukkig
Exercise 10
1 vreemd 2 er ... uitzien 3 meestal 4 beginnen
5 feest 6 kennis 7 lied, zingt 8 lachen 9 gedanst
10 vannacht
Exercise 14
1 waar 2 niet waar 3 niet waar
Exercise 15
1 b 2 a 3 b
Exercise 16
(straat), oversteken, auto, rijden, vrachtwagen, chauffeur, (stoppen), verkeer
Exercise 17
1 h 2 g 3 e 4 a 5 b 6 c 7 f 8 d
Exercise 18
1 buurvrouw 2 vanochtend 3 ongeluk 4 midden
5 terwijl 6 oversteken 7 waarschijnlijk 8 hard
Exercise 19
1 Nou, nou (Ach nee) 2 Ach nee 3 Nou en of
Exercise 20
1 buurman 2 rijden 3 vrachtwagen 4 zodat
5 chauffeur 6 stoppen 7 dood 8 val
Exercise 21
1 toestand 2 leven 3 leeftijd 4 verkeer
5 soms 6 gevaarlijk 7 gevaar 8 schrok
Exercise 23
1 aanhebben 2 meegaan 3 meenemen 4 aankomen
5 doorverbinden 6 terugbellen 7 voorstellen
8 uitnodigen 9 opschrijven 10 uitleggen
Exercise 28
1 niet waar 2 waar 3 niet waar
Exercise 29
1 gemiddelde 2 vrouw 3 Rond 4 als
5 verwacht, stijgen
Exercise 30
1 geworden 2 Men 3 verwacht 4 situatie
5 vergelijken 6 bewegen 7 reden 8 jong
Exercise 32
1 het concert 2 Maar we gaan toch naar de opera?
3 mijn banden 4 mensen uit veel verschillende landen
5 een lied over Annemarie
Exercise 34
1 e 2 d 3 a 4 c 5 b

B KEY TO THE QUIZ

Part 1
1 a 2 b 3 a 4 c
Part 2
1 vriend 2 leeftijd 3 jong 4 vreemd 5 vergelijken
6 gelukkig 7 Nou en of 8 trouwen 9 begin

Part 3
1 Wat doe jij vanavond naar het feest aan?
2 Ik bel je over een halfuurtje even terug, okay?
3 Waar moet ik uitstappen voor het Van Gogh museum? / Waar moet ik voor het Van Gogh museum uitstappen?
4 ... Dan steekt u de straat over ...
5 Ik kom om kwart voor zeven aan, gate 12.
6 Momentje, ik schrijf het even op.
7 Ik bel je zo meteen wel terug.
Part 4
See text 11 'De buurvrouw'. Check words and spelling.

Answer keys lesson 15

A KEY TO THE EXERCISES

Exercise 3
1 c 2 f 3 a 4 b 5 d 6 g 7 e
Exercise 4
1 haar 2 ogen 3 oor/oren 4 neus 5 mond 6 gezicht 7 voeten 8 hand
Exercise 5
1 vingers 2 been 3 hart 4 hoofd 5 rug 6 armen 7 buik
Exercise 6
haar, ogen, oren , neus, mond, gezicht
Exercise 7
hoofd, haar, rug, armen, handen, vingers, benen, (voeten)
Exercise 13
1 waar 2 niet waar 3 waar 4 waar
Exercise 14
1 c 2 b 3 c
Exercise 15
1 donker 2 bed 3 droom 4 lawaai 5 dorst, water 6 Welterusten 7 ziek 8 kussen 9 wakker
Exercise 16
1 opstaan 2 midden 3 nacht 4 koud 5 een paar 6 vergeet 7 arme 8 dichtdoen 9 hond
Exercise 21
1 open 2 hoger 3 niet 4 niet 5 warme
Exercise 22
1 a 2 a 3 c
Exercise 23
1 e 2 g 3 b 4 a 5 c 6 d 7 f
Exercise 24
1 wassen 2 verkouden 3 open 4 dokter 5 pijn 6 vooral 7 dicht 8 zout 9 warm, buiten
Exercise 28
1 b 2 d 3 a 4 e 5 c
Exercise 29
1 b 2 b 3 b
Exercise 30
1 apotheek 2 drop 3 recept 4 capsules 5 autorijden 6 duidelijk 7 doosje
Exercise 31
1 verkeerd 2 recept 3 boven 4 voorzichtig 5 maal 6 apotheek, drogist 7 verzekerd
Exercise 32
1 capsules 2 driemaal, voor 3 autorijden 4 alcohol 5 week
Exercise 33
1 Zoete 2 Verkeerde 3 Voor 4 Boven 5 Met 6 genoeg

B KEY TO THE QUIZ

Part 1
1 a 2 b 3 c 4 c
Part 2
1 vooral 2 duidelijk 3 zoet 4 verkeerd 5 arme
Part 3
1 hoofd 2 aspirientje 3 voorzichtig 4 vaak 5 bed 6 Welterusten
Part 4
See text 26 'Het recept'. Check words and spelling.

Answer keys lesson 16

A KEY TO THE EXERCISES

Exercise 4
1 niet waar 2 niet waar 3 waar
Exercise 5
1 b 2 a 3 c
Exercise 6
1 e 2 d 3 f 4 b 5 c 6 g 7 a
Exercise 7
1 nat 2 kant 3 verder 4 molens 5 gebroken 6 duidelijk 7 enkel 8 lukt(e) 9 steen 10 pijn 11 dragen
Exercise 8
1 park 2 doorgaan 3 bewegen 4 doe ... uit 5 buigt 6 drukt 7 dienst 8 losse 9 gescheurd 10 gezond 11 grond
Exercise 9
1 hebben 2 is 3 hebt 4 heb 5 Is
Exercise 13
1 niet waar 2 waar 3 waar
Exercise 14
1 c 2 d 3 a 4 e 5 b
Exercise 15
1 knopen 2 douchen 3 wachten 4 laat 5 inpakken 6 dichtgedraaid 7 Opschieten/Schiet op 8 tas 9 kraan 10 Rustig

Exercise 16
1 roep 2 gauw 3 Anders 4 alsof 5 aankleden 6 vriendelijk 7 zeep 8 tand 9 vuil 10 gat 11 eerder
Exercise 17
een handdoek, een tandenborstel, een kam, een tas, zeep
Exercise 18
1 to turn on 2 to unpack 3 to undress 4 coffee machine 5 tomato soup 6 eye drops 7 bus stop 8 swimming costume
Exercise 20
1 now 2 later 3 now 4 now 5 later
Exercise 21
1 d 2 b 3 a 4 c 5 e
Exercise 24
1 c 2 c
Exercise 25
1 verdriet 2 gevallen 3 vies 4 afvegen 5 bal 6 gooien
Exercise 27
1 different 2 small 3 different 4 small 5 small
Exercise 30
1 waar 2 a) Of je echt wel te zwaar bent b) Of je goed gezond bent 3 waar 4 niet waar 5 waar
Exercise 31
1 d 2 f 3 e 4 b 5 g 6 h 7 c 8 a
Exercise 32
1 b 2 c 3 d 4 e 5 f 6 a
Exercise 33
1 zomer 2 bepaalde 3 aantal 4 merkt 5 bewegen 6 vaak 7 rest 8 ineens 9 echter 10 korte
Exercise 34
1 maand 2 minder 3 begin 4 vraag me af 5 helft 6 enige 7 manier 8 mogelijk 9 veranderd 10 bleek 11 volgen
Exercise 35
1 twee keer zo oud als 2 drie keer zo lang (groot) als 3 twee keer zo veel als 4 drie keer zo veel als
Exercise 39
1 zomer 2 winter 3 herfst 4 lente 5 herfst
Exercise 40
Winter: januari, februari Herfst: september, oktober, november Zomer: juni, juli, augustus Lente: maart, april, mei

B KEY TO THE QUIZ
Part 1
1 b 2 a 3 a 4 a
Part 2
1 eerder 2 mogelijk 3 helft 4 enige, korte 5 nat 6 dragen 7 foto's 8 vriendelijk
Part 3
1 vet 2 rest 3 kort 4 merkte 5 knoop 6 opschieten 7 gauw 8 klaar
Part 4
See text 11 'Inpakken'. Check words and spelling.

Answer keys lesson 17

A KEY TO THE EXERCISES
Exercise 3
1 niet waar 2 1 c 2 g 3 b 4 f 5 d 6 e 7 a 3 waar 4 niet waar 5 niet waar
Exercise 4
1 f 2 a 3 e 4 g 5 d 6 b 7 c
Exercise 5
1 wc 2 trap 3 licht 4 bad 5 Anderhalf 6 badkamer 7 moeite 8 eigen 9 tuin 10 meisje
Exercise 6
1 feit 2 lelijk 3 zulke 4 kamer 5 eindelijk 6 beneden 7 hangen 8 klok 9 grootouders 10 direct
Exercise 7
1 buren 2 vorige 3 verschil 4 durf 5 kast 6 kat 7 gezet 8 douche 9 hout 10 boven 11 gezin
Exercise 8
gang, deur, kelder, woonkamer, vloer, (klok), kast, bank, wc, trap, kamer, slaapkamer, badkamer, (douche, bad)
Exercise 9
1 licht, warme 2 donker 3 hout, klok, kast, bank 4 boven 5 groot 6 douche
Exercise 13
1 niet waar 2 waar 3 niet waar 4 niet waar
Exercise 14
1 stad 2 plan 3 toen 4 richting 5 af en toe 6 grens 7 over 8 toevallig 9 behalve 10 huisje
Exercise 15
1 beloofd 2 onmiddellijk 3 bang 4 stoelen 5 Onthoud 6 normaal 7 verwarming 8 reserveren 9 beslissen 10 betekent 11 papier
Exercise 16
1 ø/om 2 ø/om 3 om 4 dat 5 dat 6 dat 7 dat
Exercise 17
1, 3, 7, 8, 9
Exercise 20
1 niet waar 2 waar 3 waar
Exercise 21
1 planten 2 paard 3 gras 4 plat 5 indruk 6 koeien 7 dieren 8 hoewel 9 oefenen 10 vogels
Exercise 22
1 omhoog 2 dak 3 langs 4 boom 5 droge 6 woord 7 springen 8 werkelijk 9 dorp 10 gezicht

Exercise 23
1 water 2 vogels 3 dak 4 aarde 5 horizon 6 toren 7 boerderij 8 lucht
Exercise 24
kerktoren, paarden, vogels, planten

B KEY TO THE QUIZ
Part 1
1 a 2 c 3 a
Part 2
1 stad 2 dorpje 3 Hoewel 4 vakantiedagen, behalve 5 plan 6 bang 7 verschil 8 Vorig 9 zin hebt 10 onthouden
Part 3
1 hangen 2 boven 3 direct 4 beloofd 5 onmiddellijk 6 richting 7 betekent 8 bedoelt
Part 4
See text 18 'Wat is het hier mooi'. Check words and spelling.

Answer keys lesson 18

A KEY TO THE EXERCISES
Exercise 3
1 waar 2 niet waar
Exercise 4
1 waait 2 weer 3 regenen 4 ophouden 5 kwijt 6 paraplu 7 zon 8 wind
Exercise 5
1 regent 2 waaien 3 wind
Exercise 8
1 18, 64 2 hagel, regen 3 regen 4 opklaringen 5 onweer
Exercise 14
1 niet waar 2 waar 3 niet waar
Exercise 15
1 f 2 b 3 a 4 e 5 g 6 c 7 d
Exercise 16
1 sterk 2 diep 3 dunne 4 leeg 5 lage
Exercise 17
zee, stranden, weg(en), temperatuur, zon, schijnt
Exercise 18
1 op slot 2 sleuteltje, slot 3 terwijl 4 Gewoonlijk 5 geluk
Exercise 19
1 naar 2 op 3 in, rood 4 in 5 slecht 6 antwoord
Exercise 20
1 legt, zet/legt 2 zet, leg 3 Leg, zet 4 zetten 5 leggen
Exercise 21
1 unkind 2 unhealthy 3 restless 4 impolite 5 impossible 6 cheerless

Exercise 26
1 Uit het Amsterdams Stadsblad (van 26 mei 1993). 2 niet waar 3 niet waar 4 waar 5 niet waar 6 waar
Exercise 27
'S morgens, 's middags, 's avonds, 's nachts
Exercise 28
1 vogels 2 bloemen 3 bladeren 4 sneeuw
Exercise 29
1 gebied 2 steeds 3 elk 4 geluid 5 's morgens 6 groepen 7 soorten 8 leren
Exercise 30
1 verslag 2 anderen 3 beroep 4 persoon 5 bezig 6 tussen 7 kwartier

B KEY TO THE QUIZ
Part 1
1 c 2 a
Part 2
1 A geluid 2 B soort, 1 hobby, 2 stil 3 A kat
Part 3
waait, zonnige, leeg, wind, sterk, strand
Part 4
See text 1 'Wat een weer!' Check words and spelling.

Answer key lesson 6 exercise 25

DE NEDERLANDSE OPERA

Answer key lesson 8 exercise 12

L'Orfeo

Claudio Monteverdi 1567-1643

FAVOLA IN MUSICA

LIBRETTO VAN ALESSANDRO STRIGGIO

WERELDPREMIÈRE 24 FEBRUARI 1607 PALAZZO DUCALE MANTUA

Met L'Orfeo zette Claudio Monteverdi de definitieve stap naar een nieuwe dramatische kunstvorm, de opera. Hier was sprake van een geheel nieuwe theatrale stijl, waarin de dialoog werd gezongen en zo een onvermoede uitdrukkingskracht kreeg. Het mythische verhaal over de zanger die in de onderwereld afdaalt om zijn gestorven vrouw terug te halen, wordt in deze versie in een pastoraal kader geplaatst. Orpheus' mislukte poging om Eurydice mee terug te nemen naar de wereld doet hem weliswaar in de diepste droefenis verzinken, maar wanneer hij alle toekomstige liefde afzweert, verschijnt zijn vader Apollo, die hem vermaant om bij al zijn aardse leed toch niet het onsterfelijke, hemelse leven te vergeten.

voorstellingsdata

vr	31 aug	20:00
wo	5 sept	20:00
do	13 sept	20:00
vr	21 sept	20:00
do	27 sept	20:00
zo	30 sept	13:30
di	2 okt	20:00

toegangsprijzen zonder korting:

105,00*	90,00
80,00*	70,00
55,00*	50,00
	35,00
30,00*	27,00
25,00	
15,00	

*première, vr t/m zo

Het Muziektheater

- postadres: Postbus 16822, 1001 RH Amsterdam
- bezoekadres: Waterlooplein 22, Amsterdam
- ingang theather: Amstel 3, Amsterdam
- e-mail adres: info@het-muziektheater.nl

LIJST VAN AUDIOTRACKS / AUDIO TRACK LIST

Lesson 01 C01
Lesson 01 C02
Lesson 01 C03
Lesson 01 C04
Lesson 01 C05
Lesson 01 C06
Lesson 01 C07
Lesson 01 C08
Lesson 01 C09
Lesson 01 C10

Lesson 02 C01
Lesson 02 C02
Lesson 02 C03
Lesson 02 C04
Lesson 02 C05
Lesson 02 C06
Lesson 02 C07
Lesson 02 C08
Lesson 02 C09
Lesson 02 C10

Lesson 03 C01
Lesson 03 C02
Lesson 03 C03
Lesson 03 C04
Lesson 03 C05
Lesson 03 C06
Lesson 03 C07
Lesson 03 C08
Lesson 03 C09
Lesson 03 C10
Lesson 03 C11
Lesson 03 C12
Lesson 03 C13
Lesson 03 C14
Lesson 03 C15
Lesson 03 C16

Lesson 04 C01
Lesson 04 C02
Lesson 04 C03
Lesson 04 C04
Lesson 04 C05
Lesson 04 C06
Lesson 04 C07
Lesson 04 C08
Lesson 04 C09
Lesson 04 C10
Lesson 04 C11

Lesson 05 C01
Lesson 05 C02
Lesson 05 C03
Lesson 05 C04
Lesson 05 C05
Lesson 05 C06
Lesson 05 C07
Lesson 05 C08
Lesson 05 C09
Lesson 05 C10
Lesson 05 C11
Lesson 05 C12

Lesson 06 C01
Lesson 06 C02
Lesson 06 C03
Lesson 06 C04
Lesson 06 C05
Lesson 06 C06
Lesson 06 C07
Lesson 06 C08

Lesson 07 C01
Lesson 07 C02
Lesson 07 C03
Lesson 07 C04
Lesson 07 C05
Lesson 07 C06
Lesson 07 C07
Lesson 07 C08
Lesson 07 C09
Lesson 07 C10

Lesson 08 C01
Lesson 08 C02
Lesson 08 C03
Lesson 08 C04
Lesson 08 C05
Lesson 08 C06
Lesson 08 C07

Lesson 09 C01
Lesson 09 C02
Lesson 09 C03
Lesson 09 C04
Lesson 09 C05
Lesson 09 C06
Lesson 09 C07
Lesson 09 C08

Lesson 10 C01
Lesson 10 C02
Lesson 10 C03
Lesson 10 C04
Lesson 10 C05
Lesson 10 C06
Lesson 10 C07
Lesson 10 C08
Lesson 10 C09
Lesson 10 C10

Lesson 11 C01
Lesson 11 C02
Lesson 11 C03
Lesson 11 C04
Lesson 11 C05
Lesson 11 C06
Lesson 11 C07
Lesson 11 C08
Lesson 11 C09

Lesson 12 C01
Lesson 12 C02
Lesson 12 C03
Lesson 12 C04
Lesson 12 C05
Lesson 12 C06
Lesson 12 C07
Lesson 12 C08
Lesson 12 C09
Lesson 12 C10

Lesson 13 C01
Lesson 13 C02
Lesson 13 C03
Lesson 13 C04
Lesson 13 C05

Lesson 14 C01
Lesson 14 C02
Lesson 14 C03
Lesson 14 C04
Lesson 14 C05
Lesson 14 C06

Lesson 15 C01
Lesson 15 C02
Lesson 15 C03
Lesson 15 C04
Lesson 15 C05
Lesson 15 C06
Lesson 15 C07
Lesson 15 C08
Lesson 15 C09

Lesson 16 C01
Lesson 16 C02
Lesson 16 C03
Lesson 16 C04
Lesson 16 C05
Lesson 16 C06
Lesson 16 C07
Lesson 16 C08

Lesson 17 C01
Lesson 17 C02
Lesson 17 C03
Lesson 17 C04
Lesson 17 C05
Lesson 17 C06

Lesson 18 C01
Lesson 18 C02
Lesson 18 C03
Lesson 18 C04